In diesem vielbesprochenen Buch schildert der niederländische Psychiater Piet C. Kuiper auf beklemmende Weise eine schwere Depression, die ihn in eine tiefe Lebenskrise stürzte und seine Einweisung in eine Klinik notwendig machte. All sein Wissen über seelische Störungen versagte vor seiner eigenen Erkrankung. Nach seiner Genesung schrieb er dieses einmalige Dokument nieder, das zu einem Bestseller geworden ist.

Piet C. Kuiper, 1919 im niederländischen Soest geboren, hat Medizin und Philosophie studiert und 1945 sein Arztexamen abgelegt. Von 1961 bis zu seiner Emeritierung im Jahre 1984 war er Professor für Allgemeine Psychopathologie und Klinische Psychiatrie an der Universität von Amsterdam. Er hat zahlreiche Bücher veröffentlicht, die zum Teil ins Deutsche übersetzt worden sind, so ›Psychoanalyse: Zeitgemäß oder veraltet?‹, Stuttgart 1974, ›Die seelische Krankheiten des Menschen‹, Stuttgart 1980, und ›Die Verschwörung gegen das Gefühl; Psychoanalyse als Hermeneutik und Naturwissenschaft‹, Stuttgart 1980.

Piet C. Kuiper

Seelenfinsternis

Die Depression eines Psychiaters

Aus dem Niederländischen
von Marlis Menges

Fischer Taschenbuch Verlag

Geist und Psyche
Herausgegeben von Willi Köhler
Begründet von Nina Kindler 1964

5. Auflage: April 1999

Ungekürzte Ausgabe
Veröffentlicht im Fischer Taschenbuch Verlag GmbH,
Frankfurt am Main, Mai 1995

Lizenzausgabe mit Genehmigung des
S. Fischer Verlag GmbH, Frankfurt am Main
Die Originalausgabe erschien 1988 unter dem
Titel ›Ver heen; Verslag van een depressie‹
im Verlag SDU uitgeverij, 's-Gravenhage/Niederlande

Druck und Bindung: Clausen & Bosse, Leck
Printed in Germany
ISBN 3-596-12764-5

Editorische Vorbemerkung

Die Depression ist ein vielgestaltiges, medusisches Leidensgeschehen, von dem vermutlich nur höhere Lebewesen, vor allem aber der Mensch, betroffen werden. Von den milderen Formen der Depression, die auch als mehr oder minder schwere Verstimmungen bezeichnet werden, wissen heutzutage viele Menschen zu berichten, ja, sie scheinen eine Zeitkrankheit zu sein, möglicherweise als Ergebnis der Kollision zwischen ständig hochgeputschten Erwartungen und der weithin düsteren Realität. Die schwere Depression, die bis zur völligen Erstarrung führen kann, einer Erstarrung, hinter der sich Höllenqualen verbergen, zählt zu den schmerzhaftesten, martervollsten Krankheiten überhaupt. Wer sie durchgemacht hat, spricht von einem Inferno, das ihn bis an den Rand des Wahnsinns getrieben hat. Nicht wenige Depressive entziehen sich den Qualen durch Selbsttötung. Vermutlich auch deshalb gilt die Depression als eine moralisch anrüchige Störung, die selbst heutzutage nur wenige Menschen sich und anderen einzugestehen wagen. In einer erfolgs- und leistungsorientierten Gesellschaft hat man einfach keine Depressionen. Zu allen Zeiten waren Depressive, oder Melancholiker, wie sie früher hießen, unbequem, denn sie erinnerten ihre Mitmenschen an die Widersprüche und Gebrechlichkeiten der Welt. Moderne Psychologen sind sogar der Auffassung, Depressive seien die einzigen Realisten, weil sie die Welt so sehen, wie sie ist, und mit diesem Blick kann man nur schwer leben. – Das vielbesprochene und -verkaufte Buch des niederländischen Psychiaters ist eines der ganz wenigen beredten Zeugnisse eines im allgemeinen zur Sprachlosigkeit verurteilten Leidens. *wk*

Für Noortje

Inhalt

Zum Geleit

Abgesehen von den Ursachen einer Depression, die im allgemeinen sowohl biologisch-physischer als psychosozialer Natur sind, bildet ein spezifischer Aspekt oft ein großes Problem bei der Behandlung: Viele depressive Patienten erkennen nicht, daß sie an einer Depression leiden. Sie fühlen sich niedergeschlagen, verzweifelt, minderwertig, schuldig, schlecht oder verloren, ohne daß sie begreifen, daß ihre Gefühle durch eine Krankheit verursacht werden: die Depression.

Als Kuiper mir zur Behandlung überwiesen wurde, litt er an einer »psychotischen Depression« (einer Form der Depression, die mit Wahnvorstellungen verbunden ist). Er hatte den Bezug zur Realität verloren und war davon überzeugt, nicht depressiv zu sein, sondern dement zu werden. In diesem Buch beschreibt er auf beklemmende Weise seine Erfahrungen: Wie er psychotisch wurde, wie er in diesem Zustand die Aufnahme in die psychiatrischen Kliniken in Amsterdam und Den Haag erlebte und wie er schließlich in die Realität zurückkehrte. Nichts von dem, was er über seine Krankheit schreibt, ist auch nur im geringsten übertrieben.

Überzeugt davon, nicht depressiv zu sein, glaubte er auch nicht, daß eine auf eine Depression gerichtete Behandlung irgend etwas bewirken könnte. Die »psychotherapeutische« Behandlung bestand darum zunächst darin, ihn erkennen zu lassen, daß sein Zustand möglicherweise doch die Folge einer Depression sein könnte. Erst danach konnte die wirkliche Behandlung beginnen, die aus der Kombination eines speziellen und nahezu vergessenen Medikamentes (eines sogenannten MAO-Hemmers) mit Gesprächs- und Beschäftigungstherapie bestand, wobei Kuiper sich in der Beschäftigungstherapie für das Malen entschied. Vor allem mit Hilfe des Malens konnte er allmählich sein Selbstvertrauen wiedergewinnen. Daneben bot die Musiktherapie die Möglichkeit, das emotionale Leben neu zu entdecken. All diese Aspekte der Behandlung erläutert Kuiper ausführlich aus seinen persönlichen Erfahrungen heraus.

Aus verschiedenen Gründen habe ich Kuiper gebeten, seine Krankheitsgeschichte aufzuschreiben. In erster Linie für sich selbst: um ihm bei der Verarbeitung der Erfahrung zu helfen, daß er, ein bekannter Professor der Psychiatrie, selbst an einer Depression gelitten hatte. Darüber hinaus kann dieses Buch auch anderen helfen: Patienten, die ebenfalls an einer Depression leiden, ihren Familienmitgliedern und Verwandten. Über psychiatrische Krankheiten wie die Depression wird oft mit sehr viel Unverständnis und Herablassung geurteilt. Die einzigartige Tatsache, daß ein Professor der Psychiatrie, der selbst ein bekanntes Lehrbuch über die Psychiatrie geschrieben hat (»Summe der Psychiatrie«), seine eigene Depression beschreibt, kann vielen Einsicht vermitteln und eine Hilfe sein.

Für seinen Mut, seine Erfahrungen für die Öffentlichkeit aufzuschreiben, bin ich Kuiper sehr dankbar, und ich hoffe, viele andere sind es mit mir.

Den Haag, August 1988 W. A. Nolen

Vorwort

Vor drei Jahren bat mich Dr. Nolen, der Psychiater, der mich behandelte, die Erfahrungen, die ich während meiner Krankheit gemacht hatte, aufzuschreiben, meine Wahnwelt zu beschreiben. Ich hatte zu diesem Zeitpunkt seit Jahren kein Buch mehr gelesen, kaum noch Briefe geschrieben. Wie sollte ich einen solchen Bericht schreiben können? Die Worte »Das kann ich nicht« und »Das will ich nicht« geben nicht gut wieder, was ich in jenem Augenblick fühlte. Ein derartiges Unterfangen lag vollkommen außerhalb meiner Möglichkeiten.

Als ich dann wieder zu Hause war, hörte die Frage nicht auf, mich zu verfolgen: Ein Psychiater wird selbst krank und erlebt am eigenen Leibe, was seine Patienten erleben – darf man diese Erfahrung verlorengehen lassen? Nach einiger Zeit begann ich zu schreiben, und sei es auch nur, um zu besserem Verständnis dessen beizutragen, was der depressive Patient erleidet.

Ich habe versucht, ein Buch zu schreiben, das für jedermann lesbar ist. Es ist ein Bericht: Alles, was ich beschrieben habe, hat sich so ereignet. Jahrelang hatte ich das Gefühl gehabt, kaum denken zu können. Mit der Genesung kehrte auch die frühere gewohnte Lust am Betrachten und Reflektieren zurück. Sie spiegelt sich in einigen Kapiteln, die eher beschaulichen Charakter haben: »Die rettende Malerei«, »Mitmenschen« und »Patient und Psychiater zugleich«.

Die Namen oder Initialen einiger der Personen, die in diesem Buch vorkommen, habe ich geändert. In einigen Fällen habe ich auch Daten etwas verändert, um ein Erkennen zu verhindern. Allen meinen Mitpatienten habe ich andere Vornamen oder andere Initialen gegeben.

Ohne Drs. J. Mulder wäre dieses Buch nicht zustande gekommen. Wenn ein Säugling in der Wiege nicht versorgt wird, geht er an Hunger und Kälte zugrunde. Jaap Mulder ist es zu verdanken, daß aus den zerbrechlichen Anfängen etwas Lebensfähiges gewachsen ist. Er hat mir Mut zugesprochen, wenn ich aufgeben wollte, er hat mir über Schwierigkeiten hinweggeholfen, er hat unendliche Geduld mit meinen Änderungswünschen gehabt, und von ihm stammt auch der Titel des (niederländischen) Buches.

Besonderen Dank schulde ich Freunden und Kollegen, die bereit waren, das Manuskript in seinen verschiedenen Entstehungsphasen kritisch zu lesen. Ich nenne hier besonders: Ina van Faassen, meine Tochter Kathleen, Dr. W. A. Nolen, Prof. Dr. F. A. van Slooten, Drs. R. M. W. Smeets, Prof. Dr. W. van Tilburg und Dr. C. Waegemaekers.

Frau K. C. T. van Nes und Kathleen möchte ich meinen Dank aussprechen für ihre unentbehrliche Hilfe bei der Fertigstellung des Manuskriptes.

Derjenigen, die mit mir zusammen bei weitem die meiste Zeit und Energie auf diesen Bericht verwandt hat, widme ich das Buch. Nicht allein deshalb.

»O the mind, mind has mountains; cliffs of fall
Frightful, sheer, no-man-fathomed. Hold them cheap
May who ne'er hung there ...«

Gerard Manley Hopkins

Kapitel 1

Lindau

Frühjahr 1979, einige Wochen vor Ostern. Das Schiff zieht nordwärts durch graue Wassermassen, Hagel prasselt gegen die Fensterscheiben der fast leeren Passagierkajüte. Ab und zu verwandelt er sich in Schneeflocken, vom eisigen Nordostwind beinahe horizontal dahingejagt. Mein Reisegefährte blättert in den Papieren mit den zahlreichen Programmen für die »Arbeitswochen«, für den Kongreß, zu dem wir wollen. Wir waren am Abend zuvor mit dem Holland-Italien-Expreß aus Amsterdam abgefahren und hatten uns bis tief in die Nacht unterhalten. Manchmal drangen dumpfe Laute bis in unser Abteil. Die Anschlüsse für den gerade eingefahrenen, unabsehbar langen D-Zug wurden ausgerufen, in einem Ton, der fast sakral wirkte. Ich bin diese Strecke durch Deutschland unzählige Male gefahren, auf dem Wege nach Heidelberg, um dort Vorlesungen und Seminare zu halten, in dem Institut, dessen Direktor mein Freund Alexander Mitscherlich war.

Die Reisepässe waren abgegeben, und wir hofften, bis Zürich durchschlafen zu können, wo wir den Zug verlassen würden. Eine bescheidene Dosis Valium, ein Medikament, das man als Schlafmittel nehmen kann, brachte mich nach kurzer Zeit über die Grenze, die das Reich des Schlafes vom Wachsein trennt.

In Basel wachte ich auf. Die Luft war kalt, bleigrau, und machte die Hoffnung auf klares Frühjahrswetter zunichte. Als wir uns erkundigten, ob das Schiff, welches den Bodensee in Nord-Süd-Richtung überquert, in das zu erwartende Unwetter fahren würde, sagte man uns, daß wir durchaus

damit rechnen könnten. Allerdings fragte man uns, warum wir uns auf diese unsinnige Unternehmung einlassen wollten. »Ein bequemer Zug bringt Sie doch viel schneller nach Lindau, das auf einer Halbinsel liegt. Die Überfahrt mit dem Schiff dauert viel länger als die Bahnfahrt und wird, wie es aussieht, kalt und naß sein.« Der Mann war neugierig und wollte wissen, warum wir diesen großen Umweg machten. »Weil wir in Zürich eines der Gemälde sehen wollen, das Cézanne in der letzten Periode seines Lebens gemalt hat. Eines vom Mont Ste. Victoire.« In Winterthur befindet sich ein Aquarell, das denselben Berg zeigt, ein Werk aus der Sammlung Reinhart. In Reinharts Fabriken wurden die Lokomotiven gebaut, welche die Schweizer Eisenbahnzüge durch welliges Hügelland und über Paßhöhen zu ihren Bestimmungsorten ziehen. Auch der Zug, der uns von Amsterdam nach Basel gebracht hat, wird bald über den Paß am St. Gotthard fahren, auf einem der klassischen Übergänge in die Alpen, der zwei Welten trennt und verbindet.
In Amerika bin ich Tausende von Kilometern gereist, um Bilder dieses Malers zu sehen, warum hier nicht ein paar hundert? Der junge Kollege wollte diese Gemälde auch gern sehen. Außerdem fand er es faszinierend, sich unserem Bestimmungsort auf dem Wasser zu nähern. Vom Bodensee aus kann man bei gutem Wetter kleine Städte am Ufer sehen, Berge in der Ferne und sogar die auch im Sommer weißen Gipfel, die sich gegen den blauen Himmel abheben. Heute allerdings nichts von alledem, man kann nicht einmal sehen, wo das Wasser aufhört und der Himmel anfängt. Nach geraumer Zeit nähern wir uns dem Hafen, fahren zwischen einer Säule mit der Skulptur eines Löwen darauf und dem Leuchtturm hindurch und stehen im eiskalten Wind auf dem Kai.
Als ich das letzte Mal hier war, wohnten meine Frau und ich im teuersten Hotel und hatten darin das schönste Zimmer, beides sowohl organisiert als finanziert von den Veranstaltern des Kongresses. Der Aufenthalt bereitete uns viel Ver-

gnügen, nicht durch den Luxus, den wir eher scheuen als suchen, sondern durch die spürbare »Weltluft«: Boote kommen und gehen, Reisende eilen zum Zug. Wenn es sich kurz aufklärte, sahen wir die Berge oberhalb von Bregenz, den Eingang des Rheintals, durch das eine der Anfahrten zu unserer Wohnung am Comer See führt. Das Tal, durch das man hinabfährt, das Val Bragaglia, wird den Hintergrund für einen Teil des letzten Kapitels sein.

Dieses Mal kein großes, luxuriöses Zimmer; ich habe wissen lassen, daß mir ein kleines genügt. Es gibt zwei Möglichkeiten: teuer wohnen und ein geringes Honorar oder umgekehrt, ich ziehe letzteres vor.

Die »Lindauer Psychotherapie-Wochen« finden in einer Jahreszeit statt, in der Touristen die Stadt scheuen, warum, wird wohl deutlich geworden sein. Was viele als Nachteil der Organisation dieser Wochen empfinden, halte ich für einen Vorteil: Alle Richtungen der Psychotherapie erhalten ihre Chance, auch die ausgefallensten. Seit Jahrzehnten kommen Schulen zum Zuge, die sich durch Beständigkeit auszeichnen, wie etwa die Psychoanalyse, aber zugleich kann man manches erfahren über schnell sprießende Schößlinge am weitverzweigten Baum der Psychiatrie, von denen manchmal nach einigen Jahren die Worte aus dem Psalm gelten: ». . . und ihre Stätte kennet sie nicht mehr.«

Bei der Ankunft der Teilnehmer herrscht eine gewisse positiv gespannte, erwartungsvolle Atmosphäre. Man wird alte Bekannte wiedersehen, man hofft auf Begegnungen, die zu echten Entdeckungen werden, zur Befreiung aus Routine und Festlegung. Gelegenheit, einander zu begegnen, besteht im Überfluß, auch außerhalb der offiziellen Veranstaltungen.

Die Stadt, mit dem Festland verbunden durch Autobahn und Eisenbahndamm, beherbergt keine bayrischen Biergärten, dafür aber viele Weinstuben, in denen die vortrefflichen Weine des Bodensees ausgeschenkt werden. Auch wenn man sich nicht irgendwo verabredet hat, ist die Chance groß, einander zu begegnen, da man von einem Lokal zum andern wandern kann und so jeden Abend doch eine ganze Menge Leute trifft. Die Atmosphäre einer solchen »Arbeitswoche« bietet Möglichkeiten zur Erkundung auf vielerlei Gebieten. Psychotherapeuten pflegen viel über erotisch-sexuelle Beziehungen zu sprechen, da auf diesem Gebiet, auf dem zunächst freudvolle Erfahrungen gemacht wurden, auch manche Hemmung, manches Unvermögen an den Tag kommt. Es ist durchaus nicht ausgeschlossen, daß man hier nicht nur Erfahrungen theoretischer Natur sammelt.

So fröhlich für manchen der Anfang, so wehmütig ist das Ende, wie man vor der Abfahrt der großen internationalen Züge sehen kann. Man verabredet, sich wiederzusehen, aber selbst Westeuropa ist groß, wenn es darum geht, Distanzen zu überwinden. Zu Hause angekommen, entdeckt man, daß alle Nischen im Leben besetzt sind und daß man jemandem einen Platz einräumen wollte, der schon lange nicht mehr frei ist. Der Briefwechsel verläuft im Sande, für den einen oder anderen bleibt nur eine schmerzliche Erinnerung. Es mag sogar vorkommen, daß die Schlußzeile eines Studentenliedes eine späte Anwendung findet: »In der Erinnerung ist es eine schwarze Seite im Buch des Lebens.«

Diejenigen, die noch in der Ausbildung sind, kommen hierher, um ihr Wissen zu erweitern, auch die Kenntnis ihrer selbst. Es gibt komprimierte Gruppentherapien, sogenannte »Selbsterfahrungsgruppen«, und Psychodrama-Gruppen. Aus den Rollen, welche die Teilnehmer in diesen improvisierten Theaterstücken wählen, und aus der Art und Weise, wie sie sie spielen, glauben die Experten eine Menge sowohl über das Innere wie über Auftreten und Haltung im täglichen Leben ablesen zu können. Erfahrene Kollegen geben Seminare, in denen Fachliteratur besprochen wird; anerkannte Autoritäten halten Vorträge. Der Eröffnungsvortrag, der in einer sogenannten Plenarsitzung stattfindet – einer Zusammenkunft aller Kongreßteilnehmer –, pflegt von einem Teilnehmer gehalten zu werden, dessen fachliche Au-

torität nicht mehr angezweifelt wird, von einem, der in der Hierarchie der Anerkennung ganz oben steht, in diesem Falle – der aufmerksame Leser erwartet es natürlich nicht anders – von mir.
Am Abend des Ankunftstages treffen sich die Sprecher und Seminarleiter, Hände werden geschüttelt, Begeisterung wird geäußert bei Wiederbegegnungen, deren Ausbleiben man keine Sekunde bedauert hätte, der Wein fließt reichlich, Schalen werden herumgereicht, so reich beladen, daß kein vernünftiger Mensch Geld für eine Mahlzeit ausgibt, ehe er zu dieser Zusammenkunft eilt. Die Atmosphäre ist entspannt. Ich verhalte mich hier wie in einem Museum. Ich wähle einige Gemälde aus, die mich berühren und die ich wiedersehen möchte. Allerdings weise ich keinen von all denen ab, die wirklich mit mir sprechen wollen, bis die Müdigkeit mich zwingt, mich zurückzuziehen. Wenn jemand ausführlicher mit mir sprechen will und dieser Wunsch gegenseitig ist, dann lassen wir uns von einem Taxi über die österreichische Grenze bringen, so daß wir ein wenig mehr Ruhe haben. Als Teilnehmer an einer nicht gerade geringen Zahl von Kongressen habe ich einige Geschicklichkeit darin erworben, Fachgenossen aus dem Wege zu gehen, die in keiner Weise an dem interessiert sind, was ich zu sagen hätte, sondern mich nur als »Schallwand« für ihre eigenen Auffassungen benutzen, wobei sie keinerlei Rücksicht darauf nehmen, daß man sich in einer solchen hektisch ausgelassenen Umgebung nicht konzentrieren kann. Niemals jedoch schlage ich eine Einladung aus von jemandem, der wirklich ernsthaft mit mir diskutieren will.
Es kommt auch vor, daß junge Kollegen mit ihren persönlichen Schwierigkeiten zu mir kommen. Ich stehe außerhalb der deutschen Fachkreise und genieße ein gewisses Vertrauen. In einem langen Gespräch, auf der anderen Seite der Grenze geführt, geht es um die Probleme, mit denen viele von uns konfrontiert werden und die auch in diesem Buch immer wieder eine Rolle spielen. Auch für sie stellt sich die

Frage: Wieviel Genuß kann der Mensch erleben, in wie viele Abenteuer des Herzens und der Sinne kann er sich stürzen, ohne seine gegenwärtige Situation aus dem Gleichgewicht zu bringen und demjenigen Schmerz zuzufügen, den er schließlich doch am meisten liebt? Auch wenn man nicht mit den Worten aus dem Rosenkavalier sagt: »Mein Gott, es war nur eine Farce«, kann man sich doch fragen, ob man sich diesen ganzen Umweg nicht hätte sparen können.
Der Morgen, an dem ich meinen Vortrag halten soll, ist angebrochen, die Stadthalle ist brechend voll, die Presse anwesend. Die Organisatoren sitzen in den ersten Reihen. Und hier folgt nun eine der Unglaubwürdigkeiten, von denen dieses Buch voll sein wird. Ich spreche nämlich in meinem Vortrag, voll des Vertrauens in die Zukunft, über eine Krankheit, die mich später fällen wird, und zwar – so sah es jedenfalls eine Zeitlang aus – für immer: die Depression. Mein Mund ist trocken, meine Hände zittern. Schon vor jeder normalen Vorlesung zu Hause war ich immer angespannt. Auch jetzt schlägt mir das Herz bis zum Hals. Trotzdem vergesse ich nicht, die Vorbereitungen zu treffen, die ich immer treffe. Ich kontrolliere, ob das Mikrofon die richtige Höhe hat, ob ein Glas Wasser da ist, damit ich meinen trockenen Mund anfeuchten kann, ob ich meine Papiere so hinlegen kann, daß ich einen sprechenden und nicht etwa einen nur lesenden Eindruck mache. So viele internationale Vorträge ich auch schon gehalten habe, ich bin immer wieder nervös.
Ein paar Nachzügler werden noch eingelassen, die Türen schließen sich. Der Vorsitzende spricht ein paar höfliche und, wie mir scheint, wohlgemeinte Sätze. Neben mir sehe ich einige, wie man so sagt, Koryphäen der deutschen Psychiatrie sitzen. In der dritten Reihe erkenne ich die Frau eines Kollegen aus München, die ich gleich nach dem Kriege während der ersten Zusammenkunft der deutschsprachigen Analytiker in Anif bei Salzburg getroffen habe. In Salzburg habe ich damals auch zum erstenmal Mozarts »Don Giovanni« gesehen. Mit ihr fühlte ich mich sehr ver-

bunden, auch wenn wir manchmal jahrelang nicht miteinander sprachen. Man gibt mir das Wort, ich steige die Stufen hinauf, richte mich hinter dem Katheder ein und öffne meine Papiere. Applaus, langer Applaus. Ich hebe die Hand, denn ich will beginnen. Ich sehe mich im Saal um, bis in die äußersten Ecken, denen ich immer besondere Aufmerksamkeit widme. Ich suche mir ein paar feste Punkte, schaue, ob ich Zuhörer mit einem markanten, leicht wiedererkennbaren Gesicht finde. Auf sie kann ich meinen Blick richten, so daß er weder über die Köpfe der Menschen schweift, noch am Papier klebenbleibt, Hauptfehler aller schlechten Redner. Ich habe kein natürliches Vortragstalent, ebensowenig wie irgendein anderes Naturtalent. Was ich kann, habe ich mir durch harte Arbeit und endlose Mühe angeeignet.

Irgendwo hinten im Saal herrscht noch Stimmengewirr, wird eine Unterhaltung fortgesetzt. Ich schaue streng und beharrlich dorthin, was zur Folge hat, daß immer mehr Menschen im Saal in diese Richtung blicken, bis das sich angeregt unterhaltende Paar plötzlich aufmerksam wird, der eine den anderen anstößt und beide nun eine fast übertriebene Haltung des Zuhörens annehmen.

»Herr Vorsitzender, meine Damen und Herren.« Jetzt wird es ernst. Ich beginne mit der Beschreibung des Hauptmerkmals einer jeden Depression: An die Stelle der Lebensfreude tritt eine quälend düstere Stimmung, wie man sie erlebt, wenn man jemanden, den man liebt, verloren hat. Der Impuls, in irgendeiner Weise aktiv zu sein, ist verschwunden. Die Welt verliert ihre Farbe, alles wird grau, im schlimmsten Fall verflucht man seine Existenz und den Tag seiner Geburt. Nicht selten kommt zu diesem Elend noch eine quälende Angst hinzu, die sich zur Panik steigern kann und oft gänzlich unerträglich ist. Bei einer schweren Depression treten Schlafstörungen auf, man hat keinen Appetit mehr. Wie elend man sich auch fühlt, man kann nicht weinen. Da man zu absolut nichts Lust hat, kommt man auch zu nichts, und dazu tritt ein Symptom auf, das man als »Hemmung« bezeichnet. Auch wenn man etwas tun will, man kann es nicht. Es ist, als ob man von einer unsichtbaren Kraft davon zurückgehalten wird.

Ich beschreibe die Schuldgefühle und das Empfinden, nichts zu können, körperlich krank zu sein, verarmt, von den Mitmenschen nicht anerkannt. Werden diese angstvollen, düsteren Gedanken zu einer festen Überzeugung, dann spricht man von einem Wahn. Eine Depression mit Wahnvorstellungen heißt Melancholie oder psychotische Depression. Man kann eine grobe Einteilung hinsichtlich ihres Verlaufs festlegen. Es gibt chronische Formen von Depressivität, die in die Charakterstruktur verwoben sind, und depressive Anfälle, die ganz den Eindruck einer Krankheit machen.

In meinem Vortrag lasse ich die psychotischen Depressionen beiseite und konzentriere mich auf die Formen von düsterer Stimmung und Niedergeschlagenheit, die das Leben begleiten und verdunkeln und die manch einen bis zum Suizid treiben, der die Familienmitglieder mit der niemals zu beantwortenden Frage zurückläßt, ob sie etwas hätten tun oder lassen müssen und dadurch die unwiderrufliche Katastrophe hätten verhindern können. Ich spreche über die Mechanismen der Depression, wobei ich einen allzu ausgeprägten psychoanalytischen Jargon vermeide. Zu jeder Depression gehört die Wut, die man gegen sich selbst richtet. Man denke nur an das Kind, dem etwas verboten wird, das nicht wütend werden darf und sich dann in die eigene Hand beißt oder seine liebste Puppe kaputtmacht.

Erziehung und Lebensgeschichte spielen bei der Entstehung von Depressionen eine wesentliche Rolle. Manche Erziehungsmethoden können kaum zu etwas anderem führen als zu massiven Selbstvorwürfen und Schuldgefühlen. Wenn etwa Mütter nicht geradeheraus verbieten und sagen: »Ich will das nicht«, sondern dem Kind mit Äußerungen zusetzen wie: »Damit machst du deiner Mutter großen Kummer, Mutter ist nicht böse, aber sehr traurig, und ich hätte das von meiner lieben Tochter niemals erwartet, ich hatte von dir

erwartet, daß du das Licht in meinem sowieso so dunklen Leben sein würdest, aber du hast es noch dunkler gemacht.« Man kann sich vorstellen, was dann geschieht: Etwas ursprünglich Äußeres setzt sich im Innern fest, und der Vorwurf des anderen wird zum Selbstvorwurf. Ich verweise auf den Zusammenhang zwischen Trauer und Depression. Auch bei Trauer stellt sich manchmal eine nach innen gerichtete Wut ein, die sich in Selbstvorwürfen äußert, und zum Schmerz tritt eine Düsternis, die alles grau einfärbt.
Ich stelle dem Publikum die Frage, ob wir nicht guten Grund haben, düster oder sogar verzweifelt zu sein. Ist es so erstaunlich, daß junge Menschen nicht viel Sinn im Leben sehen? Sind wir nicht alle miteinander in Europa dabei, in die falsche Richtung zu gehen? Trotz aller Warnungen zerstören wir die Umwelt, wir schaffen uns Nuklearraketen an, setzen unser Vertrauen in Waffen, die nicht nur den Feind, sondern alle Menschen töten können.
Wenn wir Psychotherapeuten nicht versuchen, den Menschen mit der Wirklichkeit zu konfrontieren, dann leugnen wir die gesellschaftliche Realität. Was hat es für einen Sinn, sich mit dem Individuum zu beschäftigen, sich um seine Gesundung zu bemühen, wenn die Gesellschaft immer kränker wird? Wenn wir auch keine fertigen Lösungen haben, wir können doch die Probleme ansprechen?
Ich komme zum Schluß. Wir halten Düsternis, Traurigkeit für eine Krankheit, wir und unsere Kinder müssen fröhlich sein. Wieso eigentlich? Ich habe versucht, das, was ich zu sagen habe, so vorzubringen, daß es ein Echo findet, und wende alle mir verfügbaren rhetorischen Mittel an: Verlangsamung des Tempos, den Gebrauch möglichst fesselnder Bilder. Wer ein kräftiges »Forte« erreichen will, muß sich Zeit dafür nehmen. Ich hoffe, überzeugend deutlich zu machen, daß ich viele Dinge im Leben nicht übertrieben ernst nehme, daß dies mir jedoch blutiger Ernst ist.
Das Publikum lauscht mit atemloser, gespannter Aufmerksamkeit. Ich formuliere ja ihre eigenen ausgesprochenen

und unausgesprochenen Sorgen. Ich gebe ihrer Sehnsucht Ausdruck, ohne unnötige Angst so glücklich wie möglich leben zu können. Ich merke, daß meine Zuhörer sich verstanden fühlen, und das gibt mir wiederum eine Redegewandtheit, über die ich durchaus nicht immer verfüge. Sie sind es, die jungen Menschen, die da sitzen, denen es zu danken ist, daß ich hier angemessen, aber deutlich meine Überzeugung vertreten kann.

»Sie sind Psychotherapeut, Arzt, Psychologe oder Sozialarbeiter, lassen Sie sich nicht daran hindern, sich politisch zu engagieren. Werden wir damit unserem Fach untreu? Voraussetzung für eine einigermaßen positive, zuversichtliche Stimmung ist das Gefühl der Sicherheit. Aber wie kann irgend jemand sich in einer Welt sicher fühlen, in der die Bedrohungen zunehmen? Wir Psychotherapeuten können den Zusammenhang aufdecken zwischen Entmutigung und kindlicher Entwicklung. Der Säugling kann sich bei seiner Mutter sicher fühlen. Diese ›befindliche‹ Erfahrung kann er später auf Mutter Erde übertragen. Und Sicherheit boten früher auch Ideale, für die zu leben sich lohnte, die Religion, die innerhalb einer Kultur gültigen Werte. Diese Normen bieten heute keinen Halt mehr, Religion scheint ein Relikt aus vergangenen Zeiten zu sein. Trauern wir darum? Nein, wir tun, als ob alles in Ordnung wäre. Wir leben einfach weiter. Wir leugnen, denn wenn wir vor dem, das uns bedroht, nicht die Augen schließen würden, dann würden wir uns zur Wehr setzen. Alexander und Margarete Mitscherlich sprechen von unserem Unvermögen zu trauern. Haben sie nicht recht?

Ich stehe hier nicht, um die Wahrheit zu verschleiern und die Wirklichkeit rosiger darzustellen, als sie ist. Wir Älteren sind nicht mehr imstande, unseren Kindern, unseren Schülern, der jungen Generation eine Welt zu bieten, in der sie sich einigermaßen sicher fühlen können, in der es sich lohnt, sich für etwas einzusetzen. Unser Auftrag kann nicht darin bestehen, Besorgnis und Schmerz beiseite zu schieben und andere zu beruhigen, unsere Aufgabe ist es vielmehr, Besorgnis zu wecken. Haben wir den Mut, der Realität ins Auge zu sehen, dann können wir langsam damit beginnen, das zu bekämpfen, was unser Leben vernichten, und das zu erringen, was wirklich Sicherheit bieten kann. Unsere Aufgabe ist es nicht, einander zu ermutigen, den Trauerprozeß abzuschließen, sondern einander zu ermutigen, den Trauerprozeß zu beginnen. Es kann niemals Licht werden, wenn wir uns nicht der Wahrheit stellen, daß wir von tiefster Finsternis bedroht sind. Meine Damen und Herren, ich danke Ihnen für Ihre Aufmerksamkeit.«

In der folgenden kurzen Stille denke ich: »Das ging gar nicht so schlecht«, und schaue eine gute Freundin an, die mich merken läßt, wie froh sie über meinen Auftritt ist. Applaus bricht los, einen Augenblick bleiben die Menschen noch sitzen; der Vorsitzende steht auf, und der Applaus geht in eine stehende Ovation über, die nicht enden will. Um ein Ende zu machen, verlasse ich das Podium, was den Applaus nur verdoppelt. Schließlich ergreift der Vorsitzende mit einiger Mühe das Wort und sagt, daß er wahrlich kein Dankwort auszusprechen brauche. Die herausragende Gestalt unter den Organisatoren dieser Wochen kommt auf mich zu, schüttelt mir bewegt die Hand und sagt: »Das ist es, was meinem Vater vor Augen stand, als er die Initiative zur Organisation dieser Wochen ergriff, und das ist es, worauf ich gehofft habe.« Eine Gruppe junger Menschen schickt spontan ein Telegramm an den Bundeskanzler, in dem sie ihre Besorgnis aussprechen.

Als ich einige Jahre später auf dem Wege nach Süden Lindau in der Ferne liegen sehe, ist die Erinnerung an den Aufenthalt dort und an mein nicht ganz erfolgloses Auftreten vage und schemenhaft. Ich sitze am Steuer eines Wohnmobils. Ich habe Fieber und rasende Kopfschmerzen und frage mich voller Unruhe: Was geschieht mit mir, was ist mit meinem Kopf? Mir ist elend – aber das war erst der Anfang.

Kapitel 2

Vergangenheit, nah und fern

Wenn ich die Krankheit, an der ich drei Jahre gelitten habe, beschreiben will, um mehr Verständnis für psychisch Kranke, für ihre Familie, ihre Verwandten und ihre Freunde zu wecken, dann muß ich etwas über mich selbst sagen, wenn dies nicht ein ziemlich sinnloses Unternehmen werden soll. Der Leser fragt mich natürlich: »Wer sind Sie?« Die Beantwortung dieser Frage ist viel schwieriger als die Beschreibung meiner Krankheit. Wer kann schon sagen, wer er ist? Es ist gänzlich unmöglich, ein Urteil über sich selbst abzugeben. Sich selbst zu loben gehört sich nicht, sich selbst zu beschuldigen soll oft nur dazu dienen, von anderen gelobt zu werden, das heißt man hofft darauf, daß sie den Selbstbeschuldigungen widersprechen.

Statt zu versuchen, mich selbst zu beschreiben, will ich dem Leser lieber die Möglichkeit geben, sich ein Bild zu machen. Ich werde in diesem Kapitel zunächst über mein tägliches Leben berichten, über meinen Arbeitskreis, dann über meine Herkunft und Jugend und schließlich über die Ereignisse, die dem Ausbruch meiner Krankheit vorangingen.

Meine Arbeit als Professor der Psychiatrie machte mir viel Freude. Vor allem das Unterrichten von Kollegen in der Ausbildung war für mich eine Aufgabe, die mir Befriedigung gab. Vorlesungen hielt ich mit Begeisterung. Auch wenn ich im Ausland oft mehr Erfolg hatte als im eigenen Land, so konnte ich mich über den Besuch meiner Vorlesungen doch nicht beklagen.

»Was umfaßte denn Ihr Unterricht eigentlich?« Diese Frage liegt auf der Hand. Es ist natürlich nicht möglich, die Prinzi-

pien des komplexen und von vielen geschmähten Faches der Psychiatrie im Rahmen dieses Berichtes zu erläutern. Darum nur einige wesentliche Punkte.
Das wichtigste ist wohl, daß man lernen muß, unvoreingenommen zuzuhören. Das ist gar nicht so einfach, denn wir haben eigentlich immer schon fertige Meinungen über unsere Mitmenschen und zu ihnen einen bestimmten Standpunkt eingenommen, der gewöhnlich eher auf Vorurteilen als auf Kenntnissen beruht.
Darüber hinaus ist es meine feste Überzeugung, daß psychische Erkrankungen nicht durch einen einzigen Faktor ausgelöst werden, sondern durch das Zusammenspiel mehrerer Faktoren, Faktoren physischer, manchmal genetischer Natur, durch soziale Umstände und durch Eigenarten unseres Charakters, dessen Bildung in hohem Grade durch unsere Jugend bestimmt wird. Diese Überzeugung habe ich auch zum Grundprinzip meines Unterrichts gemacht.
Ich galt als Psychoanalytiker, ja als entschiedener Anhänger dieser Richtung. Fragt man, was unter den Begriffen Psychoanalyse und Psychoanalytiker zu verstehen ist, dann zeigt sich, daß die Vorstellungen darüber vage und oft durch gezielte negative Kritik eingegeben sind. Ich bin den Amsterdamer Studenten dankbar, daß sie Argumenten zugänglich waren: Ich brauchte mich im allgemeinen nur wenig mit Vorurteilen auseinanderzusetzen. Nur einmal mußte ich den Frontalangriff eines Kollegen abwehren. Er behauptete, daß in der von mir geleiteten Klinik die jungen Ärzte sich zwar mit dem Unbewußten beschäftigten und, hinter der Couch sitzend, den Patienten zuhörten, daß es aber fraglich wäre, ob auch die medizinische Seite ausreichend beachtet würde. Wäre nicht zu befürchten, daß meine Patienten womöglich stürben, weil physische Krankheiten übersehen würden? Der Kollege nahm seine Beschuldigungen zurück. Ein solcher Angriff hat sich nie wiederholt.
Nachdem ich 1961 in Amsterdam zum Klinikleiter ernannt worden war, habe ich mich mit Erfolg dafür eingesetzt, daß

zum Personal einer psychiatrischen Klinik auch ein Internist gehört. Mein erster Internist ist Professor für Innere Medizin geworden, die letzte Internistin, die ich miterlebt habe, war eine Autorität in ihrem Fach und dazu eine Kollegin, mit der zu arbeiten besonders angenehm war. In unserer Zusammenarbeit hat es nur einmal eine Unstimmigkeit gegeben, und das war allein meine Schuld. Ich habe der medizinisch-physischen Seite immer große Bedeutung beigemessen.
Warum finde ich die psychoanalytische Theorie so wichtig für die Psychiatrie? Aus folgenden Gründen: Erstens bin ich davon überzeugt – und zwar, weil man das erkennen kann –, daß in den Menschen mehr vorgeht, als sie selbst wissen; man nennt dies das Unbewußte. Unbewußte Ängste und Wünsche äußern sich in Träumen und Fehlleistungen, können uns aber auch erheblich aus dem Gleichgewicht bringen. Die Depression ist ein Beispiel dafür. Diese unbewußten Phantasien sind durchaus nicht immer zügelloser, unsittlicher Art. Daß wir an uns selbst sehr hohe Anforderungen stellen und sehr hohen Idealen nachstreben, kann uns ebenso unbewußt bleiben wie das Festhalten an sexuellen Wünschen, deren wir uns schämen.
Zweitens bin ich ein Verfechter der Psychoanalyse, weil ich davon überzeugt bin, daß unsere Entwicklung in der Kindheit von entscheidender Bedeutung für unsere Charakterbildung und für Unzulänglichkeiten in unserer Persönlichkeit ist, für Mängel, die dazu führen können, daß wir später krank werden. Ich selbst bin keine Ausnahme von dieser Regel. Wie die Schwächen in meiner Persönlichkeit entstanden sind, werde ich später beschreiben.
Dazu halte ich – mit Freud – den Menschen für ein Wesen, das mit zahlreichen inneren Konflikten leben muß, weil seine Wünsche mit den Forderungen der Gesellschaft und den Ge- und Verboten seines eigenen Gewissens in Kollision geraten können. Die Psychoanalyse ist in meinen Augen eine humane Form der Psychologie. Freuds Blick auf den Menschen ist nicht gerade heiter, sondern eher tragisch zu nennen.

Ich habe nicht nur an der Universität unterrichtet, sondern auch im Rahmen der psychoanalytischen Ausbildung mit dem Kandidaten viele von Freuds Schriften besprochen, was mir viel Freude gemacht hat.
Mein tägliches Leben verlief ziemlich regelmäßig. Ich fuhr mit der Metro aus der Innenstadt zur Klinik; in Holendracht – das damals noch Endstation der Metro war – hatte ich ein Fahrrad, mit dem ich das letzte Stückchen Weges bis zur Klinik fuhr. Damals wuchsen dort noch Studentenröschen und Knabenkraut. Seit Jahren sind diese Pflanzen verschwunden und haben menschlichen Siedlungen Platz gemacht; der Mensch vermehrt sich einerseits schnell, und andererseits ist er mit der Herstellung immer neuer, immer destruktiverer Waffen beschäftigt, die diesen Bevölkerungszuwachs wieder zunichte machen können. Aus meiner Besorgnis hierüber habe ich nie ein Hehl gemacht, was mir einerseits die Sympathie mancher Menschen einbrachte, mir aber zugleich auch den Ruf verschaffte, Medizin auf bedenkliche Weise mit Politik zu vermischen. Viele Menschen sind ja der Meinung, daß man in unserem Fach politisch neutral sein muß. Wieviel Sinn es hat, Individuen von Krankheiten zu heilen, aber nicht vor den Gefahren zu warnen, die der Menschheit durch Umweltkatastrophen und Rüstungswettlauf drohen? Das eine, die Heilung des Individuums, hat nicht viel Sinn ohne das andere, das Streben nach einer besseren Gesellschaft.
Ich liebte die Metro sehr, ich fand die Tunnel fesselnd, das Auftauchen aus der Dunkelheit ins Licht noch fesselnder. Sie rief Assoziationen wach an Aufenthalte in London und Paris. Ich hatte es gern, wenn Studenten bzw. Assistenten sich während der Fahrt mit mir unterhielten. Und manch eine Vorlesung habe ich in der Metro noch einmal durchgesehen, manch einen Roman von Iris Murdoch gelesen.
Zu jener Zeit entwickelte der Professor – weniger eingeschränkt als heute – noch seine eigene Politik. Die meine war ausgesprochen nichtautoritär. Damit meine ich, daß ich

meinen Mitarbeitern große Freiheit ließ. Wie kann man ein Team von fähigen Fachleuten um sich versammeln, wenn man sie bevormundet und ihnen im Wege steht? So hat es denn auch sehr selten Personalwechsel gegeben.
Die Anforderungen, die ich an meine »Auszubildenden« stellte, waren angeblich sehr hoch. Ich sprach mit dem Leiter unserer Abteilung darüber, ob sie nicht zu hoch wären. Darauf sagte er: »Dürfen sie in einer Universitätsklinik denn nicht hoch sein?« Es war reine Phantasie, daß jedem Mitarbeiter ständig die Entlassung wie ein Damoklesschwert über dem Haupt hinge, und ich versuchte so aufzutreten, daß die Gemüter sich beruhigten. Die Macht, junge Ärzte in der Ausbildung zu entlassen, hatte ich zwar, einfach dadurch, daß ich feststellen konnte: Sie sind nicht geeignet, diesen Beruf auszuüben. Ich konnte ihre Ausbildung abbrechen. Macht reizt die Phantasie. Aber Macht und Einfluß werden oft miteinander verwechselt. Einfluß hatte ich sicher auch, schon aufgrund der Lehrbücher, die ich geschrieben habe.
Wer sich unserer Hauptstadt von Süden nähert, sieht die drei Hochhäuser, in denen das Amsterdamer Medizinische Zentrum untergebracht ist, Nachfolger und Metamorphose des früheren Wilhelmina-Krankenhauses, das an anderer Stelle stand. Die psychiatrische Klinik liegt ziemlich weit davon entfernt. Ich hatte den Vertreter des damaligen Staatssekretärs davon überzeugen können, daß psychiatrische Patienten sich in einem Hochhaus nicht wohl fühlen; es wirkt entfremdend, macht ihnen angst. Organisatorische Probleme versuchte ich soweit wie möglich anderen zu überlassen. Das ging deswegen sehr gut, weil die Klinik einen eigenen administrativen Leiter hatte, mit dem ich gut auskam. Patienten suchte ich auf, wenn sie selbst darum baten, wenn behandelnde Ärzte mich darum ersuchten und im Rahmen einer Reihe wöchentlicher Besprechungen.
Es ist nicht zu leugnen, daß viel über mich geredet wurde. Gab ich dazu viel Anlaß? Natürlich kamen diese Hirngespin-

ste oder Übertreibungen mir zu Ohren, und ich kann nicht leugnen, daß sie mich manchmal verletzten. Manche der Phantasien waren aber auch eher gutartiger Natur, wie zum Beispiel die, daß ich nur seidene Socken aus einem eleganten Londoner Modegeschäft trüge, während sie tatsächlich aus einem Amsterdamer Warenhaus stammten, das wegen seiner niedrigen Preise bekannt ist. Ich will noch einige Punkte erwähnen, welche die Mythenbildung um meine Person gefördert haben.

Man erzählte sich, daß ich bei Bewerbungsgesprächen unberechenbar sei und daß meine Entscheidungen auf merkwürdigen Begründungen beruhten. Man kann jemanden nicht ausbilden, wenn man mit ihm oder ihr nicht gut auskommt. Man muß einander auf Anhieb verstehen. Wenn ich nach fünf Minuten eine Entscheidung traf, hatte man den Eindruck, ich führte mich wie ein östlicher Despot auf. Als sich mein früherer Mitarbeiter, der verstorbene Dr. Silbermann, bei mir bewarb, sagte ich nach vier Minuten: »Fragen Sie im Sekretariat, wann Sie anfangen können.«

Manche Bemerkungen von Bewerbern gefielen mir gar nicht; sie verrieten einen Mangel an sozialer Intelligenz, einer Eigenschaft, welche die oft etwas weltfremden Psychiater in ausreichendem Maße besitzen müssen. Ein Bewerber verbesserte seine Chancen nicht, wenn er mir sagte, daß er von mir ausgebildet werden wolle, weil ich doch dieses großartige Buch geschrieben hätte – wenn das genannte Buch gar nicht von mir war. Niemand braucht Musik zu lieben, auch wenn fehlende Musikalität für unser Fach nicht immer günstig ist. Wenn aber jemand mir sagte, daß es ihm so gutgetan hätte zu hören, wie sehr ich die »Hohe Krönungsmesse« von Beethoven liebte, dann hatte er seine Chancen, bei uns ausgebildet zu werden, auch nicht gerade erhöht. Es war schließlich nur ein nicht sehr intelligenter Versuch, mich günstig zu stimmen. Die »Krönungsmesse« ist von Mozart, die »Hohe Messe« von Bach. War ich launisch oder lebte ich meine Machtphantasien aus, wenn ich nicht anbiß, wenn es jemandem einfiel, mir einen Köder vorzuhalten? Und genauso verspielte ein Bewerber seine Chancen, wenn er erzählte, daß er sich schon mehrfach anderswo beworben hätte, daß Amsterdam ihn jedoch mit seinen Möglichkeiten zur Zerstreuung besonders anzöge. Warum sollten meine Mitarbeiter und ich einen roten Teppich ausrollen, über den ein anderer dann vergnüglich Cafés und Bars besuchen könnte?

Es gab auch Bewerber, die selbst die Initiative zu einem Bewerbungsgespräch ergriffen, zum Beispiel Willem.

Das kam so: Ich hielt einen Vortrag in Nimwegen, nicht ohne einen gewissen Erfolg. Nach dem Vortrag eröffnete Prick die Diskussion, ein weit und breit bekannter, malerischer, schillernder Mann, ein Vertreter der südholländischen Tradition der Lebensfreude, reich an Kenntnissen, überschwenglich in Gefühlen, Worten und Gastfreundschaft. Es war jedermann ersichtlich, daß Prick und Kuiper sich gut kannten und einander schätzten. Ich denke, daß wir einander verstanden, wenn es um Fragen ging, die für uns beide von wesentlicher Bedeutung waren, trotz unserer sehr unterschiedlichen Herkunft: er nach Geburt und Erziehung alter römisch-katholischer Tradition entstammend, ich streng kalvinistisch erzogen. Dazu fällt mir das Wort ein: »Wo die Speichen sich der Achse nähern, stehen sie sehr dicht beieinander.« Ich konnte nicht an jedermann über den 42. Psalm schreiben, an ihn jedoch sehr wohl. Seine Briefe waren Wunder an Assoziationsreichtum, zeichneten sich ebenso durch den Gebrauch von Metaphern wie durch ein umfassendes »Zitiervermögen« aus. Das Zitat »Contra vim mortis, nulla herba in hortis« – gegen die Macht des Todes ist kein Kraut gewachsen – sollte sich bald bewahrheiten. »Lux perpetua luceat eis« – ewiges Licht scheine den Toten –, aber er fehlt mir sehr. Durch seinen Tod ist mein Leben sehr viel ärmer geworden.

Nach meinem Vortrag ergriff er also das Wort. Der Nimwegener Goethe sprach von »Kuipers beeindruckender Präsenz«, sagte, »mein nicht nur geschätzter Kollege, sondern auch geliebter Freund, ein Mann, der aufgrund seiner gewaltigen Kenntnis der Theologie, der Metaphysik, der Ontologie und Erkenntnistheorie mit den schwierigsten Begriffen« – er machte die Geste, mit der Bälle in die Luft geworfen und wieder aufgefangen werden – »wie ein Jongleur umgeht.« Dieses überschwengliche Lob war sicher nicht das am besten geeignete Mittel, die Nerven des jungen Willem zu beruhigen, aber er war fest entschlossen: jetzt oder nie. Die Psychiatrie, die ich in »Summe der Psychiatrie« beschrieben habe, sie liegt ihm. In dieser Psychiatrie ist der Patient kein Verrückter, den man nicht verstehen kann, sondern einer von uns, der in Not geraten ist.

Nach meinem Vortrag wurde in einem Lokal weiterdiskutiert und Bier getrunken, der Raum war blau von Rauch. Ich hatte den Vortrag, der einen doch immer ein wenig aufregt, hinter mir, ich fühlte mich entspannt und unterhielt mich angeregt mit meinen Tischgenossen. Da merkte ich, wie ein sympathisch aussehender junger Mann sich einen Weg durch die Menge zu bahnen versuchte und einen meiner Tischgenossen fragte, ob er sich setzen dürfe, und sei es nur für einen Augenblick, damit er mich ansprechen könne. »Ich zitterte am ganzen Körper«, erzählte er mir später. »Von diesem Mann hängt es ab, ob ich die Ausbildung bekomme, die ich suche. Wie bringe ich bloß die ersten Sätze über die Lippen?«

Sobald ich ihn erblickt hatte, sah ich niemand anders und nichts anderes mehr. Alle anderen verschwanden aus meinem Blickfeld. »Über die Quellen des Nils kann niemand etwas sagen. Er erreicht Ägypten von fernen, unbekannten Gegenden her.« Ich hatte ihn noch nie gesehen, aber unsere Begegnung war ein Wiedererkennen. »Hier bist du Mensch, hier darfst du's sein.« Man kann sich vorstellen, daß mein Verhalten in einem solchen Augenblick viel Kritik hervorrief. Es kann nicht angenehm sein, eine solche »Verschiebung« der Aufmerksamkeit zu erleben, die sich abwendet wie die Scheinwerfer eines Wagens auf einer Bergstraße im Dunkeln. Willem kommt aus dem südlichsten Winkel Hollands, wie man ihn sich südlicher nicht vorstellen kann. Er erzählte mir später, wie er diese Begegnung mit mir erlebt hat, und zitierte dabei die Passage aus dem 1. Akt der »Walküre«, in der Wagner die Ankunft Wotans beschreibt:

Traurig saß ich,
während sie tranken;
ein Fremder trat da herein:
ein Greis in grauem Gewand;
tief hing ihm der Hut,
der deckt' ihm der Augen eines;
doch des andren Strahl,
Angst schuf er allen ...
mir allein
weckte das Auge
süß sehnenden Harm,
Tränen und Trost zugleich.
Auf mich blickt' er
und blitzte auf jene,
als ein Schwert in Händen er schwang;
das stieß er nun
in der Esche Stamm,
bis zum Heft haftet' es drin ...
Da wußt' ich, wer der war,
der mich Gramvolle gegrüßt ...

Der da hereingetreten war in seinem grauen Gewand, war Wotan selbst. Eine Beschreibung von Willems äußerer Erscheinung und seinem Charakter würde meinen Bericht zu sehr aufhalten. Ein Funke sprang über, und wie, das hat der Leser wohl begriffen. Vierzehn Tage nach unserer Begegnung aßen wir im »Hamert« bei Arcen. Auf der Terrasse war ein Tisch frei. Boote glitten vorüber, die Maas wand sich durch friedliches Land, und über dem Horizont ruhten die Wolken am Abendhimmel. Kein Lüftchen regte sich.

Wir leben in ständiger Interaktion mit unseren Mitmenschen. Was sie über uns denken und fühlen, geht nicht unbemerkt an uns vorüber. Das gilt um so mehr, wenn man Wert darauf legt, im Innern anderer präsent zu sein, eine Rolle in ihrem Leben zu spielen. Die Phantasien anderer sind wie Spiegel, in die man schaut. Man kann sich einreden, daß man so wichtig ist, wie andere einen finden. Respekt und Lob können das Selbstgefühl auf gefährliche Weise steigern. Wenn häßlich über einen gelästert wird, dann kann man sich das sehr zu Herzen nehmen oder aber sich zu trösten versuchen: Besser, sie reden schlecht über mich, als daß sie überhaupt nicht über mich reden. Unbemerkt bleiben, nicht vorhanden sein für den anderen, ist das schlimmste. Man kann sich sogar dazu verleiten lassen, andere zu provozieren, indem man argumentiert: Was sie sagen, macht mir nichts aus, wenn sie nur über mich sprechen, wie auch immer. Wer auf diese Weise sein Selbstgefühl zu stärken sucht, baut sein Haus auf Sand, stützt sich auf etwas, das morsch ist.
Es sagt viel aus über einen Menschen, wie er seine freie Zeit, seine Abende, Wochenenden und Ferien verbringt. Ich verwandte viel Zeit auf das Schreiben von Büchern und Aufsätzen und auf das Lesen von Literatur über Gegenstände, mit denen ich beschäftigt war. Wenn wir uns in dem abgelegenen kleinen italienischen Dorf aufhielten, wo wir eine Wohnung haben, dann beschäftigte ich mich auf diese Weise ganze Tage. Der Bach rauschte, die Schatten wanderten, die Gabelweihen glitten vorüber auf der Suche nach Nahrung, um elf Uhr fuhr das Schiff vorbei, und die Sonne verschwand früher, als man erwartet hätte, hinter dem riesigen Berg auf der anderen Seite, einen gewaltigen Schatten über den See werfend, dessen Wellen das Licht tausendfach spiegelten.
Daß ich auch an Abenden und Wochenenden und während eines Teils meiner Ferien arbeitete, bedeutete, daß ich nicht viel wirklich freie Zeit hatte oder mir nahm. Abende, die ich nicht mit meiner Schreiberei verbrachte – von dem moder-

nen Zwang, ständig an Sitzungen teilzunehmen, ließ ich mich in keiner Weise tyrannisieren –, verlebte ich häufig mit gemeinsamen Freunden. Freundschaften bedeuten viel in meinem Leben, und sie halten im allgemeinen lange. Abende, die ich mit Allan verbrachte, waren eine Entspannung. Wir sahen uns viele Filme an, fesselnde Western, oft sogar mehrmals. Ich hatte ihn kennengelernt, als er im ersten Semester war. Er fiel mir auf, ich bat ihn, ein paar Stunden für mich zu erübrigen, damit ich versuchen könnte, ihn zu porträtieren. Das Porträt hängt nun schon seit Jahren im Wohnzimmer seiner Mutter. Auf Spannungen zwischen Allan und mir reagierte ich sehr heftig. Später sollte ich mich fragen, ob diese Heftigkeit ihre Energie aus inneren Konflikten zog, die meine Depression mitverursachten.

Viel, vielleicht zuviel freie Zeit widmete ich dem Malen. Ich habe vor ungefähr dreißig Jahren damit begonnen, Farbe auf Papier oder Leinwand aufzutragen. Dabei war der Mangel an angeborenem Zeichentalent ein arges Handikap. Mit dem Malen brachte ich mich in eine Konfliktsituation. Ich fand, daß ich über mein Fach schreiben und meine Zeit nicht mit anderen Dingen verbringen sollte. Malen und Schreiben waren nicht gleichzeitig möglich. Es ist, als ob man für beides dieselbe Art von Energie braucht, dieselben Hirnzellen in Anspruch nimmt, die aber nicht zwei Dinge gleichzeitig tun. So gab es Zeiten, in denen ich mich völlig dem Schreiben hingab, und andere, in denen ich mich ausschließlich und sehr intensiv mit Malen beschäftigte. Als ich noch in Groningen wohnte, unternahm ich mit dem Maler Jan Altink Reisen in die italienischen Alpen, wo wir Seitentäler von Seitentälern erkundeten und in Dorfgasthöfen übernachteten. Diese Reisen sind mir in dankbarer und unauslöschlicher Erinnerung geblieben. Das Malen wird in meinem Bericht eine große Rolle spielen.

Meine Frau und ich hatten uns für die Ferien ein Wohnmobil angeschafft. Damit reisten wir durch Europa. Einmal sind wir sogar bis zur Straße von Messina gekommen. In unserem Leben spielen unsere beiden langhaarigen Collies Oggi und Bliss eine große Rolle. Wenn wir sie zu Hause ließen, würden sie uns fehlen. Im Wohnmobil können sie mitreisen, und nachts verhalten sie sich still. Nicht sie wekken uns, sondern Nachtigallen, die singen, wenn ich schlafen will.

Der Leser mag sich schon gefragt haben: Wie hat der Mann, dessen Buch ich hier lese, es im Leben so weit gebracht? Diese Frage will ich im folgenden beantworten und zugleich beschreiben, welche Verletzungen in meiner Jugend den Boden bereitet haben, auf dem die schreckliche Krankheit, über die ich berichten will, gedeihen konnte.

In einem alten Baum kann man das junge Bäumchen nicht mehr erkennen, im Menschen dagegen bleibt das Kind für immer lebendig. Man kann die Lebenszeit vergleichen mit einem Fluß, der allerlei mit sich führt, das sich auf seinem Grunde absetzt.

Es sind Bruchstücke von Erinnerungen, die an die Oberfläche kommen, wenn ich mir meine Jugend vorzustellen versuche: Wie der Ofen am ersten wirklich kalten Tage brannte, wie der Weihnachtsbaum angezündet wurde, wie mein Vater und mein Onkel Dirk mich auf dem Schlitten zogen.

Zwei feste Themen, die immer mitklangen, ja sogar beherrschend waren, auch während meiner Krankheit, waren der Tod und die Angst vor der Hölle. Jedesmal, wenn ich mit meiner Mutter Onkel Barend besuchte, sah er wieder etwas blasser aus. Meine Mutter sorgte dafür, daß die besten Internisten konsultiert wurden. Ihre Diagnose lautete: Leukämie, in jener Zeit ein Todesurteil. Sein kleiner Sohn zog zu uns, was ich großartig fand. Wir gingen zusammen in die vierte Grundschulklasse. Ich war Einzelkind, und er war der kleine Bruder, den ich suchte und immer gesucht habe. Auf dem Krankenbett wurde der immer bleicher aussehende, erst vierunddreißigjährige Mann von Höllenängsten gequält. Die Familie versammelte sich, als das Ende nahe schien, im

Hause einer Tante, nicht weit von der Wohnung des Sterbenden. Eine Schwägerin des kranken Onkels kommt gelaufen und schreit: »Barend hat gesagt, daß er in den Himmel kommt.« Die Erleichterung schien größer als der Schmerz über den bevorstehenden Verlust.
An einem kalten Wintertag wurde Onkel Barend begraben. Herrliches Frostwetter, Reif auf den Zweigen, der sich gegen den blauen Himmel abhob. Ich kam auf dem Fahrrad aus der Schule, und ich erinnere mich, wie wunderschön ich alles fand, was ich sah: das Purpurbraun der Sträucher, grüne Baumstämme, blau getönten Schnee. Die Glocken der kleinen Kirche in Lage Vuursche läuteten, und sie sollten noch oft läuten, wenn eine meiner Tanten begraben wurde. Was immer mir in meiner Jugend gefehlt haben mag, an Tanten fehlte es mir nicht, und die meisten liebte ich sehr und fand es wunderbar, wenn sie uns besuchten.
Nicht nur durch die Erinnerung an das Sterben von Onkel Barend war der Tod in meinen Kinderjahren ständig gegenwärtig. Mein Vater heiratete meine Mutter in zweiter Ehe. Kurz nacheinander waren sein Töchterchen und seine Frau gestorben. Mein Vater sprach nie über meine Halbschwester Anneke, niemals. Sie war anwesend in einem Symbol, in einem dunklen Licht. In einem kleinen steinernen Häuschen konnte man ein Licht entzünden; es schien durch die kleinen Fenster, und die Mauern wurden geheimnisvoll erleuchtet. Von Zeit zu Zeit wurde das Lichthäuschen hervorgeholt, das Licht angezündet, und es hieß nur: »Das war Annekes Häuschen.« Beim Begräbnis meines an Leukämie gestorbenen Onkels wurde über Tod, Krankheit und Sterben gesprochen, und da erzählte mein Vater bewegt, wie schnell es gegangen war, damals. Ein fröhliches, anmutig spielendes kleines Mädchen, das nach einigen Wochen in einem kleinen Sarg fortgetragen wurde und das Lebensglück meines Vaters mit sich nahm, vielleicht auch das meine, lange bevor ich geboren war. Es ist mir nur selten gelungen, ihn aufzuheitern, und möglicherweise habe ich das als ein fundamentales Ver-

sagen erlebt. Ich hatte oft das Gefühl: Was ich auch tue, ich kann ihm eigentlich niemals etwas bedeuten.
Ein Vetter meines Vaters war jahrelang Direktor des Wilhelmina-Krankenhauses. Zur Erinnerung an ihn stand auf dem Gelände des Krankenhauses eine Kuiper-Bank mit seinem Bildnis. Wo sie geblieben ist, nachdem das Wilhelmina-Krankenhaus in die Bijlmer umgezogen ist, weiß ich nicht. Mein Vater besuchte seinen Vetter und traf dort meine Mutter, die damals als Schwester im Wilhelmina-Krankenhaus arbeitete. Durch meine Ernennung zum Klinikleiter in Amsterdam wurde Pavillon 3 dieses Krankenhauses auch meine Arbeitsumgebung. 1983 wurde ich krank, und kurz danach wurde Pavillon 3 dem Erdboden gleichgemacht. »... und ihre Stätte kennet sie nicht mehr.« Ist es verwunderlich, daß ich oft an das Haus des Atreus dachte und an den Fluch, der auf ihm lag? Der König wird ermordet, von seinem Palast bleibt nicht einmal eine Ruine. Verschwunden, als ob er nie bestanden hätte.
Ein paar Worte über meine Mutter. Sie hatte leicht jüdische Gesichtszüge, obwohl ihre Ursprünge anderswo lagen. Sie stammte aus der Veluwe, wo ihr Vater und ihre Vorfahren als Tagelöhner oder Kleinbauern gelebt und gearbeitet hatten, abhängig von der Gunst oder Ungunst der Zeiten. Sie werden alle denselben strengen religiösen Überzeugungen angehangen haben wie meine Mutter, vielleicht schon seit Jahrhunderten. Nicht zu Unrecht trugen sie den Namen Seldenrijk. Meine Mutter hat bittere Armut erlebt. Als die Ehe mit meinem Vater sie davon befreit hatte und sie sich das eine oder andere leisten konnte, hat sie sich darauf nie etwas eingebildet. Sie blieb einfach und ließ viel Geld ihrer Familie zukommen. Sie war eine Frau von unglaublicher Ausstrahlung und wurde, wenn auch nicht von allen geliebt, so doch respektiert. Als sie durch Demenz einen großen Teil ihrer Hirnzellen verloren hatte, sagte der Kollege, den ich bat, nach ihr zu sehen: »Selbst jetzt ist deine Mutter noch eine *grande dame.*« Sie konnte großzügig sein, aber sie war auch

imstande, wortlos schwere Vorwürfe zu machen, wenn sie gekränkt war. »Ich bin nicht böse, nur traurig«, das war auch ihre Devise. Von Zeit zu Zeit litt sie unter starken Migräneanfällen, einer Qual, die ich von ihr erben sollte. Sie glaubte fest an die Prädestination: Viele sind verworfen, nur wenige auserkoren, und wie kann man sicher sein, daß man zu diesen gehört? Und doch lebte sie, im Gegensatz zu diesem schrecklichen Gottesbild, in einer mystischen Verbundenheit mit dem Schöpfer aller Dinge. Die Gestalt Jesu war für sie lebendig, und sie hatte ein tiefes, frommes Gefühl gegenüber der Natur.

Mein Vater vertrat völlig andere Ansichten. Er war ein altmodischer Liberaler, ehrlich, beliebt bei dem Personal, das in unserem Hause angestellt war. Er hätte mein Großvater sein können. Er liebte Eisenbahnzüge, und als ich ein kleiner Junge war, erklärte er mir, meine Hand in der seinen, wie der Zug es schafft, die Steigung zum St. Gotthard in mächtigen Serpentinen zu erklimmen. Damals hatte ich Freude daran zuzuschauen, und noch immer fasziniert mich Zugverkehr, vor allem im Gebirge.

Wir suchten zusammen nach Wasserpflanzen in den Gräben des Eempolders, der damals noch nicht verschmutzt war. Seit jener Zeit habe ich ein Aquarium gehabt, wußte eine Zeitlang viel über bestimmte Fische und habe sogar einen Artikel darüber für die Aquarium-Zeitschrift geschrieben. Meine Lust am Botanisieren wird wohl hiermit zusammenhängen. Ich besaß ein Aquarium, bis meine Krankheit mir alles Interesse daran nahm. Die Goldmondfische habe ich einem Freund gegeben, mein großes Aquarium in meinem Arbeitszimmer war lange Zeit mit einem Tuch bedeckt und rief durch seine Form Assoziationen wach an ein dunkleres Tuch und an die »Passacaglia« von Bach, die dann erklingen wird.

Ich war kein übermäßig ernstes Kind, aber ich war ängstlich, und in der Schule widerfuhren mir Dinge, die nicht gerade geeignet waren, meine Ängstlichkeit zu lindern.

Kinder aus den wohlhabenderen Familien besuchten eine Schule in Baarn, welche die »Schule der seidenen Taschentücher« genannt wurde. Meine Eltern fanden es nicht gut für meine Erziehung, daß ich nur mit Kindern reicher Eltern Kontakt haben sollte. An sich ist das eine sehr gute Überlegung, aber meine Mutter wollte auch, daß ich eine christliche Schule besuchte. So kam ich in die »Schule mit der Bibel«. In der fünften Klasse führte Lehrer K. das Zepter, ein kräftig gebauter Mann mit kleinen, gepflegten Händen und rotem Kopf, dessen Farbe sich manchmal, wenn K. sich über Kleinigkeiten ärgerte, so veränderte, als ob man ein kräftiges Rot mit einem ebenso kräftigen Blau vermischt, und dabei traten die Adern an seinem Hals hervor. Es ist nun ungefähr 60 Jahre her, daß ich diesen Lehrer zum letztenmal gesehen habe, aber er steht mir so lebendig vor Augen, als ob er gerade den Raum verlassen hätte. Sein runder Kopf war fast kahl, und er hatte einen leicht grausamen Zug um den Mund.

Wenn ich einen Klecks in mein Rechenheft gemacht hatte, konnte ich fast die ganze Nacht nicht schlafen. Ab und zu mußte ich zu Hause bleiben, weil ich schon als Kind Migräneanfälle hatte, und außerdem kaute ich zum großen Ärger meiner Eltern und zu meinem eigenen Kummer an den Fingernägeln. Man erfand allerlei Mittel dagegen, unter anderem schmierte man mir eine bittere Tinktur auf die Fingerspitzen.

Scham ist ein schreckliches Gefühl. Manchmal wurde ich in der Schule gehänselt. Ich fürchtete mich davor, schämte mich über die Angst und schämte mich über die Scham, und dies in einem ewigen Kreislauf. Scham ist ein Feuer, das sich selbst nährt. Auch wenn ich versuchte nicht aufzufallen, so war das Nägelkauen dem Lehrer doch nicht entgangen. Einmal, ich werde diesen Tag nie vergessen, sah ich, daß er eine Tüte bei sich hatte, in der Süßigkeiten hätten sein können. Er legte die Tüte so hinter sein Pult, daß man sie nicht sehen konnte.

Während ich aus dem Fenster starrte, meinen eigenen Gedanken nachhängend, hörte ich, wie der Lehrer einen anderen Jungen vor die Klasse rief und sagte: »Das Nägelkauen, diese widerwärtige Angewohnheit, muß jetzt aufhören.« Dann steigerte er die Spannung noch, indem er zögerte – so wie der Einsatz der Singstimme durch die instrumentale Einleitung verzögert wird. »Und dann haben wir hier noch, aus Soest, in der Klasse einen Jungen, der immer so gekleidet ist, als ob es Sonntag wäre, und der nicht zur Schule kommt, wenn er ein bißchen Kopfschmerzen hat, das Söhnchen eines Vaters, der nichts zu tun hat, während eure Eltern sich für euren Lebensunterhalt abplagen müssen und euch sicher nicht wegen jeder Kleinigkeit zu Hause bleiben lassen ...« Und dann erklang es, mit erhobener Stimme, *fortissimo*: »Den Nägelkauer Piet Kuiper. Komm mal nach vorn, Junge! Du scheinst ja wohl nie genug davon zu bekommen, und darum habe ich dir etwas mitgebracht, worauf du noch eine ganze Weile kauen kannst.« Er griff nach der Papiertüte und brachte ein Hufeisen zum Vorschein. »Nimm mal! Ob dir das genauso schmeckt wie deine Fingernägel? Mach den Mund auf!« Gejohle und Gelächter der Kinder. Ich machte den Mund nicht auf, ich preßte die Lippen aufeinander, nicht aus Trotz, sondern aus Angst. Ich hätte im Erdboden versinken mögen, als ich so ausgelacht wurde, ich wurde purpurrot vor Scham. Ich hatte dieses schreckliche Gefühl, mir wurde schwarz vor Augen, ich konnte nichts mehr sehen, ich fühlte nur mein brennendes Gesicht. »Du kannst doch nicht wissen, ob dir das schmeckt, du mußt es erst probieren.« Er stieß mit dem Eisen gegen meine aufeinandergepreßten Lippen. »Los, Mund auf!« Gejohle. Noch ein Stoß. Ich fühlte den lauen Geschmack von Blut im Mund, ein Rinnsal lief mir über das Kinn. Den Rest weiß ich nicht mehr. Wohl, daß ich zu meiner Bank zurücklief mit dem intensiven Gefühl, lächerlich zu sein und immer zu bleiben, als ob der Kern meines Wesens aus Lächerlichkeit bestünde, aus etwas, das es nur verdiente, verhöhnt zu werden.

Ich konnte zu Hause nicht erzählen, daß ich mich so geschämt hatte, und ich schämte mich, daß mir etwas widerfahren war, wofür ich mich so schämte. Wiederum dieser *Circulus vitiosus.* Ich belog meine Eltern. »Was ist mit deinem Mund?« »Ich bin vom Fahrrad gefallen, aufs Gesicht, weil ...« Weiter erinnere ich mich nicht. Irgendeine Phantasiegeschichte. Ein paar Tage lang lief ich mit einer geschwollenen Lippe herum.

Auf der Oberschule waren meine Leistungen recht mäßig. Jedesmal schaffte ich die Versetzung nur so eben. Darüber machte ich mir große Sorgen. Mein Vater erklärte ermutigend: »Ein Kuiper bleibt nicht sitzen«, womit er zugleich deutlich machte, was er davon halten würde, wenn diese Katastrophe sich tatsächlich ereignen sollte.

Ich verbrachte viel Zeit mit meinem Aquarium, viele Stunden mit dem Lesen von Artikeln über Terrariumtiere, und ich stellte mir vor, wie mein Terrarium – zu dem es nie gekommen ist – aussehen müßte. In den Herbstferien logierte ich gewöhnlich bei meiner Tante Anna in Amsterdam, einer Schwester meines Vaters, die gänzlich andere Auffassungen vertrat als meine Mutter. Bei ihr hörte ich zum erstenmal klassische Musik, die mich berührte, und zwar die Alt-Rhapsodie von Brahms auf einen Text von Goethe: »Harzreise im Winter«, über einen jungen Mann, dem das Leben zu schwer ist. »Hinter ihm schlagen die Sträucher zusammen, die Öde verschlingt ihn.« Mit der Tante ging ich auch ins Kino. Königin Christina, gespielt von Greta Garbo, beeindruckte mich so tief, daß alle Frauen, für die ich später etwas empfinden sollte, mehr oder weniger deutlich ihre Züge trugen. Wir sahen auch Anny Ondra, die inzwischen wohl vergessen sein wird. Nach einem operettenhaften Film, in dem sie die Hauptrolle spielte, wurde ich plötzlich von Worten getroffen, die mir wie von außen zu kommen schienen: »Was hülfe es dem Menschen, so er die ganze Welt gewönne und nähme doch Schaden an seiner Seele?«

Von diesem Augenblick an erlebte ich den Kirchgang anders, ich fing an, ein sehr asketisches Leben zu führen, meine Zensuren wurden schlagartig besser. Als ich das Abitur machte, konnte ich mit nicht allzu großer Mühe Latein lesen wie die Zeitung, und auch für Griechisch bekam ich sehr gute Noten.

Ehe ich die Stimme, die mir während meines Aufenthaltes in Amsterdam erklang, gehört hatte, wollte ich alte Sprachen studieren, doch nun entschied ich mich für die Theologie, bis sich der Gedanke in mir festsetzte, Psychiater zu werden. Würde ich dann nicht die Menschen mit dem Evangelium in Berührung bringen können? Würde ich dann nicht viel mehr erreichen? Meiner Mutter schien das eine gute Idee, und sie ließ mich merken, daß eine Professur in diesem Fach für mich wohl die geeignetste Stellung wäre.

Es gibt einen Menschen, der während meiner Oberschulzeit den weitaus tiefsten Eindruck auf mich machte. Im Unterricht dieser Frau wurden zwei Themen besprochen, die mich auch später immer beschäftigen sollten. Das eine Thema wurde zu einer treibenden Kraft hinter all meinen wissenschaftlichen Interessen, das andere wurde während meiner Krankheit wieder aktuell.

Fräulein Rant war eine kleine Frau von gebeugter Gestalt und blasser Gesichtsfarbe. Manchmal erschien ein Lächeln auf ihrem Gesicht, dessen Ursache ich erst viel später verstehen sollte, als ich Plato einigermaßen lesen und übersetzen konnte. Das Lächeln verschwand nie ganz. Disziplinprobleme gab es bei ihr nicht; niemand hätte daran gedacht, sie zu unterbrechen oder zu stören, während sie selbst nie auch nur ein aggressives Wort äußerte. Sie hatte wunderbare Augen, von ganz hellem, klarem Blau. Auf dem Wege zu der Klasse, in der sie unterrichten wollte, ging sie immer, einen Stapel Bücher unter dem Arm, dicht an der Wand entlang und nicht in der Mitte der breiten Korridore im Schulgebäude.

Ein Nachmittag im Frühling. Durch das Fenster sah ich auf

einen Tennisplatz und hohe Kiefern. Wir lasen das »Symposion«. Die für mich größten philosophischen Schriften, Platos »Gastmahl« und das »Proslogion« von Anselmus, handeln beide von der Liebe. Die erste von der Liebe zum jugendlichen Freund als dem Symbol aller Schönheit, die zweite von der Liebe zu Gott.

Am Beginn des »Symposions« wird jemand gefragt, wohin er gehe, und er antwortet: »Eis Agathoona«, zu Agathon. Gerade an dieser Stelle war von Fräulein Rants Gesicht unverkennbar abzulesen, daß sie in sich hineinlachte. Statt wieder, wie am Vorabend, ein Gelage zu veranstalten, halten die Teilnehmer des Gastmahls der Reihe nach, entsprechend ihrer Sitzordnung, eine Tischrede. Aristophanes muß einmal aussetzen, weil er einen Schluckauf hat.

Fräulein Rant erklärte uns, was Sokrates sagt, der als letzter Sprecher an der Reihe ist. Sokrates spricht darüber, daß man in der Liebe sozusagen einen aufsteigenden Weg beschreitet: Zuerst liebt man eine schöne Gestalt, wohlgeformte Hände, ein hübsches Gesicht; dann sieht man die Schönheit in allem, was schön ist, und schließlich erblickt man die Schönheit an sich, die allen Dingen ihre Glut verleiht, die erleuchtet, die Sein und Dasein bestimmt. Man denke nur an die Sonne, welche die Quelle allen Wachstums ist, aber zugleich auch das Licht, das uns dieses Wachstum sehen läßt. Hinter unserer alltäglichen Wirklichkeit ist eine andere Wirklichkeit verborgen, die dennoch von großer Wirkung ist. Hinter den Erscheinungen, in den Erscheinungen, wird für Augenblicke das Wesen sichtbar, im Vergänglichen das Unvergängliche, im Schein das Wesen, im Zerbrochenen, was ungebrochen und ganz ist. In vielen Wissenschaften wird nach dem gefragt, was sich hinter den Erscheinungen verbirgt, Naturgesetze, gesellschaftliche Prozesse, das Unbewußte.

Fräulein Rant las auch griechische Tragödien mit uns. Viele von ihnen behandeln Themen, die mich während meiner Krankheit verfolgen sollten: Schuld, Rache, Aggression und Tod.

Agamemnon ist der oberste Feldherr der griechischen Truppen, die auf dem Wege nach Troja sind; seine Schiffe können den Hafen nicht verlassen, denn erst wenn er seine Tochter Iphigenie opfert, werden die Götter günstige Winde wehen lassen. Und so geschieht es. Klytämnestra, Agamemnons Gattin, ist rasend. Sie hat sich für den nicht sehr streitbaren Ägisth und gegen den Feldherrn entschieden. Agamemnon wird zurückkehren. Fackeln geben von Berg zu Berg die Kunde weiter, daß Troja gefallen ist. Als der Feldherr heimkehrt, handelt Klytämnestra. Während er im Bade ist, wirft sie ein Netz über ihn und erschlägt ihn mit einer Axt. Ihre Tochter Elektra sorgt jedoch dafür, daß sie ständig an Agamemnon denken muß, sofern das überhaupt nötig ist, denn Klytämnestra wird von Träumen gequält. Man sehe sie nur die Treppe des dunklen, feuchten Palastes herabschreiten. Nicht Wasser, sondern Blut schwitzen die Mauern. Majestätisch steht sie, fürstlich im roten Gewande, dessen Rot durch das Gold ihrer Armbänder noch unterstrichen wird. Sie wehklagt, daß sie keine Ruhe finde. Überall sieht sie Blut, das Blut, das sich mit dem Badewasser vermischte, als sie wieder und wieder mit der Axt auf Agamemnon einschlug. Sie hatte geglaubt, Freiheit zu erringen, nun würgt der Griff des Schicksals sie erst recht. »Bei lebendigem Leibe von Motten zerfressen«, klagt sie, »wie ein alter wollener Lumpen. Aber man muß die Götter doch durch Opfer versöhnen können?« »Ja, sicher«, antwortet Elektra, die sie herabschreiten sah, »sicher kann man das. Und ich kenne das richtige Opfertier«, sagt sie in gespielt beruhigendem Ton. »Du wirst keine Angstträume mehr haben, wenn den Göttern das richtige Opfer gebracht worden ist. Und dieser Augenblick wird gekommen sein, wenn die Axt deinen eigenen Nacken trifft.«

Elektras Bruder kehrt heim. Nach einer rührenden Szene des Wiedererkennens erfüllt er die Aufgabe, von der er glaubt, daß sie ihm auferlegt sei. Im Innern des Palastes hört man einen Schrei, der Sohn hat seine Mutter erleiden lassen,

was sie seit Jahren gefürchtet hatte. Ruhe mit dem friedliebenden Ägisth hat sie nicht erlebt.
Damit hat jedoch der Fluch, der auf dem Haus des Atreus ruht, noch nicht sein Werk vollendet. Die Götter lassen nicht zu, daß ein Sohn seine Mutter tötet. Und Orest wird von den Rachegöttinnen verfolgt.
Es kann kein Zufall sein, daß ich lange vor meiner Krankheit für meine Mitarbeiter einen Essay geschrieben habe mit dem Titel: »Ehrenrettung für Klytämnestra.« Ich neige dazu, in diesem Konflikt für Klytämnestra Partei zu ergreifen, weil ich Kriegshetzer nicht mag.
Mein Leben gleicht einer umgekehrten Version dieser Geschichte. Als ich durch Krankheit, Fieber und Kopfschmerzen geschwächt war, erhob sich meine Mutter in meinem Innern und erschlug mit ihrer Axt mein Seelenleben. Ihre Gebote und Normen, ihre Auffassungen von Sexualität waren es, die mich wieder beherrschten, und in meinen Wahnvorstellungen kam ich in die Hölle, an die sie auf so quälende Weise geglaubt hatte. Offensichtlich war sie, trotz all meiner Versuche, die Welt anders zu sehen als sie, in meinem Innern noch immer ganz lebendig.
In jenem Sommer, als ich mit der Virusinfektion kämpfte, sah ich spontan das Bild der von den Göttern verfluchten Söhne des Atreus vor meinem inneren Auge, und wenn ich mit meinen Hunden durch den stillen Wald wanderte, fühlte ich mich wie ein von Rachegöttinnen gejagter Orest, zum Haus des Atreus gehörend, auf dem ein unentrinnbarer Fluch liegt.

Um Psychiater werden zu können, begann ich, Medizin zu studieren. Zunächst schien es, als ob die pathologische Anatomie zu einem Hindernis werden würde, obgleich die Untersuchung von Störungen, an denen Menschen gestorben sind, natürlich ein äußerst nützlicher Teil des Medizinstudiums ist. Ein paarmal wurde ich ohnmächtig und fand mich auf dem Steinfußboden wieder. Und jedesmal wurde mir schwindlig, wenn ich in einen offenen Brustkorb schauen sollte oder miterlebte, wie die Eingeweide aus einem Bauch entfernt wurden. Doch hier galt die alte Seemannsdevise: »Pumpen oder ersaufen.« Ohne Arztexamen kann man nicht Psychiater werden. Also weitermachen! Jeden Morgen ging ich zu den Sektionen. Die intensive Beschäftigung mit der pathologischen Anatomie brachte mir ein *cum laude* im Abschlußexamen ein.

Doch rein medizinische Kenntnisse schienen mir zuwenig für das Fach der Psychiatrie; ich wollte mehr vom Menschen wissen und legte einen Monat nach dem medizinischen Examen auch das Examen in Philosophie ab. Ich verdanke meine Karriere zum Teil meiner philosophischen Schulung. Mit ihrer Hilfe ordnen sich die Gedanken, und man gibt etwas weniger leichtfertig Unsinn von sich.

Der Psychiater *in spe,* der künftige Seelenheiler, bekam noch mehr Gelegenheit, etwas über die rein physische Medizin zu erfahren. Als die Deutschen mir auf den Fersen waren, weil ich die geforderte Loyalitätserklärung nicht unterschreiben wollte und auch nicht gewillt war, im Hitler-Deutschland zu arbeiten, tauchte ich im Antonius-Krankenhaus in Utrecht unter, wo die Nonnen sich meiner annahmen. Ich wurde bemuttert und verwöhnt. Noch heute erinnere ich mich an den Duft der Akazien, der durch die Fenster hereinwehte. Stundenlang saß ich bei einer fünfunddreißigjährigen Frau, die Bauchspeicheldrüsenkrebs hatte und zum Sterben verurteilt war. Der Professor, der sich nach dem Tode meines Lehrmeisters in Philosophie für mich interessierte, bemerkte, als ich ihm dies erzählte: »Hüten Sie sich, ein Seelentröster und kein ordentlicher Arzt zu werden.«

Nachts wurde ich von der Operationsschwester aus dem Bett geholt, um bei einer Operation zu assistieren, die nicht bis zum folgenden Morgen aufgeschoben werden konnte. Mit dieser Schwester verbanden mich mehr als freundschaftliche Gefühle. Da ich bei vielen solchen nächtlichen Eingriffen

asssistierte, lernte ich eine ganze Menge über das »schneidende Fach«, und ich war nicht gerade ungeschickt. Nach der Befreiung legte ich mein Arztexamen ab. Einen Teil meiner psychiatrischen Ausbildung erhielt ich im psychiatrischen Krankenhaus Zon en Schild. Es wurde von Dr. du Bœuff geleitet, mit dem zusammen ich – auffälligerweise – ein Buch schrieb mit dem Titel »Wahn und Entfremdung«.
Viel habe ich von dem Psychiatrie-Professor Rümke gelernt. Intensiver identifizierte ich mich jedoch mit dem Neurologen Professor Sillevis Smitt, bei dem ich mit einer Doktorarbeit promovierte, die nicht durch Zahlenmaterial verunziert ist. Er war ein typischer Ordinarius, von bemerkenswerter Statur, und trug stets einen auffallend hellen, beigefarbenen Mantel. Während des Krieges benutzte er ein Fahrrad, das ein Mittelding zwischen einem »Raleigh« und einem Rennrad war.
Unmittelbar nach dem Kriege kam er in den Besitz eines »Buick«. Bei sieben Stundenkilometern im höchsten Gang drückte er das Gaspedal bis auf den Boden durch, und wenn das große Fahrzeug nicht einen Sprung vorwärts tat, sondern fürchterlich stotterte, sagte er: »Wertlose Dinger, diese Autos aus Amerika, Gerümpel, das jetzt den Markt überschwemmt.« Während einer Tischrede bei einem Abendessen für frühere Assistenten erklärte einer von ihnen: »Und, Sillevis, ich finde, daß die Älteren von uns dich nun mal duzen müssen«, worauf er mit dem Hinweis antwortete: »Was das Duzen angeht, das wird bis zum Jenseits aufgeschoben werden müssen.« Wenn ein Assistent, den er nicht kannte, sich während der ersten Monate seiner Ausbildung zu einem Patienten äußern wollte, pflegte Sillevis seinen Klinik-Chef zu fragen: »Was hat dieser Herr gesagt?« Von seinen Mitarbeitern wurde er auf Händen getragen.
Zwischen meinen Ausbildungsjahren und der Ernennung zum Professor lagen meine Zeit in Groningen und ein Aufenthalt als Gastprofessor in den Vereinigten Staaten. Während der Zeit in Groningen wurde unsere Tochter Kathleen

geboren. Mit meinem Chef an der Universitätsklinik, Professor Kraus, verstand ich mich sehr gut; sein früher Tod hat mich mehr als schmerzlich getroffen.
Die Herausgeber des »Niederländischen Handbuchs der Psychiatrie«, Prick und Van der Waals, baten mich, einige Kapitel darin zu übernehmen. Ich versuchte die Kapitel für das Handbuch zu schreiben und gab sie anschließend der Frau des Neurologen Professor Drooglever Fortuyn, der unter dem Namen Vasalis bekannt war, zur Beurteilung. »Das taugt nicht viel«, stellte sie fest. »Zu theoretisch, überflüssige Gelehrsamkeit, viel zu abstrakt. Nun legen Sie mal all die Papiere weg und erzählen Sie mir, was Sie den Studenten erklären wollen. Versuchen Sie den Rhythmus Ihres Atems und den Gang Ihres Denkens in Sprache zu fassen, dann wird es gut.« Nachdem ich versucht hatte, so zu schreiben, wie sie es mir geraten hatte, ging ich wieder zu ihr. »Geben Sie es dem Drucker«, war ihre Reaktion.
Meine Ernennung zum Professor für Klinische Psychiatrie in Amsterdam stieß in gewissen Kreisen in Den Haag auf Widerstand, und zwar deshalb, weil ich Psychoanalytiker bin. Man befürchtete bei mir eine ausgesprochen antireligiöse Haltung. Ich wurde trotzdem ernannt und 1961 Chef von Pavillon 3. Sillevis Smitt gab mir danach ein paar wertvolle Ratschläge. »Kuiper«, sagte er, »denken Sie daran, kein Verständnis.« Damit meinte er, man solle, wenn jemand mehrfach zu spät kam, nicht sagen: »Warum müssen Sie den Trotz Ihrer Kindheit an mir ausleben?« Psychoanalytische Deutungen haben im normalen zwischenmenschlichen Umgang nichts zu suchen. Ich befolgte seinen Rat. Außerdem stellte er fest: »Es muß eine Einteilung der Krankheitsbilder und Syndrome in der Psychiatrie kommen.« Mein Mitarbeiter, der verstorbene Silbermann, erarbeitete ein solches System. Trotz der unterschiedlichen Ausgangspunkte fügen sich Silbermanns CHAM-System und das heutige amerikanische Klassifizierungssystem des DSM-III-R gut zusammen.

Ich hoffe, daß ich hiermit dem Leser ein Bild meiner Vergangenheit und meiner Arbeit als Professor gegeben habe.

Im Herbst 1981 stand ich vor einer schwierigen Situation. In der ersten Ausgabe meiner »Neurosenlehre« findet sich eine Passage, die man als Diskriminierung der Homosexualität interpretieren kann. Ich wurde gebeten, im Rahmen der »Homo-Studien« in der Höhle des homosexuellen Löwen – man verzeihe mir diese Metapher –, im COC*, einen Vortrag zu halten. Ablehnen konnte ich nicht, doch wenn ich aufträte, würde das manche Leute zu dem Kommentar verleiten: »Es bleibt ihm gar nichts anderes übrig, schon wegen seiner Freunde.« Eine einzige Überlegung ermöglichte es mir, alle anderen außer acht zu lassen: Ein Mann, der die Wissenschaft hochhält und nicht unaufrichtig sein will, hat das Recht, Meinungen und Formulierungen zu ändern, wenn er sie nicht länger vertritt. Wie wehrlos man auch gegen Mythenbildung sein mag, den Vorwurf der »Diskriminierung« wollte ich nicht auf mir sitzen lassen. Ich hatte keine andere Wahl, ich mußte mich stellen. Die Rückwirkungen würde ich zu gegebener Zeit schon spüren.
Die Hilfe, die mir von meinen Mitarbeitern zuteil wurde, rührt mich heute noch, nach vielen Jahren. Sie schrieben zusammen mit Matthias Duyvis ein Arbeitspapier, das noch immer lesenswert ist.
Der Augenblick ist da: Ich soll mit meinem Vortrag beginnen. Es ist ein warmer Sommerabend. Das Interesse an meinem Vortrag ist überwältigend, viele Zuhörer können nicht mehr in den Saal. Feindseligkeit schlägt mir entgegen. Meine Mitarbeiter sind fast vollzählig anwesend. Ich sehe sie sitzen und fühle mich von ihrer Sympathie getragen. Versagen, mich blamieren würde bedeuten, ihr Vertrauen zu enttäuschen. Möglicherweise habe ich mich geirrt mit dem,

* »Kulturelles Begegnungszentrum«, bewußt neutral gewählter Name der »Vereinigung zur Integration der Homosexuellen« in den Niederlanden. Anm. d. Übers.

was ich in meinem Buch über Homosexualität geschrieben habe, aber ich war guten Glaubens und habe mich nichts und niemandem angepaßt. Mein relativ gutes Gewissen und das Bewußtsein, auf dem laufenden zu sein, geben mir Mut. Als ich vor den Zuhörern stehe, wird es erstaunlich schnell still. Und so beginne ich:

»Ich habe mich vor diesem Augenblick gefürchtet. Psychoanalyse und Homophilie haben sich intensiv miteinander beschäftigt und einander das Leben schwergemacht. Heute läßt die Beziehung zwischen beiden an eine gescheiterte Ehe denken. Außerdem scheint mir, daß ich am wenigsten geeignet bin, mich zu diesem Thema zu äußern, da ich in einigen meiner Bücher Passagen über Homophilie geschrieben habe, die ich so heute niemals mehr schreiben würde. Mir sind die Eigenständigkeit und die Macht des geschriebenen Wortes bewußt geworden, die Macht auch über den, der es schreibt. Aber ich habe es nun einmal so geschrieben, und wenn ich darauf angesprochen werde, kann ich nichts anderes tun als Pilatus zitieren, den römischen Statthalter aus der Bibel, der, als einer seiner Texte kritisiert wurde, antwortete: ›Was ich geschrieben habe, das habe ich geschrieben.‹ Ich bedaure es allerdings sehr. Man kann jedoch sein Leben nicht noch einmal und anders leben und kann Geschriebenes nicht ungeschrieben machen.«

Und so fasse ich zusammen:

»1. Der Psychoanalytiker, der Psychiater darf homosexuelle Gefühle nicht als ein Symptom betrachten, das beseitigt werden muß.

2. Der Begriff ›Perversion‹ ist in diesem Zusammenhang nicht erklärend.

3. Ich möchte zum Schluß noch einmal vor der Einteilung in Gruppen warnen. Die Bezeichnung ›homosexuell‹ mit all ihren Varianten birgt ein großes Risiko. Sie ist eine Verhaltensbezeichnung, die über die Persönlichkeit, ihre Art zu leben und zu erleben, nichts aussagt. Man ist nicht in erster Linie homo-, hetero- oder bisexuell. Man ist man selbst und

liebt einen bestimmten Menschen oder bestimmte Menschen. Die Klassifizierungswut der Menschheit ist ungeheuer. Einer meiner allerbesten Freunde pflegt zu sagen: ›Wenn man Homophile betrachtet, teilt man sie nicht nur in Gruppen von Nichten, Schwestern und Schwulen ein, sondern man fragt auch noch, wenn jemand einen festen Partner hat: Wer von den beiden ist das Männchen, wer das Weibchen, als ob es sich um Gorillas handelte.‹ Wir sollten versuchen, uns von oberflächlichen Kategorisierungen zu befreien, und mit der Frage beginnen: Wen habe ich als lebendigen und darum einmaligen Menschen vor mir? Er oder sie gehört nicht primär zu einer Gruppierung. So wie er oder sie ist, so ist er oder sie einmalig. Ich danke Ihnen, daß Sie mich haben sprechen lassen, ohne mich zu unterbrechen.«

Ich hielt meinen Vortrag mit einer Haltung wehrloser Wehrhaftigkeit. Meine Darlegung wurde akzeptiert, aber die Diskussion wurde zu einer Tortur. Die Wortführerin einer Gruppe von Frauen warf mir vor, daß ich Studenten durch das Examen fallen ließe, wenn sie nicht die Auffassungen über Homophilie aus der »Neurosenlehre« wiederkäuen könnten, die verletzend für sie seien. Ich glaubte, das widerlegen zu können. Warum sollte ich während eines Examens ein Thema ansprechen, das so problematisch ist, wenn ich doch Dutzende von Themen anschneiden könnte, die alle geeignet sind, herauszufinden, ob die zukünftigen Kollegen genug über ihr Fach wußten? Nicht der Vorsitzende, sondern die Studenten selbst riefen die Zuhörer zur Ordnung, die allzu aggressiv waren. »Wir brauchen Kuiper hier nicht der Fuchstaufe zu unterziehen. Wenn er verspricht, seine ›Neue Neurosenlehre‹ bald zu publizieren, ist alles in Ordnung.«

In den Tagen und Wochen nach meinem Vortrag trat man häufig mit der Bitte um ein Interview an mich heran. Ich ging nur einmal darauf ein, denn ich fand, daß ich bereits gesagt hatte, was ich sagen wollte. Mit dem Organisator jener Ver-

anstaltung bin ich befreundet geblieben. Ich kann nicht beurteilen, wie viele Geschichten über mich damit aus der Welt geschafft waren, eine jedenfalls hielt sich: Kuiper mag Frauen nicht. Dabei übersah man nicht nur, daß Frau und Tochter einen nicht geringen Raum in meinem Leben einnehmen, sondern auch, daß ich im Hinblick auf meine Ausbildung gerade Vertreterinnen des weiblichen Geschlechts außerordentlich viel zu verdanken habe: der psychoanalytischen Kollegin Lampl-de Groot, der ich später das Ehrendoktorat verleihen durfte, meiner Kollegin in der Kinderpsychiatrie, Frau Frijling-Schreuder, Anna Freud und Fräulein Rant, die ich ja bereits genannt habe. Natürlich waren mir nicht alle Frauen sympathisch.
Es schien aufwärtszugehen. Ich arbeitete an einem Buch, das das *opus magnum*, das große Werk, werden sollte. Ich habe meine Lebensauffassung darin dargelegt. Das Urteil derer, die ich das Buch lesen ließ, war positiv. Johan Polak wollte es gern herausbringen. Zu Beginn des Frühjahrs 1982 wurde ich von Journalisten, nicht von irgendwelchen, gebeten, ihnen Rede und Antwort zu stehen, weil sie in einem bekannten Wochenblatt ein Porträt von mir veröffentlichen wollten. Das war mir nicht unwillkommen. Ich liebte die Aufmerksamkeit, wie ich schon habe anklingen lassen. Nach den ersten Interviews mußte ich aufgeben, ich konnte niemandem mehr richtig antworten.
Damals herrschte eine Grippeepidemie. Meine Frau wurde schwer krank, ich dagegen, so sah es jedenfalls zunächst aus, nur leicht. Aber gut fühlte ich mich nicht. Ich schleppte mich zur Abschiedsfeier für unseren Klinikleiter, weil ich dabeisein und ein paar Worte an ihn richten wollte. Ich fühlte mich müde und elend, aber es geschah noch etwas anderes. Ich konnte nichts mehr sehen, sah zwar äußerlich, mit meinen Augen, aber nicht mit den Augen des Geistes und der Seele. Die Welt wurde mir unwirklich. »Es ist etwas mit meinem Kopf nicht in Ordnung«, dieses Gefühl hatte ich. Ich besuchte mit meiner Sekretärin die »Floriade«, weil wir

beide bestimmte Pflanzen und besonders Orchideen sehr lieben, ich sah die Farben, aber ich erlebte sie nicht.
Es ging nicht länger aufwärts. Ich sollte nicht einmal mehr bis zum Ende meiner Dienstjahre arbeiten können.
Als ich mit meiner Frau und Willem in den Bergen oberhalb von Como wanderte, las ich an einer Kapelle die Worte: »Wo der Herr nicht das Haus baut, so arbeiten umsonst, die daran bauen.«

Kapitel 3

Südwärts

Die Ferienzeit war gekommen. Ehe wir uns auf die Reise machten, verbrachten wir ein paar Wochen in unserem kleinen Bauernhaus in Gelderland. Wieder das gleiche Gefühl: Obwohl meine Augen gut funktionierten, konnte ich doch nicht mehr klar sehen. Das Sehvermögen meiner Seele versagte. Eines Nachts geschah folgendes: Ich mußte aufstehen, doch ehe ich mein Ziel erreichte, verlor ich das Bewußtsein. Ich schlug rückwärts auf den Boden. Als ich wieder zu mir kam, kniete Noortje ganz erschrocken neben mir: »Was ist passiert? Ich habe einen lauten Schlag gehört.« Ich vergaß den Vorfall und rief auch M., den Internisten, nicht an. Ich wollte nicht krank sein.

Wir hatten uns vorgenommen, mit unserem Wohnmobil auf Reisen zu gehen. Das Fahrzeug hatten wir uns angeschafft, weil wir beide Hotels nicht mögen. Was soll man abends in einem Hotelzimmer anfangen? Auf dem Bettrand sitzen und schreiben? Die schönste Zeit des Tages verbringt man damit, darauf zu warten, daß das Frühstück endlich gebracht wird und daß es der Hotelverwaltung beliebt, die Rechnung auszustellen. Das Wohnmobil gab uns die Möglichkeit, nach Herzenslust draußen zu sein. Außerdem konnten unsere Hunde mit. Zuweilen wurden Oggi und Bliss in Hotels mit der Freude empfangen, die ihrer eigenen freundlichen Natur entspricht. Aber oft begegnete man ihnen auch so, als ob sie jeden, der ihnen begegnet, in Stücke reißen würden.

Die Städte der »Romantischen Straße« wollte Noortje sehen. Von da aus würden wir direkt nach Süden fahren können, am Bodensee entlang, durch das Rheintal zur Anfahrt zum

St. Bernhard, und auf diesem Wege Q. erreichen. Auch auf die Gefahr hin, daß ich den Eindruck erwecke, eine Lektion in Geographie erteilen zu wollen, nun, da ich nicht mehr in Psychiatrie unterrichte, einige Worte über den Weg nach Süden, nach Italien. Die Realität eines Berichtes erfordert, daß er sich in einer genau bestimmten Zeit und an genau bestimmten Orten abspielt. Der Romanautor erfindet Schauplätze, ich nenne sie. Wer eine Karte der Alpen betrachtet, der erkennt, daß der Weg über den St.-Bernhard-Paß ein großer Umweg ist. Unsere übliche Reiseroute führt über den klassischen St. Gotthard. Besonders reizvoll ist es jedoch, sich dem Comer See über den Maloja-Paß zu nähern. Wenn man diesen Paß benutzt, begegnet man einem eigenartigen Phänomen. Man fährt über einen Paß ohne Auffahrt. Innerhalb einer Dreiviertelstunde vollzieht sich der Übergang von kahlem Hochgebirge zu einer milden italienischen Landschaft, und zwar durch das Val Bregaglia, eine Landschaft »im Allegro-Tempo«. Vom Maloja-Paß blickt man über das wilde Val Maroz, das ich von Wanderungen mit Allan gut kenne. Man kommt an dem düsteren Casaccia vorbei, das »verlassene Häuser« bedeutet, an den Dörfern, wo Giacometti geboren wurde und begraben ist: Stampa, Borgonovo, und dann ist man ganz unversehens in Italien, in Chiavenna, der Schlüsselstadt, freundlich, geprägt durch historische Bauten, italienische »dolcezza« atmend. Von Chiavenna läßt man auf dem Wege südwärts links das Valtellina liegen. Mit Bergen, Tälern und Ortsnamen sind für mich viele Assoziationen verbunden, und viele Erinnerungen werden wach.

Wir hofften, daß die Reise mit dem Wohnmobil mein körperliches Gleichgewicht wiederherstellen und mir dabei helfen würde, meine Grippe zu überwinden. Ich hatte mir vorgenommen, auf dieser Reise meinen kranken Freund Alexander Mitscherlich zu besuchen, wahrscheinlich zum letzten Male. Ich fürchtete mich vor diesem Besuch, aber das Gefühl der Freundschaft war stärker als alle Widerstände.

Am Nachmittag vor Reisebeginn tranken wir unseren Aperi-

tif im Wohnmobil bei unserem Bauernhäuschen. »Wollen wir es nicht einfach hier stehenlassen? Wo ist es schöner als hier?« »Nein, wir fahren.« Früh am Morgen fuhren wir los. Wir hielten in der Nähe von Oldenzaal und genossen Sonne und Blumen und die Freundlichkeit der Bedienung.
Auf der Autobahn nach Süden sah ich einen Hirsch, der auf den Knien mühsam die Straße überquerte. Was für Schmerzen mußte das Tier haben! War es von einer Kugel getroffen oder war es angefahren worden? Was sollte ich tun, zur Polizei gehen, so daß es erlöst werden könnte? Das Bild des grazilen Tieres ließ mich nicht los. Mitgefühl mit Schmerz und Leid, besonders auch bei Tieren, das hatte ich schon immer empfunden. In meinem jetzigen Zustand stand ich solchen Erlebnissen noch wehrloser gegenüber und konnte mich über die Gefühle, die sie in mir weckten, nicht hinwegsetzen. Ich verlor die Fähigkeit, Dinge wahrzunehmen, die gut und erfreulich waren.
Der Himmel bezog sich. Ich wanderte mit den Hunden durch ein eigenartiges Naturgebiet mit seltsam geformten Felsen, die mit Kiefern bewachsen waren. Die könntest du malen, dachte ich, obwohl ich seit Jahren nicht mehr gemalt hatte, weil ich schreiben wollte und es mir nie gelungen war, intensiv an einem Buch oder Artikel zu arbeiten und gleichzeitig zu malen. Wir fanden einen Camping-Platz bei Paderborn. Es war kalt, und es regnete. Der Aperitif bekam mir überhaupt nicht. Offenbar vertrug ich keinen Alkohol mehr. Draußen prasselte der Regen, und mir war kalt. Irgendwo hatten wir die Hundeleinen liegenlassen, und am nächsten Tag kauften wir in Paderborn neue.
Als ich in dieser kleinen Stadt umherwanderte, befürchtete ich, den Weg zurück nicht zu finden. Das Warenhaus sah merkwürdig aus. Ich konnte mich nicht orientieren, ich ging nicht auf festem Boden, sondern auf Watte. Wie schön wäre es gewesen, in diesem deutschen Städtchen umherzuschlendern, die Ferien noch vor mir, wenn ich mich gesund gefühlt hätte! Ich machte mir Sorgen: Was war nur mit meinem

Kopf? Wurde ich auch dement, so wie meine Mutter, mein Schwiegervater und mein Freund Alexander Mitscherlich?
Auf der Weiterfahrt nach Süden steuerten wir unser Fahrzeug auf einen schmalen Landweg. Die Aussicht über das wellige Hügelland war wunderschön, lyrisch, voller Erwartung. Weiße Wolken zogen über den blauen Himmel, der Schrei eines Bussards erklang, ich sah ihn weit oben kreisen. Ich fühlte mich nicht mehr so benommen wie gestern, aber ich hatte heftige, bohrende Kopfschmerzen, und immer begleitete mich der Gedanke: Wie schön wäre all dies, wenn ich mich nur nicht so elend fühlte. Ich versuchte, mich selbst zu beruhigen: Dies sind nur die letzten Symptome der Grippe. In Fulda tranken Noortje und ich Tee in einem typisch deutschen Café, geschmackvoll, wenn auch ein wenig spießig eingerichtet in rosa und blaßgrünen Farben – Rosa verhält sich zu Rot wie Blaßgrün zu Grün. Noortjes Anwesenheit gab mir ein Gefühl der Sicherheit, und ich klammerte mich immer mehr an sie.
Auf dem Weg nach Süden riefen wir von einem Camping-Platz aus Margarete Mitscherlich an und verabredeten einen Termin für einen Besuch.
In Würzburg fanden wir einen hübschen Camping-Platz am Main, der hier schon ein breiter Strom ist, und von da aus wollte ich mit dem Zug nach Frankfurt am Main fahren. Würzburg ist die Stadt, der Goethes Lieblingswein seinen Namen verdankt, der Würzburger Stein. Vor dem Abendspaziergang mit den Hunden aßen wir in einem kleinen Restaurant auf dem Camping-Platz: gekochten Schinken mit Meerrettich. In der Nacht wurde ich mit anhaltenden Kopfschmerzen wach und stellte mir vor, wie es wohl in einer deutschen neurologischen Klinik wäre. Ich beschloß, den nächsten Morgen abzuwarten und, wenn ich nicht sehr hohes Fieber hatte, nach Frankfurt zu fahren, Kopfschmerzen oder nicht. Ich war der festen Überzeugung, daß ich Alexander, wenn nicht morgen, dann niemals mehr wiedersehen würde.

Am nächsten Morgen nahm ich den Zug nach Frankfurt und fuhr durch eine zauberhafte, tröstlich wirkende Landschaft, zuerst am Main entlang und dann durch ein dichtbewaldetes Mittelgebirge. Noortje blieb mit Oggi und Bliss zurück. Während der Zug Kurve um Kurve nahm und Tunnel nach Tunnel durcheilte, dachte ich an meine Freundschaft mit Alexander und unsere jahrelange Zusammenarbeit. Unsere erste Besprechung hatte im Bahnhofsrestaurant von Eindhoven stattgefunden. Alexander suchte jemanden – das war vor ungefähr dreißig Jahren –, der mit den internationalen Entwicklungen auf dem Gebiet der Psychoanalyse vertraut war und am Sigmund-Freud-Institut in Frankfurt und an der von ihm geleiteten psychosomatischen Klinik der Universität Heidelberg unterrichten könnte. Ich wollte das übernehmen, sehr gern sogar.

Unter dem Hitler-Regime war die psychoanalytische Bewegung so gut wie ausgelöscht. Viele jüdische Psychoanalytiker waren ermordet worden. Es gab nicht mehr genug qualifizierte Wissenschaftler für die Ausbildung von Psychoanalytikern und von Psychiatern, die psychoanalytisch geschult werden wollten. Eine Zusammenarbeit mit Alexander Mitscherlich reizte mich, nicht zuletzt wegen des Streits, den er für ein humanes Deutschland ausfocht. Er stellte sich gegen militante Strömungen, die Deutschland wiedervereinigt sehen wollten. Er hielt die Wiedervereinigung für eine Bedrohung des Weltfriedens. Mein Name war offenbar von Vorstandsmitgliedern der Internationalen Psychoanalytischen Gesellschaft genannt worden: von Anna Freud und Frau Lampl-de Groot.

So fuhr ich alle drei Wochen für ein Wochenende nach Heidelberg, um ein Seminar zu leiten und Analysen zu überwachen.

Die Melancholie deutscher Bahnhöfe bei trübem Wetter und Nieselregen, der Widerhall der Lautsprecherstimme, welche die Anschlüsse ausruft, in den kahlen Räumen ... einer Stimme, die ich später in ganz anderer Weise hören sollte.

Jedesmal, wenn ich am Freitag nach Heidelberg fuhr, wurde ich am späten Abend vom Zug abgeholt. Bis halb zwölf am Sonntag arbeitete ich, eine Supervision nach der anderen, sehr ermüdend. Mit Hilfe von Kaffee und Zigarren blieb ich hinreichend konzentriert. Am Sonntagnachmittag wurde mit den Mitscherlichs gewandert, meistens im Odenwald. Dann folgte die lange Rückreise. Ich sehnte mich nach Kathleen und Noortje, die immer am verlassenen Bahnhof von Groningen standen, um mich vom letzten Zug abzuholen. Montags nahm ich meine Arbeit in Groningen, später in Amsterdam, wieder auf.

Alexander war umgänglich, geistreich, scharfsinnig und ließ sich von niemandem etwas vormachen. Er lebte aus der humanistischen Tradition mit ihrem deutlich antireligiösen Einschlag. Sein Leben als Wissenschaftler widmete er Freuds Werk und der Erforschung der Frage, welche Bedeutung die Psychoanalyse für die Sozialwissenschaften haben könnte. Seine Aktivitäten galten einer besseren Gesellschaft in Deutschland und damit dem Wohl seiner Mitmenschen. Er war allergisch gegen Lügen, er haßte es, wenn Menschen sich körperlich und geistig aufplusterten, und so hatte er Gründe genug, sich zu ärgern. Anhimmelung mochte er nicht, er nannte sie »subalternes Verhalten«. Von vielen wurde er gehaßt aufgrund seines Buches »Medizin ohne Menschlichkeit«, in dem er die in den Konzentrationslagern an Menschen durchgeführten medizinischen Experimente beschrieben hat, und auch, weil er mit Medizinern nicht so umging, wie sie es von ihm erwarteten. Als später ein grober Narkosefehler – die Narkose war für einen im übrigen nicht schweren Eingriff notwendig – seine Hirnerkrankung beschleunigen sollte, sah er darin die Rache der deutschen Ärzte.

Er gehörte zu den Menschen, die Begeisterung ausstrahlen, im Gegensatz zu denen, die alles klein und bedeutungslos hinstellen, herabsetzen und verniedlichen. Sein großer

Feind war natürlich der Nazismus mit all seinen Abkömmlingen und Verzweigungen, mit seinen Wurzeln: Nationalismus, deplazierter Konservatismus, Verherrlichung von Rasse, Blut und Boden. Immer wieder hat er mir gesagt: »Vergiß nicht, was für ein Vorrecht es ist, in einer jahrhundertealten Demokratie zu leben.« So manches Mal haben wir über Schillers historische Schriften gesprochen, über die »Geschichte des Abfalls der vereinigten Niederlande von der spanischen Regierung«.

Zu unseren Gesprächsthemen gehörten auch Landschaften, Städte, Bücher, Wein, Eigenheiten unserer Psychoanalytiker-Kollegen, Ornithologie und Umweltschutz. Durch Alexander kam ich mit Kreisen in Berührung, die ich zuvor nicht gekannt hatte, vor allem dem seines Freundes Thure von Uexküll, Professor für Innere Medizin und von hohem Adel. Dieser lud uns ein, ihn zu besuchen und in seinem Haus in Anacapri zu wohnen, einem Haus, das für seine Gäste errichtet war, während er selbst in einem alten Sarazenen-Turm hauste.

Von ihm und dieser stimmungsvollen Umgebung – man hört dort Tag und Nacht die Brandung an die Felsen schlagen – ging eine große Ruhe aus. Das Leben spielte sich in größerer Nähe zur Natur ab. »Man fühlt sich wohl, wenn man sich in ihren Rhythmus hineinschwingt.« Seine Frau lehrte Astrophysik, die Lehre von den Prozessen, die sich auf den Sternen abspielen. Jeden Abend schauten wir zu, wie das »Palermo-Boot« erhaben vorbeiglitt, ein großes Schiff, das Neapel mit Sizilien verbindet. Ich wußte, daß Allan einige Monate vorher nach Sizilien gefahren war, wie wir alle im unklaren darüber, was die Zukunft bringen würde, einer Liebesbeziehung mit einem sizilianischen Jungen entgegen, die tragisch enden sollte.

Ich habe die Zeit miterlebt, in der Alexander sein Buch »Auf dem Wege zur vaterlosen Gesellschaft« schrieb. Es wurde ein großer Erfolg.

Er wurde in verschiedene Länder eingeladen, um Vorträge zu halten. Auf dieser Reise stellte er während eines Aufenthaltes in Chile fest, daß seine Konzentrationsfähigkeit in besorgniserregender Weise nachließ. Ich besuchte ihn in Abständen in seinem Ferienhaus oberhalb des Lago Maggiore und merkte, wie sehr sein Gedächtnis nachgelassen hatte. Angstvorstellungen machten ihm die Nächte zur Qual. Es wurde ihm klar, daß er nicht mehr gut schreiben konnte, und später merkte er, daß er Schwierigkeiten beim Autofahren hatte. Bilder von ihm aus jener Zeit sehe ich noch lebendig vor mir. Den Zerfall seiner Persönlichkeit möchte ich nicht näher beschreiben.

Als ich Alexander im Sommer 1982 aufsuchte, war er am Ende seiner Kräfte. Er schaute auf die Kronen der Eichen und Akazien, die in diesem Stadtteil mit seinen alten Gärten so zahlreich stehen. »Wie schön, all dieses Grün.« Nachdem er wieder zu Bett gegangen war, gingen Margarete und ich spazieren. Im Zug hatte ich keine Kopfschmerzen gehabt. Nun setzten sie wieder ein, und mir war, als hätte ich einen glühenden Topf auf dem Kopf. Als wir zurückgekehrt waren, sprachen Alexander und ich miteinander, und noch einmal konnten wir einen Schimmer alter Erinnerungen heraufbeschwören. Wie wir in Kopenhagen gegessen haben, zusammen mit Heinz Hartmann und »der Jeanne«. »Wo ist denn Noortje?« fragte er. »Wartet sie wirklich in einem Wohnmobil?«

Er hatte unsere Art zu reisen immer ein wenig skeptisch betrachtet und gefunden, daß das Halten von zwei Hunden große Umstände mit sich brächte. Während ich überall Unordnung anrichte, war er in allem sehr genau. Er machte sich lustig darüber, daß ich mit so alten Koffern reiste. Es wurde Zeit, ich mußte meinen Zug erreichen. Es war uns beiden klar, daß wir uns nicht wiedersehen würden. Ich fühlte, daß ein »Danke für alles, was du für mich getan hast« oder ein »Danke, daß ich dein Freund sein durfte« deplaziert gewesen wäre. Er nahm auf seine eigene Art Abschied:

»Grüße die Nora und vergiß nicht, mit ihr den Wein Goethes, den Würzburger Stein, zu trinken.« Die auf der Hand liegende Assoziation war auch die meine.
Ein paar Wochen später erhielt ich die Nachricht von seinem Tode. Das Letzte, was ich vor meiner Krankheit schreiben konnte, war ein »In memoriam« in der *NRC*, der großen holländischen Tageszeitung.
Sein Sohn rief mich an und fragte, ob ich an der Trauerfeier teilnehmen könnte. Ich mußte ihm sagen, daß ich zu krank sei.
Als wir von Würzburg nach Rothenburg fuhren, ging es mir paradoxerweise ganz gut. Es war schlimm, Alexander verlieren zu müssen, aber ich war dankbar, daß wir einander so viel bedeutet haben. Es war eine ungetrübte Freundschaft, und dieses eine Mal habe ich nicht versagt, bin nicht fortgelaufen vor Verfall und Tod. Es gibt eine bösartige Vergänglichkeit und eine Vergänglichkeit, die zum Lauf der Dinge zu gehören scheint.
Während der Pfingsttage standen wir mit unserem Wohnmobil auf einem Camping-Platz bei Rothenburg. Am ersten Pfingsttag unternahmen wir einen Spaziergang, den ich sehr genoß. Obstbäume und Flieder blühten, die leuchtenden Wiesen hatten sich mit Wiesenschaumkraut und Hahnenfuß geschmuckt. Von einem gegenüberliegenden Hügel sah ich das Städtchen mit den vielen Türmen liegen wie ein himmlisches Jerusalem. Auch die Hunde freuten sich über den Spaziergang.
Am zweiten Pfingsttag wurde ich um so kränker: Fieber, Diarrhöe, Schwindel und durch nichts zu beseitigende heftige Kopfschmerzen. Ich wußte weder ein noch aus. Noortje ging in die Stadt, um in der einzigen geöffneten Apotheke Medikamente zu holen. Ich starrte die Wände an. Mir war abwechselnd heiß und kalt. Regentropfen rannen an den Fenstern herab, ich fühlte mich krank, ohne Hoffnung. Jedesmal, wenn ich zur Toilette ging, sah ich auf dem Wege eine aus dem Nest gefallene Amsel liegen. Soll ich sie mit-

nehmen und versorgen? Ich hatte gelesen, daß man das nicht tun soll, denn dann hören die Eltern nicht auf, Futter zu bringen. Am Abend war sie nur noch ein Häuflein Federn, völlig durchnäßt vom strömenden Regen. Wieder ein lebendiges Wesen, das ich nicht gerettet habe!

Am nächsten Tag raffte ich mich auf und besuchte ein Konzert. Der Weg nach dem höher gelegenen Städtchen war ein Erlebnis, aber die Musik erreichte mich nicht. Ich sah Menschen miteinander sprechen und dachte bei mir, während es in der gotischen Kirche immer dunkler wurde: Wie alt die sind!

Noortje traf eine Entscheidung. »Laß uns nach Q. fahren, dann kannst du dich richtig ausruhen.« Wir versuchten noch, unterwegs eine Kirche zu besichtigen, in Nördlingen, das auch an der »Romantischen Straße« liegt. Kopfschmerzen machten es mir unmöglich, irgend etwas wirklich zu sehen. Ich hatte wieder das Gefühl, ich hätte einen glühenden Topf auf dem Kopf. Die Heftigkeit des Schmerzes beunruhigte mich. Er hatte nichts mit einem Migräneanfall zu tun, er war ganz anders, er trat nicht in Anfällen auf, sondern blieb immer gleich stark, und gleichzeitig hatte ich ein steifes und schmerzhaftes Gefühl im Nacken. Ich fuhr. Noortje, die an das Fahren nicht gewöhnt war, konnte das Wohnmobil unmöglich über eine so große Entfernung steuern. Ein schmerzlicher Gegensatz herrschte zwischen dem herrlich strahlenden Wetter, der Klarheit um mich herum und der Benommenheit in meinem Schädel. Der Weg nach Süden erwies sich als länger, als wir erwartet hatten, aber endlich fuhren wir durch Lindau, die Stadt, in der ich vor ein paar Jahren einen Vortrag über die Depression gehalten hatte ...

Das Rheintal bei Bregenz hat meine Phantasie schon immer beflügelt. Breit entfaltet es sich, es bietet Weite und Fernsicht, und hoch erheben sich die Berge. Wenn ich mir ein musikalisches Tempo dazu ausdenken sollte, würde ich »largo« sagen, und ich denke dabei an das »Largo« von

Händel. Den Übergang von Mittel- nach Südeuropa finde ich immer wieder überraschend, ob wir nun den Gotthard, den Brenner oder irgendeinen anderen Paß »nehmen«. Über dem St. Bernhard liegt eine ganz eigene Atmosphäre. Die nördliche Auffahrt führt durch dichte Tannenwälder, bis man über die Baumgrenze hinausgelangt. Jetzt kam diese Landschaft mir verlassen, kalt und beängstigend vor.

Müde kamen wir in Q. an. Es schien fast, als hätte ich die Schlafkrankheit. Nachts schlief ich, auch während des Tages nickte ich immer wieder für lange Perioden ein. Der Bach, der unterhalb des Hauses verläuft, rauschte. An der Art seines Geräusches kann ich hören, wieviel Wasser die Berge an den See abgeben. Manchmal ist er nur ein dünnes Rinnsal, dann wieder eine sich mit wütender Gewalt nach unten stürzende Wassermasse.

Auf der Fahrt hierher waren die Assoziationen ausgeblieben, die den Dingen ihre Farbe geben, und hier tat ich nichts anderes als schlafen. Als das Fieber gesunken war, meinte ich doch versuchen zu müssen, den Monte Palanzone zu besteigen, das heißt hinaufzuwandern, denn zu klettern braucht man den Weg hinauf nicht. Der Berg ist nichts, der Weg hinauf ist alles. Manchmal suchen sich Menschen selbst einen Weg über den dicht bewachsenen Hang, der von steilen, kantigen Felswänden durchzogen ist. Steht man vor solch einer Wand, dann kann man nicht mehr nach unten und oft auch nicht weiter nach oben steigen. In den meisten Fällen findet die italienische Polizei den leichtsinnigen Wanderer mit Hilfe von Schäferhunden. Es kann jedoch auch vorkommen, daß Krähen, die auffallend lange über einer bestimmten Stelle kreisen, auf das Unglück hinweisen. Ich kenne den Bergpfad genau und verließ ihn nicht.

Ein wenig benommen erreichte ich den Gipfel. Da lagen sie, in der Ferne, die Berge, welche die Kette des Monte Rosa bilden. Was mir sonst ein fast oder ganz und gar ekstatisches Glücksgefühl vermittelte, sagte mir nun überhaupt nichts: Es war ein leeres Bild. O ja, da ist das Allalinhorn, von dem

Reinier einmal mit Hilfe eines Hubschraubers »gepflückt« werden mußte. Das war typisch für ihn, für die Art, wie er früher war: losgehen trotz der schlechten Wettervorhersage. Schmerzen hatte ich nicht, aber mein Kopf war voller Watte, ich sah nicht wirklich.

Es hatte keinen Sinn, mir selbst beweisen zu wollen, daß ich nicht krank war – ich war krank! Ich machte mir Vorwürfe. Anmaßend, überheblich habe ich auf dem Gipfel gestanden, in dem Bewußtsein, daß viele meiner Altersgenossen diesen Pfad nicht mehr schaffen könnten. Allan mag diese Wanderung nicht. »So lange durch den Wald, das ist nichts für mich. Laß uns doch weiter oben beginnen, dann kann man wenigstens etwas sehen. Aber wenn du gehst, gehe ich mit, dann trage ich deinen Rucksack, und die Hunde haben auch ihren Spaß.«

Die Erde spie mich aus, ich gehörte nicht mehr dazu. Einer meiner beiden Hunde, Bliss, muß etwas gemerkt haben. Sonst toben sie immer auf dem flachen Gipfel herum; er muß aufregend für sie sein. Bliss tat etwas, was er immer macht, wenn er spürt, daß mit mir etwas nicht in Ordnung ist: Er stellte sich neben mich und legte eine Pfote auf mein Knie. Sein Fell zu fühlen berührte mich mehr als die ganze schöne Fernsicht. Ich brauchte keine Sinneseindrücke von außen, ich suchte Sicherheit.

Das Auto stand bei der Kapelle im Dorf, wo der Pfad beginnt. Neben der Kapelle ragen Zypressen auf, für jeden gefallenen Soldaten eine. Auf Schildchen kann man lesen, wo die jungen Männer aus dem Dorf gefallen sind. Sie sind ungefähr in dem Jahr geboren wie ich, aber schon lange verwest auf Schlachtfeldern in der Ferne, in Rußland, in Frankfurt an der Oder, oder sie sind verschwunden, vermißt. Was hatten diese Jungen in Frankfurt an der Oder zu suchen? Die Herrschenden haben sie aus diesem stillen Dorf mit der ständig sich ändernden Aussicht auf den See geholt, nachdem sie ihnen eingeredet hatten, daß sie selbst es so wollten. Vielleicht wurden ihre Körper durch Granaten in Stücke gerissen, noch ehe sie ganz erlebt hatten, was es bedeutet, einen Körper zu haben. Das lernt man nicht allein, und sie waren noch so jung, genauso jung wie ich, als die Deutschen mir an jenem klaren Tag im Mai ihre Anwesenheit aufdrängten. Was habe ich eigentlich getan mit der Zeit von damals bis heute? »Macht es dir keine Freude«, fragte Noortje, als ich hereinkam, »daß du den Gipfel wieder erreicht hast?« Mein Freund, der Eigentümer des Restaurants, in dem wir essen und verwöhnt werden, hatte mich, als ich ihm begegnete, mit einem Blick angesehen, als ob er sagen wollte: Welch ein Unfug, den Palanzone hinaufzusteigen, wenn man krank ist!

Wiederum eine Woche Ruhe, vor allem Schlaf. Ich fand, daß ich zurückkehren müßte, in meine Klinik. Noortje kümmerte sich um mich, machte sich Sorgen. Ich fühlte, daß der Faden gerissen war. An einem frühen Morgen machten wir uns auf den Heimweg nach Amsterdam. Als ich mich vor der letzten Kurve umsah, die unsere Wohnung dem Blick entzieht, dachte ich: Ob ich wohl jemals hierher zurückkommen werde? Was mir damals noch bevorstand, wie hätte ich es wissen können? Doch ich wußte es im Grunde wohl, denn ich hatte ein Gefühl drohenden Unheils, ein Gefühl, als ob eine große Hand mir langsam die Kehle zudrückte. Gleich nach unserer Rückkehr suchte ich den Internisten auf.

Kapitel 4

Der lange warme Sommer

Der Internist untersuchte mich. Die Geschwindigkeit der Blutsenkung war zu hoch, und die Diagnose lautete: Virusinfektion. »Auskurieren ist das einzige, was du tun kannst, und stelle dich darauf ein, daß es lange dauern kann.« Die Kopfschmerzen paßten ins Bild. Ich sollte mich nicht zu sehr anstrengen, aber ich brauchte nicht im Bett zu bleiben. Es war die ruhige Zeit des Jahres, die Vorlesungen waren zu Ende. »Warum geht ihr nicht in euer Häuschen auf dem Lande?« Wir fuhren nach V.

Die Tage waren von einer einzigen Sorge überschattet: Ich habe eine Viruskrankheit, mein Kopf ist nicht in Ordnung. Ich dachte an die Spanische Grippe in den Jahren nach dem Ersten Weltkrieg. Tausende waren daran gestorben, und als Komplikation dieser Grippe war Enzephalitis aufgetreten, eine Entzündung des Gehirns. Meine Kopfschmerzen wurden eher schlimmer als besser, und es waren Schmerzen, die ich nicht kannte. Migräneanfälle kannte ich sehr gut, auch die Kopfschmerzen, die nach etwas zu reichlichem Alkoholgenuß auftreten und zu denen das typische Klopfen und Dröhnen gehört, vor allem, wenn man die Treppe hinaufsteigt, sich bückt oder sich anstrengt. Ich konnte den Kopf nur schwer nach vorn beugen und hatte heftige Schmerzen im Nacken. Plötzlich kam mir ein Gedanke: Entzündung im Kopf nach einer Grippe? Aids – das mußte es sein! Ich brauchte nicht darüber nachzugrübeln, wie es kommen konnte, daß der Grippevirus mich so angriff, denn es war offenbar ein ganz anderer Virus. Willem fragte: »Wie solltest du denn daran gekommen sein?« »Man kann nie wissen.«

Ich las keine Literatur mehr über mein Fach, und es kostete mich große Mühe, die wenigen Kapitel der »Neuen Neurosenlehre«, die noch zu schreiben waren, zu Ende zu bringen. Aber ich hatte es versprochen, und so versuchte ich es. Zeitweise lenkte das Schreiben mich ein wenig ab.
Eine Geschichte sagt dem Leser nicht viel, wenn er sich dabei nichts vorstellen kann, wenn sie keine Bilder in seinem Innern wachruft. Unser kleines Bauernhaus liegt genau auf der Grenze zwischen Wald und Wiesen. Oft taucht in der späten Dämmerung, wenn sich Nebel bilden, eine große Eule am Waldrand auf und schwebt geräuschlos wie ein Traumbild vorbei. Am meisten beeindrucken Stille und Einsamkeit. Ab und zu verirrt sich ein Wanderer und klopft an unsere Tür. Bei Nacht ist es stockfinster, kein Lichtschein weit und breit. Zu bestimmten Zeiten fährt ein Zug vorbei, mit erleuchteten Fenstern, und ich habe mich oft gefragt, woher der späte Reisende kommt, wohin er fahren will.
Von einem alten, niedrigen Deich kann man die Umgebung gut überschauen, und wenn der Mond scheint, ist es, als ob Kopfweiden und Pappeln sich aus einem schimmernden See erheben. Als wir das Haus erst kurze Zeit besaßen, stieg das Wasser der Ijssel manchmal bis an den Deich, während es doch Stunden dauert, bis zum Fluß zu wandern. Die Erklärung dieser Erscheinung ist einfach: Bei Hochwasser flossen die kleinen Wasserläufe in die andere Richtung, statt sich in die Ijssel zu ergießen. Dann konnten wir das Haus nur auf einem großen Umweg erreichen. Die Bahnstation ist nicht weit entfernt. Gäste gehen manchmal an den Schienen entlang über den Pfad auf der Böschung. Das rhythmische Geräusch des Zuges kündigte den neuen Tag an, und ich versuchte wieder einzuschlafen, da ich dem anbrechenden Morgen nicht gerade sehnsüchtig entgegensah. Daß man vom Hause aus die Schienen schnell erreichen und sich durch stählerne Räder den Kopf vom Halse trennen lassen kann – dieser Gedanke beschäftigte mich noch nicht.
Viele von uns lassen sich von alten Bahnhöfen faszinieren,

auf denen niemals mehr ein Zug halten wird. Hier war es umgekehrt. Der Zug hielt jedesmal, aber der kleine Bahnhof war dem Erdboden gleichgemacht worden.

Allan und ich hatten Pflanzen aus dem einst freundlichen Gärtchen vor dem Untergang durch den Schutt gerettet und dabei so unauffällig wie möglich gearbeitet, indem wir uns Bauernkleider anzogen, Gummistiefel, eine grüne Jacke und eine Mütze, und wir hatten dafür gesorgt, daß unsere Tätigkeit zwischen die Haltezeiten der Diesellok fiel. Ich habe Photos von Allan in der Türöffnung dessen, was einmal ein Haus war, hinter ihm Schutt und ein Skelett von Mauern. Auch von diesem so bezaubernd ländlichen Gebäude gilt: »... und ihre Stätte kennet sie nicht mehr.« Wo Dahlien blühten, wiegen sich nun die Ähren von Edelraute und Gänsefuß im Wind.

Zwei Landgüter bieten Gelegenheit zu Spaziergängen, und für die Hunde sind sie ein Paradies, weil sie außerhalb der Brutzeit dort ohne Leine umhertollen dürfen. In den Wäldern und auf den schmalen Landwegen, wo hier und da noch Sumpfwurz und geflecktes Knabenkraut wachsen, war es ganz still, und ich konnte dort mit meinen Malgeräten stehen. Kam der Jagdaufseher einmal zufällig vorbei, dann wurde der Morgen nicht mit Malen verbracht. Auf gesprächige, aber nicht unangenehme Weise, sofern man sich einmal damit abgefunden hatte, daß man nicht mehr zum Malen kommen würde, kam er vom Hundertsten ins Tausendste. Wenn man überhaupt von »Amplifizieren« sprechen kann, dann war es hier der Fall: Wie es dem Herrn Baron geht, wie viele Junge der Bussard hat, wie katastrophal die langen, kalten Winter für Spechte sind, die vielen geschlagenen Tauben, deren Überreste man im Wald findet, die Habichte halten ordentlich Haus, der Ärger über die Füchse, die seiner Meinung nach die Nester der Nachtigallen stören, zuviel oder zuwenig Regen, je nachdem, dies alles ließ er Revue passieren. Auch die Vergangenheit wurde bedacht: »Mein Vater hat noch mitgemacht ...«, wie es hier ausgese-

hen hätte, als der Vater noch lebte, aber soviel hat sich eigentlich gar nicht geändert. Langsam weitete sich die Thematik aus: Die wundersamen Kräfte, mit denen die Natur sich erholt, wie vorsichtig man mit Unkrautvertilgern und Insektiziden sein müsse, der rätselhafte Zusammenhang aller Dinge. »Sie verstehen sicher, was ich meine, Herr Doktor, die Menschen aus der Stadt, die sind so anders als wir«, ein Thema, das mindestens eine weitere halbe Stunde in Anspruch nehmen würde. Ich will diese Gewohnheit hier lieber nicht übernehmen.
Wir glaubten, uns ungestört an der Natur erfreuen zu können, bis eines Tages dicht bei unserem Haus eine Hochspannungsleitung verlegt wurde. »Unbedingt notwendig war das nicht, wissen Sie, es ist nur eine Reserveleitung«, erklärte uns der Ingenieur, ein sehr korrekter Herr; man müsse sich nur vorstellen, daß die Industrie in Twente plötzlich ohne Strom wäre! Als er zu uns kam, um über den Schadenersatz zu reden, begann er mit den Sorgen über seine Herzbeschwerden. »Sie sind Arzt, meine Tochter benutzt beim Studium Ihre Bücher. Sie sind zwar Nervenarzt, aber Sie wissen doch sicher auch eine Menge über das Herz.« Genug, um zu vermuten, daß er sich nicht zu Unrecht Sorgen machte; ich erkannte es an der blauroten Färbung seiner Hände. Nachdem die Hochspannungsleitung verlegt worden war, fand ich regelmäßig tote Enten, die gegen die Drähte geflogen waren, und als ich auf einen Bussard stieß, den Fürsten des Frühjahrshimmels, der zu einem Knäuel nasser Federn geworden war, geriet ich ganz außer mir. Unser Haus liegt auf freiem Feld, und um die häßlichen Drähte, die wie Messer den blauen Himmel durchschnitten, dem Blick zu entziehen, pflanzten wir Pappeln, verschiedene Sorten, so daß sie im Frühjahr nacheinander in allerlei rötlichen und grünen Schattierungen ausschlagen würden. Einige von ihnen dufteten nach Perubalsam.
Ich hatte nicht beachtet, daß die Pappeln zu hohen Bäumen wurden, hatte mir nicht deutlich genug gemacht, daß mit

ihrem Wachsen die Zeit, meine Zeit, verstrich. Sie rauschten, ehe ich einschlief, und ihr Rauschen wurde zum Vorwurf: Du hast deine Zeit vertan. Sie rauschten wie der Bach in Q., der unterhalb unserer Wohnung in den See fließt, rauschten wie das Meer an einem ruhigen Sommertag.
Auch wenn ich mich in dem abgelegenen italienischen Dorf am See meistens am wohlsten fühlte, so liebte ich doch auch diese Kulissenlandschaft und die hohen Wolkengebilde. In jenem Sommer, in dem ich mit meiner Virusinfektion kämpfte, ließ sie mich jedoch kalt, und ich litt darunter, daß ich nichts empfand. Wir unternahmen Ausflüge mit dem Auto, nicht, weil ich so große Lust dazu hatte, sondern vor allem, um die Zeit zu vertreiben. Ich war schon müde, wenn ich so gut wie nichts getan hatte. Um mich zu beruhigen, erzählte Willem mir von seinen Erfahrungen nach einer Hepatitis, der ansteckenden Gelbsucht. Er ging spazieren, war dann aber plötzlich so müde, daß er keinen Schritt weitergehen konnte und einen Passanten bitten mußte, seinen Vater anzurufen, damit er ihn mit dem Auto holte.
Überhaupt nichts tun, das war sicher nicht gut. Ich machte den Spaziergang mit den Hunden wie immer, nahm eine feste Route durch den Wald hinter dem schmalen Landweg, einem Sandweg. Freudlos trottete ich vor mich hin, die Hunde an der Leine, mit dem Gefühl einer drückenden Last: Dies ist der Fluch, der auf den Söhnen des Atreus ruht!
Die Angst steigerte sich. Meprobamat, ein schwach angsthemmendes Mittel mit muskelentspannender Wirkung, schien das Krampfgefühl auf und in meinem Kopf etwas zu lösen, und so nahm ich eine Tablette, um malen zu können. Zwei Konterfeis von einer schweren Kiefer gelangen mir nicht schlecht. Reinier war ganz begeistert. Diese beiden Gouachen mußten zusammenbleiben. »Faszinierend, wie du denselben Gegenstand in zwei völlig verschiedenen Stilen gemalt hast, wo doch beide Bilder unverkennbar von deiner Hand sind.« Ich gab sie ihm, und ich habe sie noch oft wiedergesehen, auch nach meiner Krankheit, Jahre später.

Der Sommer bestand aus einer langen Kette sich fast gleichender schöner Tage. Noortje kam auf den guten Gedanken: »Warum willst du nicht draußen liegen, im Schatten unter den Pappeln auf der Wiese?« So lag ich tagein, tagaus auf der Liege. Ein junger Mann kam, um den Boiler zu reparieren, unterhielt sich mit mir und meinte: »Grippe ist, wenn man älter wird, nicht ungefährlich. Mein Vater ist nie mehr darüber hinweggekommen.« Als ich bei Anbruch der Dämmerung einen kleinen Spaziergang mit meiner Frau unternahm, sprach uns der Nachbar an, mit dem wir uns sehr gut verstanden: »Ich sehe, daß es Ihnen nicht gutgeht. Sie sehen ganz angegriffen aus.« Das einzige, was ich noch lesen konnte, lesen wollte, waren Kriminalromane, und einer von ihnen fesselte mich besonders: »The Singing Sands« von Josephine Tey. »Der singende Sand, der den Weg zum Paradies bewacht.« Das Buch handelt von einem rätselhaften Mord und einer mysteriösen Freundschaft: Ein junger Mann wird ermordet von einem alten Forschungsreisenden, der sein Leben lang vergebens gesucht hat, was der Jüngere in einem Flugzeug, das im Sturm vom Kurs abgekommen ist, findet, ohne es gesucht zu haben: das Paradies.
Ich hatte auf dem Umschlag gelesen, daß Josephine Tey jung gestorben ist. So geht das Leben für einen jeden zu Ende. War nun für mich die Zeit des Abschieds gekommen? Es bestand ein greller Gegensatz zwischen dem anhaltenden prächtigen Wetter und meinem inneren Zustand, Licht dort, Dunkelheit hier. Nach nicht allzu langer Zeit hatte ich genug von Kriminalromanen. Musik fesselte mich noch für eine Weile, ohne mich wirklich zu berühren. Zusammen mit Allan hatte ich in Amsterdam noch ein kleines Radio gekauft, mit Kassettenrecorder, Mikrofon und allem Zubehör.
Ich schlief unnatürlich viel, als ob mein Schlafbedürfnis einfach nicht zu stillen wäre. Auch auf meiner Liege schlief ich, entweder auf der Wiese oder im Schatten des Kirschbaums und der Pappeln, deren Rauschen, das ich nicht mehr wahr-

nahm, sich zu Symphonien fügte, die ich nicht mehr hörte. Oggi, einer der beiden langhaarigen Collies, weckte mich ab und zu. Er hatte sich schon immer vor Eisenbahnzügen gefürchtet und versuchte seine Angst zu überwinden, indem er kläffend auf das losrannte, wovor er Angst hatte. Dem Zugführer machte das offenbar Spaß, und er gab Pfeifsignale, zur Belustigung unserer Gäste.

Wir wanderten oft am Bahndamm entlang und schauten nach Blumen und Schmetterlingen, die dort in farbenfroher Fülle zu finden waren. Bussarde stiegen auf, sich den Aufwinden anvertrauend, Symbol des Schwebens über Finsternis und Verwirrung. Daß ich angesichts dieses Bildes, das ich so liebte, nichts mehr fühlte, ließ mich erkennen, wie ich mich innerlich veränderte. Nicht viele Gedanken beschäftigten mich, nur immer der eine: Mein Kopf ist nicht in Ordnung! Ich grübelte viel über den Tod. Der letzte Akt hatte offenbar begonnen, ohne daß ich es bemerkt hatte, und wie hatten die früheren Akte ausgesehen? Ich brauchte noch Zeit, viel Zeit, aber das Stundenglas war fast abgelaufen. Das Stundenglas unseres Lebens wird niemals umgedreht. Jahreszeiten gehen und kommen, nach dem Winter wird es wieder Frühling, Bäume werfen ihre Blätter ab und schlagen wieder aus, aber wenn die uns zugemessene Zeit verstrichen ist, dann gilt für uns Menschen: »Pulvis et umbra sumus«, wir sind Staub und Schatten, und das ist noch viel gesagt. Manchmal ging ich zum Bahndamm hinauf und warf einen Blick auf den Ort, wo ich die »Summe« geschrieben habe.

Willem hatte diesen Ort sehen wollen, als er mich hier zum erstenmal besuchte. »Es interessiert mich sehr«, hatte er gesagt, »zu sehen, wo du das Buch geschrieben hast, aus dem so viele Leser ihre Kenntnisse über Psychiatrie beziehen.« Es war kein vager, diffuser Trübsinn, unter dem ich litt. Meine Besorgnisse waren sehr konkret: Die Krankheit, die der Demenz meiner Mutter zugrunde lag, beraubte auch mich der Fähigkeit zu denken, sie würde mich »enthirnen«, und das begriff ich zugleich ganz deutlich, erlebte es bewußt. Hun-

dertmal hatte ich sie sagen hören: »Mein Kopf ist so leer.« Wie weit ihr Gedächtnisverlust fortgeschritten war, war uns aufgegangen, als wir vom Amsterdamer Hauptbahnhof aus angerufen wurden: »Wir haben hier eine Dame, die nicht weiß, wo sie ist. In ihrer Tasche haben wir einen Brief von Ihnen gefunden. Könnte diese Dame Ihre Mutter sein?«
Später mußte sie in eine psychiatrische Klinik eingewiesen werden. Sie lag in einem Bett, einem in einer ganzen Reihe. Alle ihre Mitpatienten befanden sich im Zustand mehr oder minder stark fortgeschrittener Demenz. Verliert man seine Hirnzellen, dann verliert man alles, auch den einzigen Sohn. Sie erkannte mich nicht mehr, hielt mich für jemand anders, und nachdem ich tagelang an ihrem Bett gesessen hatte, starb eine alte Frau, die eigentlich schon lange tot war.
In meinem Leben vollzog sich allmählich eine eigenartige Veränderung. Die Intensität meines Erlebens wurde schwächer. Die innere Melodie erklang nicht mehr, Erlebnisse verloren an Bedeutung.
Vier mir bekannte Formen gesteigerter Lebensintensität möchte ich veranschaulichen.
In dem Dorf, in dem ich als Kind lebte, war der Landgraf eine wichtige Persönlichkeit. Ein Mitglied meiner Familie zog zu ihm ins Schloß. Liebe zu Pferden bildete ein Band zwischen ihnen, allerdings nicht das einzige. Manchmal sprachen sie über Frauen nicht anders als über Pferde, ließen ihre Anatomie und ihre Motorik vor ihrem geistigen Auge vorüberziehen. Der Gang, die Art, wie der Nacken auf den Schultern saß, auch der Bau der Hüften und das, was nahe bei ihnen liegt, dies alles wurde sachkundig beurteilt. Manchmal war das, was sie beschrieben, offenbar mehr als die Summe der Teile, und es gelang ihnen nicht, herauszufinden, warum nun gerade diese oder jene Dame so faszinierend war. Dann kam die Bemerkung: »Hendrik, weißt du, was sie hat? Soll ich dir sagen, was sie hat? Sie hat dies ...«, und das folgende Wort wurde ganz in die Länge gezogen und mit starker Betonung ausgesprochen: »Sie hat dieses Beeesonnndere.«

In Fellinis Film »Ginger und Fred« wird Fred, eine von Mastroianni gespielte Gestalt, gefragt: »Was ist denn nur so Besonderes am Steptanz?« Er antwortet: »Steptanz ist ›una cosa di più‹«, immer etwas mehr.

Wir kennen dies alle, daß etwas – manchmal etwas, von dem wir es gar nicht erwarten –, Mensch, Tier oder Pflanze, sich anders darstellt als gewöhnlich, aufregender, daß es uns etwas Neues zu sagen hat. Können wir »dieses Besondere« nicht anders benennen, dann ist es auf einmal »una cosa di più«?

Auch das Bekannte können wir mit einem solchen emotionalen »Mehrwert« erleben. Manchmal erfahren wir die Wirklichkeit intensiver, mit größerer Klarheit, und die Farben werden leuchtender. Es ist, als ob ein Schleier gelüftet würde, als ob ein besonderes Licht die Welt erstrahlen ließe. Das Transzendente scheint in unser Leben getreten zu sein, das »tramontane«, das jenseits der Berge Liegende. Und schließlich die am weitesten reichende Erfahrung, die gewöhnlich als »peak-experience« bezeichnet wird, als Höhepunkt des Erlebens. In einem alten Baedeker, den mein Vater zu Rate zu ziehen pflegte, las ich einmal folgenden Satz: »Der Monte Rosa stürzt in einer einzigen Senkung mit ungeheuren Gletscherwänden fast dreitausend Meter nach Macugnaga ab.« Oft hatte ich die gewaltige Ostwand silberweiß in der Morgensonne liegen sehen, im Gegenlicht durchsichtig blau, und in diesen erhabenen Augenblicken des Daseins hatte der Berg auf das unendliche Licht verwiesen, das nicht nur Symbol ist, sondern alles Bestehende umfaßt, aus dem es entsteht und wohin es zurückkehren wird.

Für Erfahrungen wie diese war ich seit meiner frühen Jugend empfänglich. Wie auch immer ich mein Leben gelebt haben mag, es hatte einen Sinn. Jetzt aber merkte ich während der Sommermonate, daß ich niemals mehr dieses »Beeesonnndere« fühlte, das von jenseits der Berge in mein Leben strömte.

Früher war vieles, was ich sah, zur Keimzelle einer Geschichte geworden: eine ältere Dame in einem Zugabteil, ein Mädchen mit einer Geige, ein Bauer auf dem Lande, ein großer Vogel, der so hoch vorüberflog, daß ich ihn nicht erkennen konnte. Solche Wahrnehmungen weckten Assoziationen. Doch der Strahlenkranz von Geschichten und Phantasien um die Dinge verblich, meine Assoziationen wurden ärmer, und so verloren die Dinge ihren »Mehrwert«. Das Bewußtsein, das wie ein Strom sein kann, in den Bäche münden und der sich dann wieder verzweigt, wurde zu einem armseligen Rinnsal. Meine Erlebniswelt verdorrte und verkümmerte. Der abfahrende Zug, die vorüberfliegenden Möwen verloren immer mehr ihren symbolischen Wert; was ich wahrnahm, war kein sinnvolles Bild mehr, meine Welt war zusammengeschrumpft auf das Bett zum Schlafen, auf die Liege.

Das Abgleiten in eine Psychose, den Verlust der Realität, erlebten nicht nur meine Frau und meine Tochter aus der Nähe, sondern auch einige meiner Freunde. Die These »Der Mensch ist nicht mehr als die Summe seiner Beziehungen« geht mir ein wenig zu weit. Wohl aber gilt: Wenn wir von einem Menschen nichts wüßten und nur die Art, die Eigenschaften und das Verhalten der Person kennten, mit dem er am intensivsten umgeht, dann wüßten wir schon sehr viel. »Sage mir, mit wem du umgehst, und ich sage dir, wer du bist.«

Allan besuchte mich. Aber selbst seine Erzählungen konnten, im Gegensatz zu früher, meine Stimmung nicht heben.

Jeden Abend rief Reinier an. Er ist ein völlig anderer Typ als Allan. Ich habe ihn bei seinem Bewerbungsgespräch kennengelernt. Er war jahrelang in einem abgelegenen Dorf Hausarzt gewesen. Da ich nichts von »Salonpsychiatrie« halte, sondern lieber jemanden zum Psychiater ausbildete, der auch »ganz gewöhnlicher Arzt« ist, war seine bisherige Tätigkeit für mich eine ausgesprochene Empfehlung. Es ist nicht schwer, ihn sich als Hauptfigur in einem Arztroman

Provence, 1979
Gouache auf Pappe
47 × 35 cm

Zufahrt in Voorst, 1979
Öl auf Leinen
60 × 80 cm

Ohne Titel, Oktober 1985
Gouache auf Papier
41 × 35 cm

Ohne Titel, Oktober 1985
Gouache auf Papier
41 × 35 cm

Ohne Titel, Oktober 1985
Gouache auf Papier
41 × 35 cm

Pappeln in Voorst, November 1985
Gouache auf Aquarellpapier
47 × 35 cm

Ockenburg, November 1985
Gouache und Acryl auf Aquarellpapier
47 × 35 cm

Herbst an der Vecht, Dezember 1985
Gouache und Acryl auf Passepartout-Pappe
47 × 35 cm

vorzustellen. Er fuhr durch Wetter und Wind auf dem Motorrad zu seinen Patienten. Wir sahen, wie er »über gefährliche Wege« raste – zu der traditionellen »schweren Geburt«. Er weckte Vertrauen und gab jedem Rat, der ihn um Rat fragte. Gegensätze machen sich oft gut in einer Geschichte, aber Allan und Reinier lassen sich nicht in das Pat-und-Patachon-Schema pressen. Allan ist zwar groß und bezeichnet sich selbst als dürr, und Reinier ist klein und bärenstark. Aber bei allen Gegensätzen gibt es doch starke Übereinstimmungen zwischen den beiden. Auch Reinier hat eine starke Ausstrahlung. Auch er liebt es, sich in Szene zu setzen, und mit seiner Selbstironie sorgt er dafür, daß er dabei komisch wirkt. Die Mittel, mit denen er dies tut, geben zu vielen Kommentaren, zu Gekicher und Gelächter Anlaß. Er hat ein ausgeprägtes Sprachgefühl und liebt Sprachspiele. Seine Interessen: Rudern und Tennis. Er liebt Keramik, sammelt sie mit gutem Gespür und liebt außerdem Gemälde und Zeichnungen.
Man erzählte sich, daß er die honorigen Doktores im großen Speisesaal des Krankenhauses einmal »desäquilibriert«, aus dem Gleichgewicht gebracht hatte, indem er auf seinen Teller einen Berg Rotkohl gehäuft, darauf ein Kotelett gelegt, darüber einen Salzhering drapiert und das Ganze mit zwei großen Kugeln Sahneeis gekrönt hatte – alles auf einem Teller! Die Geschichte dürfte erfunden sein, aber daß man sie erfunden hat, habe ich nicht erfunden. Auch nicht, daß er manchmal in exzentrischen Autos durch die Gegend fuhr, die er dann wieder verkaufte, weil sie gewaltige Mengen Benzin und Öl schluckten. Ein Cadillac hatte mich am meisten beeindruckt, da solche sowohl bei Hochzeiten als bei Begräbnissen benutzt werden und folglich gemischte Assoziationen und Gefühle wecken.
Reinier ist außergewöhnlich fürsorglich gegenüber seinen Patienten, und nicht nur ihnen gegenüber. Er kann lebendig erzählen, und deshalb habe ich mich oft seiner bedient, um Video-Bänder für Vorlesungen herzustellen. Er litt unter der

schrecklichen, tödlichen Krankheit seines Vaters, über die ich nichts sagen möchte, und er ließ mich an seinem Kummer teilnehmen. Er fragte mich auch bei anderen Problemen um Rat, wie sie im Leben eines jeden Menschen mit intensiven Gefühlen vorkommen. So wurde das Fundament für eine Freundschaft gelegt, und schon bald, als ich krank wurde, war seine Unterstützung für mich sehr wichtig. Sein Interesse gilt besonders dem Begründer der Klinischen Psychiatrie, Kraepelin. Er entdeckte Dinge, die mir vollkommen unbekannt waren. Wir haben viel über die Erziehungspraxis diskutiert, die früher in katholischen und kalvinistischen Kreisen üblich war, mit all den Tabus gegenüber der Körperlichkeit.

Beherzigenswert finde ich seinen Ausspruch: »Man sieht so oft: Wenn die Religion der Jugendzeit aufgegeben wird, geht auch die Wärme verloren, die mit den Jugenderinnerungen verbunden ist. Es bleibt nur ein nüchterner Blick auf das Leben.« Seine Wichtigtuerei ist eine Art, sich selbst »wirkungsvoll darzustellen«, aber auch für ihn gilt: »Sunt lacrimae rerum«, es gibt Dinge, bei denen einem die Tränen kommen. Wehmütig erzählte er mir: »Wir verstanden uns so gut, warum habe ich das damals nur nicht zu erkennen gegeben! Nun ist sie verheiratet. Vielleicht war ich damals noch zu sehr mit der Krankheit meines Vaters beschäftigt.«

Reinier hat alles getan, was er konnte, um mir zu helfen. Ich bin überzeugt, daß er befürchtete, die Virusinfektion könnte ernste Folgen haben. Aber Besuche und Anteilnahme konnten nicht verhindern, daß die Tage farblos waren und Woche um Woche eines leeren Daseins verrann. Eine der Autofahrten, die wir mit ihm unternahmen, brachte uns nach Lierderholthuis, wo der Gebäudekomplex von Kirche und Pfarrhaus mich an die Atmosphäre des Antonius-Krankenhauses in Utrecht erinnerte.

Willem und Cees kamen zu meinem Geburtstag und holten chinesisches Essen. Nachdem ich davon gegessen hatte, wurden meine Kopfschmerzen noch stärker, und ich ging zu Bett. Das war der einzige Ort, an dem ich mich sicher fühlte. Ich träumte viel. Merkwürdigerweise blieb ein Traum aus, der mich jahrelang verfolgt hatte: Meine Eltern, deutlich zu erkennen, und meine Tante M. liegen in einem Keller, im Zustand der Verwesung. Ihre Haut beginnt sich zu lösen. Ich sehe fahl blaurote Muskeln, an manchen Stellen ist das Skelett bloßgelegt, weiße Flecken im verwesenden Fleisch. Mein Vater kann noch herausbringen: »Warum sorgst du nicht dafür, daß wir sterben?« Ich gehe weg, gleichgültig.

Bilder aus der Vergangenheit kamen an die Oberfläche.
Ich sah mich im Bett liegen, in dem kleinen Zimmer in meinem Elternhaus, und ich erinnerte mich, wie ich mir damals in der Phantasie meine Promotion vorgestellt hatte. Es ist immer seltsam, an Zukunftspläne zu denken, die man in der Vergangenheit hatte, wenn diese Zukunft schon Vergangenheit geworden ist und die Pläne bereits lange verwirklicht sind. Ich sah mich als Jungen von achtzehn im Mondlicht auf Schlittschuhen über die zugefrorenen Überschwemmungsgebiete laufen, zwischen den Kopfweiden hindurch, in der Ferne der Wageninger Berg.
Noortje tat alles, um mir das Leben erträglich zu machen. Wenn sie nach Amsterdam fuhr, um notwendige Angelegenheiten zu regeln, brachte sie Essen aus einem Restaurant mit. Als sie einmal gar nicht wiederzukommen schien, war ich zu Tode beunruhigt. Der Auspuff des Autos hatte sich gelöst, so daß er über die Straße schleifte, und die Straßenwacht hatte sie davon befreit.
Malen konnte ich nicht mehr, Kriminalromane interessierten mich nicht mehr, und die Philosophie interessierte mich noch weniger. Das Manuskript des Buches, das mein *opus magnum* hatte werden sollen, lag unvollendet im Schrank. Nur mit Mühe schrieb ich ein paar Kapitel der »Neuen Neurosenlehre«, aber ich kam nicht bis zum Schluß.
Jeden Abend, wenn ich das Thermometer ablas, hoffte ich,

das elende Fieber sei nun endlich gesunken, aber es sank nicht.

Cees kam zu Besuch. Sein Stern stieg zu jener Zeit noch nicht so schnell wie jetzt. Wir konnten damals nicht ahnen, daß ich noch viel schwerer krank werden sollte, und wir konnten auch nicht ahnen, daß er innerhalb weniger Jahre vor einem Forum von Fachleuten aus allen Teilen Frankreichs in Paris Eingriffe demonstrieren sollte und von der Weltgesundheitsorganisation gebeten würde, Ärzte aus den verschiedensten Ländern mit den Techniken, die er offenbar meisterhaft beherrscht, bekannt zu machen. Wir sprachen über gemeinsame Freunde und Bekannte, über unsere Wanderungen in der Umgebung des Monte Rosa und andere Dinge, die wir zusammen unternommen hatten. Er war besorgt über meinen »klinischen Zustand«. »Sprich doch mal mit deinem Internisten«, sagte er, »ob du nicht eine Tetracyclin-Kur machen solltest. Manche Viruskrankheiten reagieren darauf, und nützt es nicht, dann schadet es auch nicht, deine Kopfschmerzen werden höchstens für kurze Zeit schlimmer.« Inzwischen schritt der Sommer fort, und es ging mir nicht besser.

Ich erlebte nun an mir selbst ein merkwürdiges Phänomen unseres Seelenlebens, das mir vielleicht vom Verstande her bekannt gewesen war, das ich aber nie wirklich zu mir hatte durchdringen lassen, das keine »befindliche Wahrheit« geworden war. Unsere Impulse kommen aus einer geheimnisvollen Quelle, wir wachen auf und wollen etwas. Manchmal wollen wir etwas nicht, aber wir tun es trotzdem, weil es von uns erwartet wird, zum Beispiel, daß wir zur Arbeit gehen. Auch wenn man keine festen Pflichten zu erfüllen hat, gibt es doch »Motive«, etwas zu tun, ein Tonband anzuhören, das man aufgenommen hat, ein Programm im Radio zu hören, etwas in einem Buch nachzuschlagen. Nimmt man erst einmal sein tägliches Leben auf, dann geschieht immer etwas, das einen stimuliert. Während des Spazierganges mit den Hunden sieht man eine seltsame Pflanze, über die man mehr wissen will, oder man sieht ein Gewächs, das man kennt, das aber anders aussieht als sonst, und man will wissen, warum das so ist. Man beginnt, und wenn man einmal begonnen hat, dann führt es einen immer weiter, in beschleunigter Bewegung. Damit war es für mich vorbei. Ich schlug nichts mehr nach, mein Kopf war nicht in Ordnung. Ich bestellte kein Buch mehr, ich dachte, ich begriffe es ja doch nicht mehr. Und wenn ich es auch begriffe, was interessierte es mich eigentlich? Wozu sollte ich noch Kenntnisse erwerben, nun, da der Verfall begonnen hatte, der Abbau sich vollzog, nun »suddenly the last summer«, der letzte Sommer, gekommen war, während ich noch auf so viele Lenze der Seele gehofft hatte?

Die Jugend war lange vorbei, »die Zeit, sie ist vergangen«, und was hatte ich mit dieser Zeit getan? Wie viele Möglichkeiten hatte ich verstreichen lassen, und wenn ich Chancen ergriffen hatte, war dann das Ergebnis nicht oft Leid für den anderen und Schuldgefühl für mich selbst gewesen? Klang nicht auch in meinen Ohren Elviras Vorwurf: »Mi tradi quel alma ingrata«, eine undankbare Seele hat mich verraten? Man kann davon aufwachen, daß man zugleich Schmerzen hat und gelähmt ist, und wozu nützt das Aufwachen dann? Die törichten Jungfrauen schliefen nicht, als das Fest begann, aber sie hatten kein Öl in ihren Lampen. Nun war ich krank und hörte zu spät. Es war gepfiffen worden, aber ich hatte nicht getanzt, es war geklagt worden, aber ich hatte nicht geweint.

Das nicht nachlassende Fieber, die quälenden Kopfschmerzen sagten mir: Ich war zur Untätigkeit verdammt, würde keine Chance mehr zu irgend etwas bekommen.

Der August war verstrichen, die Tage wurden nun schnell kürzer, die Pilze schossen aus dem Boden. Die Nächte wurden kühl, manchmal war es so neblig und feucht, daß Tropfen von den Bäumen fielen. Es hatte keinen Sinn mehr, auf dem Lande zu bleiben. Nicht, daß ich nach der Stadt zurückverlangte, aber es ging einfach nicht mehr, das war überdeutlich. Ich wurde immer kränker. Mein Gehirn mußte gründlich untersucht werden. Eigentlich wußte ich schon, wie das Resultat aussehen würde: Wo sich das Nervensystem befinden müßte, würde man nur Luft vorfinden und Reste von zerfallenen Zellen. Mein Kopf wurde leer, das wußte ich genau. Die heftigen Schmerzen mußten doch eine Ursache haben? Das Fieber war nicht gesunken. Die Fahrt zurück nach Amsterdam war nicht heiter.

Kapitel 5

Herbst

Nach unserer Rückkehr suchte ich den Neurologen auf. »Die Kopfschmerzen, die Sie bisher gehabt haben, sind mit Ihrer Viruskrankheit zu erklären, nicht aber die Kopfschmerzen, die Sie jetzt haben. Haben Sie jemals Migräne gehabt?« Ich bejahte es. Er verschrieb mir Mittel gegen Migräne. »Bei Menschen, die zu Migräne und anderen Formen von Kopfschmerzen neigen, steigern zu häufiges Schlafen oder zuviel Schlaf meist diese Schmerzen. Ich würde Ihnen raten, spazierenzugehen, auch in der Zeit, in der Sie bisher Ihren Mittagsschlaf gehalten haben. Ich bin ziemlich sicher, daß Ihre heftigen Gesichtsschmerzen durch viel Schlafen verschlimmert werden.«
Das viele Spazierengehen wurde zu einer Qual. Was Spazierengehen für gesunde Menschen zum Vergnügen macht, verkehrte sich für mich ins Gegenteil. Die motorische Befriedigung fehlte völlig. Ich schlurfte mit müden Muskeln vor mich hin. Alles, was früher aufheiternde Phantasien und kleine Geschichten mit vergnüglichen Aspekten ausgelöst hatte, wurde nun zum Anlaß trübsinniger Überlegungen. Elend fiel mir auf. Wenn ich Menschen lachen sah, dachte ich: Wie ist das möglich, in diesem schrecklichen Leben? Ich kam an düsteren Altersheimen vorbei und sah von der Straße aus schwachsinnige Menschen in ihren Betten liegen. Das Ende eines jeden Menschenlebens, so überlegte ich, ist dunkel. »Sein« ist schlimm aufgrund dessen, was man erlebt und was einem noch bevorsteht, »Nicht sein« ist schlimmer: Sterben, das bedeutet Alleinsein, ohne den Menschen, dessen Anwesenheit man nicht missen kann. Bestehen Glück

und Fröhlichkeit nicht nur dank der Tatsache, daß man das einem Bevorstehende verneint, leugnet, daß man so tut, als ob es einem selbst anders ergehen wird? Nicht schlafen, spazierengehen. Die Zeit, dachte ich, ist wie eine langsam sich fortschiebende Masse, von der man verschüttet wird. Das Ende steht fest, der Weg dorthin ist dunkel. Macht der Tod nicht das ganze Leben wertlos? Und was muß man nicht alles durchmachen, ehe man stirbt: Krebs, angstvolle Beklemmung, Demenz, einen unendlich schmerzlichen Abschied. Wir können nur leben, wenn wir uns selbst einreden, daß es schon nicht so schlimm werden wird.

Düstere Gedanken überfielen mich beim Anblick der grauen, unfreundlichen Häuser und der langen, leeren Straßen. Oft ging ich zum Amstelbahnhof und kaufte Blumen für meine Frau. Eine purpurfarbene Blume in einem kleinen Topf blühte erstaunlich lange. Mit Hunderten von Blumensträußen, dachte ich traurig, kannst du nicht wiedergutmachen, was du falsch gemacht hast.

Nach dem Besuch beim Neurologen hatte ich meine Arbeit wiederaufgenommen. Jahrelang hatte ich mit viel Freude unterrichtet. Ich versuchte meinen Patienten mit Verständnis gegenüberzutreten. Bis dahin hatte ich darauf vertraut, daß meine klinische Erfahrung mehr als ausreichend sei, um die Klinik leiten zu können, und daß ich über alle notwendigen Literaturkenntnisse verfügte. Ich hatte den gesamten Lehrstoff auswendig aufsagen können, aber was früher wie von selbst gegangen war, kostete mich nun die größte Mühe. Wenn ich plötzlich nichts mehr wüßte! Sagte ich in Besprechungen nicht Dinge, die selbstverständlich waren? Wenn ich vor einer Besprechung zuviel Angst hatte, nahm ich Tranquilizer.

Ein letztes Mal war ich Vorsitzender der mir so am Herzen liegenden Kommission für das medizinische Abschlußexamen.

Hunderte von Menschen haben mich als Vorsitzenden dieser Kommission erlebt, in der Funktion, die ich jahrelang innehatte. Ich habe meine Ansprachen immer gut vorbereitet, da mir bewußt war, daß der Augenblick, in dem ein junger Mensch, mit dem Ablegen des Eides, zum Arzt wird, für ihn ein einmaliges Erlebnis ist, das sich niemals wiederholt. Dieses Mal gab es eine große Zahl von Kandidaten, die während des Sommers ihre Kenntnisse nachgewiesen hatten. Der Sekretär der Kommission, ein Internist, sah mit Besorgnis meine graugrüne Gesichtsfarbe und ließ eine Tasse Kaffee nach der anderen kommen. Ich mußte vor Hunderten von Menschen sprechen, Kandidaten mit ihren Familien, die den großen Saal füllten. Ich schaffte es gerade noch, ohne Irrtümer, ohne Regiefehler. Großer Applaus. »Zum letzten Male«, ich sollte dieses »Zum letzten Male« noch oft wiederholen müssen.

Da meine Kopfschmerzen nicht aufhörten und meine Ängste sich steigerten, suchte ich meine frühere Analytikerin auf. Ich kam immer zu früh zur Analyse. Während ich durch den Stadtteil mit den vielen Parks und Teichen wanderte, dachte ich bei mir: Bald werde ich dies alles nicht mehr erkennen können, denn ich verliere immer mehr Hirnzellen. Ich versuchte festzustellen, ob ich bestimmte Telefonnummern noch wüßte, die für mich wichtig waren. 778870, Willem, das wußte ich. Aber Reinier, dessen Nummer hatte ich doch auch auswendig gewußt? Ich fragte mich, ob ich die Namen von Gestalten aus Filmen noch wußte, die ich gesehen hatte. Tiberius, der wurde in dem Film über Caligula von Anthony Perkins gespielt, aber wer spielte die Titelrolle? Ich kam nicht darauf. Vielleicht lag das daran, daß ich nicht an einen Mann zu denken wagte, der ebenso ausschweifend und zügellos gelebt hatte, wie ich es damals von mir selbst glaubte? Ach ja, die Nummer von Reinier ist 198705. Habe ich auch mein Notizbuch nicht vergessen? Ich will prüfen, ob ich mich nicht doch irre.

Spaziergänge im Vondel-Park wurden gleichfalls zur Qual. Ich werde dement, dachte ich, wenn Noortje nur bei mir

bleibt. Aber was hat man davon, wenn man seine Frau doch nicht mehr erkennt? Meine Mutter hatte ihren eigenen Sohn auch nicht mehr erkannt und ihn mit dem Namen ihres jüngsten Bruders angesprochen. Wie heißen noch die Straßen: Willemsparkweg, Obrechtstraat, und dann? Welches ist die K. V.-Nummer des »Krönungskonzertes« von Mozart, wer singt den Leporello in der Giovanni-Aufführung, in der Elisabeth Schwarzkopf die Elvira singt? Je mehr Fragen ich mir stellte, desto mehr steigerte sich meine Angst, bis an die Grenze zur Panik, und dann rannte ich mit den Hunden nach Hause, zu Noortje.
Es war klar, daß mir mit Gesprächen, welcher Art auch immer, nicht mehr zu helfen war. Ich merkte deutlich, daß es meiner Analytikerin nicht entging, wie schnell mein Zustand sich verschlechterte. Der Kollege W. wurde gebeten, mir Medikamente zu verschreiben. Er sprach mit mir. Was er sagte, hat mir erst viel später geholfen. Er tat alles, was er konnte, um die sich entwickelnde Psychose zum Stillstand zu bringen. Vergebens.

An einem Herbstabend – einem der letzten, an denen ich mich für Augenblicke weniger elend fühlte – fuhren Reinier und ich mit der Fähre zur anderen Seite des Amsterdamer Hafens. Wie ich liebte Reinier Wasser und Schiffe. Nun machte das brodelnde Wasser mir angst. Wir mußten umkehren.
Ich bekam einen Brief von einem Jugendfreund, dem ich viel zu verdanken hatte. Er antwortete auf einen Brief von mir: »Du tust, als ob wir uns gerade erst gesehen hätten, aber es ist vierzig Jahre her. Du hast Erfolg gehabt, aber das ist auch schon alles. Deine Mitmenschen haben Dich nie interessiert. Du hast immer nur an Dich und Deinen Erfolg gedacht, und Gott hast Du sicher nicht gedient.« Ich gab ihm recht. Seine Worte waren wie Volltreffer, wie ein Torpedo, der sich mittschiffs in die Wand des ohnehin bereits abgetakelten Schiffes bohrte.

Meine Ängste machten das Spazierengehen immer schwieriger. Die letzten Wege, die ich gehen konnte, führten zu Willem. Ich ging dicht an den Häusern der Vijzelgracht entlang, an einem neuen, noch leeren Supermarkt in einer merkwürdigen Straße vorbei, einem Gebäude aus Glas und Beton. Wohl konnte ich noch Musik hören. In der Plattenbibliothek hatten sie Bänder von auf ganzen Noten gesungenen Psalmen. Die alte Versform der Psalmen gefiel Willem, er hörte zu, mit dem Gesangbuch meiner Mutter auf den Knien. Ich fühlte mich schuldig, gottlos, verworfen, ich fand, daß ich ein liederliches Leben geführt hatte, und quälte mich mit dem Gedanken, daß ich andere für mich selbst geopfert hatte.

Die Liste Leporellos über die Abenteuer seines Herrn ist nicht mehr komisch, wenn man weiß, daß Don Giovanni bald zur Hölle fahren wird, während er mit der Grenze zwischen Leben und Tod seinen Spott treibt.

Ich war überzeugt, daß es für mich keine Vergebung gab. Noortje erinnerte mich an das Gleichnis vom verlorenen Sohn, der zu seinem Vater zurückkehrt, aber ich hielt dagegen: Das gilt nicht für mich, denn dazu muß man auserkoren sein.

Ein Jugendfreund, Pfarrer Leendert Kievit, kam mich besuchen, und was er sagte, kann man mit Shakespeare so zusammenfassen: »... daß nach dem Lauf des Rechtes unser keiner zum Heile käm'.« Wir sind auf die Gnade Gottes angewiesen.

Ich fand zwar einen gewissen Trost darin, mir die »Krönungsmesse« von Mozart anzuhören, aber ich sagte mir, dies sei nur Gefühlsduselei. Du findest die Musik schön, aber das hat mit Glauben nichts zu tun. Wenn du vor Gottes Angesicht treten mußt, wird dir alles aus den Händen geschlagen werden. Du kommst zu spät. Du hast deine Chancen nicht genutzt.

Im Herbst bekam ich eigenartige Anfälle von Verzweiflung. Ich wollte dann Willem sehen, denn von seiner Anwesenheit

erwartete ich eine gewisse Erleichterung. Während eines solchen Anfalls sagte ich immer das gleiche: »Mein Kopf ist nicht in Ordnung, ich habe das Gefühl, er sei leer. Kommt das, weil schon so viele Hirnzellen abgestorben sind? Willem, es ist nichts mehr von mir übrig.« Damit meinte ich, daß ich keine Assoziationen mehr hatte, daß meine Gedanken verarmt wären. Ich begriff, was es für Willem bedeuten mußte, daß ich, ein Freund, der ihm manches hatte geben können, zu einem Wrack geworden war, das sein Mitleid weckte und ihm ein furchtbares Gefühl der Ohnmacht einflößte, weil er nichts für mich tun konnte. Er erlitt einen Verlust, und ob ich jemals ins Reich der Lebenden zurückkehren würde, konnte er nicht wissen, sowenig wie sonst irgend jemand.
Ich konnte mit Noortje noch unseren Hochzeitstag feiern. Wir übernachteten im Kampveerschen Turm in Veere, sahen uns Middelburg und Vlissingen an, gingen in den Dünen und im Manteling bei Domburg spazieren. Wir hatten beide in der Schule das Gedicht von Boutens »Im Manteling bei Domburg« (2. und 3. Strophe) kennengelernt:

Alle Wipfel wiegen sich
In der Sonne goldner Glut,
Während dürre Blätter sinken
Um mich hin zu roter Ruh'.

Leichte Vogelflüge streichen
Hinter wirrem Zweiggeweb':
Es sind die Möwen, Nahrung suchend,
Wenn die Ebbe wiederkehrt.

Die Tage dort in Zeeland waren silbergrau, kein Sonnenlicht fiel auf Bäume, Häuser und Sträucher, so daß sie ganz in sich selbst ruhten, nichts anderes waren, als sie sind.
Wir gingen zum Essen in ein Restaurant, nachdem ich endlich wieder geschlafen hatte; doch ich war todmüde und

hatte, wie jeden Tag, Kopfschmerzen. Ein starker Anreiz gab mir manchmal etwas von meiner alten Energie zurück. Einige Tische weiter waren Unruhe und Bewegung entstanden. Ich rief den Ober. Er sagte mir, ein Herr sei »in Ohnmacht gefallen«. Ich ging mit ihm. Ein Mann lag auf dem Boden, mit blau-fahler Gesichtsfarbe. Ich erklärte dem Notarzt in einem kurzen Telefongespräch, wie ich die Ohnmacht einschätzte. Die Ambulanz kam sehr schnell, und der in kalten Schweiß gebadete Mann, der in der Tat einen schweren Herzinfarkt hatte, erhielt gerade noch rechtzeitig Sauerstoff. Später, als ich, lange wieder zu Hause, immer kränker geworden war, bekam ich wiederholt Anrufe: Ich hätte so einen sympathischen Eindruck gemacht, ob meine Frau und ich nach Veere zu Besuch kommen würden, »wenn es meinem Mann wieder bessergeht«. Für kurze Zeit war mir der Gedanke ein Trost, daß ich ein einziges Mal etwas Nützliches getan hatte und nicht nur ein in Weihrauch gehüllter »Showman« war.
Die Ängste wurden immer schlimmer, und ich stand ihnen machtlos gegenüber. Nach einem harten verlorenen Kampf mußte ich meine Arbeit aufgeben.
In der Mittagspause ging ich nicht mehr mit jungen Kollegen im Hauptgebäude essen. Meine Stimmung paßte nicht zu der ihren; ständig lagen Ängste auf der Lauer. Ich ging in dem Polder spazieren, der sich zwischen dem Gelände des Amsterdamer Medizinischen Zentrums und Abcoude erstreckt, und schaute in die Wassergräben. Es wuchs nichts mehr in ihnen, es blieb Winter.
In demselben Winter mußte Willem den bittersten Schmerz erdulden, den Leben und Schicksal uns zufügen können. Die Freundschaft zu einem Jungen, der ihn faszinierte, brachte ihm großes Glück und zugleich tiefes Unglück: Der Junge beging Selbstmord. Wie schlecht es mir auch ging, ich versuchte doch, ihn zu trösten. Wir gingen spazieren, goldgelber Sand, ruhige See, »sie hüllt uns in ewiges Flüstern«. Die Luft war stahlblau, wir gingen nebeneinander, Willem

mit seinem Schmerz kämpfend, sich ab und zu mit dem Handrücken die Tränen wegwischend, ich im Kampf gegen immer intensiver werdende Anfälle von Panik.
Am Tage der Beerdigung schneite es, und obwohl das Jahr schon weit fortgeschritten war, blieb der Schnee auf den Zweigen liegen. Wir waren Pater Van Kilsdonk dankbar für die Art und Weise, wie er die Beerdigung leitete. Ich erzählte Freunden und Bekannten, was ich gesehen hatte und wie schrecklich es gewesen war; ich konnte nicht aufhören, darüber zu reden. Später erzählte man mir, daß ich einen verwirrten Eindruck gemacht hätte. Ich hatte nicht darüber nachgedacht, ob es klug wäre, zu der Beerdigung zu gehen, und wenn man mich danach fragte, antwortete ich – und das würde ich noch antworten –: »Man hat Freunde, oder man hat sie nicht.«
Je weiter die Zeit fortschritt, desto stärker wurde meine Erlebniswelt von grauenerregenden Vorstellungen beherrscht. Den Spaziergang um den Block mit den Hunden machte ich nun nur noch, weil ich es zu Hause nicht mehr aushalten konnte. Ich mußte nach draußen. Noorderdwarsstraat, Noorderstraat. Während ich die Reguliersgracht entlangging, mußte ich heftig schlucken, immer wieder. Ich mußte den Atem anhalten, denn aus meinem Körper stieg »es« nach oben. Ich wußte nicht, was. Die Lebenskraft selbst? Wenn sie es war, mußte ich versuchen sie bei mir zu behalten. Ich preßte mein Zwerchfell nach unten, die Angst wurde zur Panik. Jetzt fühlte ich es, während ich meine Kehle verkrampfte: Es waren die Eingeweide, die nach oben drückten. Wenn das so weiterginge, dann würde ich meine eigenen Eingeweide ausbrechen. Noortje fragte, was denn wäre. Ich sagte, daß ich es überhaupt nicht erklären könnte.
Es war kurz vor dem Abendessen. Ich setzte mich in den Sessel, in dem ich immer saß, wenn wir vor dem Essen unseren Aperitif tranken. Ich saß genau gegenüber einem meiner Bilder, das Noortje besonders liebte. Es ist in sanftem, wehmütigem Licht gemalt. Mir gefiel die Struktur nicht. Ich

schaute es an, um einen Halt zu finden. Offenbar hatte es Zeiten gegeben, in denen ich mit Vergnügen und großer Intensität gemalt habe. Ich dachte mir, daß ich doch zumindest ein wenig Freude dabei erlebt haben mußte. Zu Unrecht, glaubte ich nun. Ich war vor meiner eigentlichen Aufgabe, dem Schreiben über mein Fach, geflohen, wie ich immer geflohen war. Ich warf mir vor, daß ich den Genuß gesucht hatte, statt ordentlich meine Arbeit zu tun, und Böses getan hatte in den Augen des Herrn. Willem kam immer noch regelmäßig, und ich konnte ihn immer anrufen; dann war er innerhalb einer Viertelstunde bei uns. Ein Freund, der auch für ihn etwas hätte tun können, war ich nicht mehr; er sah, wie ich mich immer weiter entfernte.
Der Psychiater W., der mich behandelte, hatte allen Grund, meine Angst so gut wie möglich zu unterdrücken. Aus meiner übermäßigen Beschäftigung mit der Frage, ob ich dement sei, entwickelte sich eine feste Überzeugung. Ich bat W., mir schriftlich zu geben, daß er meinem Elend ein Ende machen würde, wenn die Demenz so weit fortgeschritten sein würde, daß das Leben nur noch eine sinnlose Qual wäre. Und selbst wenn ich nicht an Demenz litt, wie lange kann ein Mensch diese Mischung aus Angst und Schwermut ertragen? Als ich immer kränker wurde, wollte ich, wie schrecklich die Situation auch war, nicht mehr sterben, aus dem einfachen Grunde, weil die Hölle noch viel schlimmer sein würde als die schlimmsten Tage auf Erden.

Die Ostertage waren furchtbar. Wir waren wieder in V. Ich bekam ein Mittel gegen Wahnvorstellungen. Es war, als ob ich bleierne Rohre statt Beinen am Körper hätte, und ich konnte nicht eine Minute stillsitzen. Verzweifelt rief ich W. an. Er kam innerhalb einer Stunde, am Morgen des zweiten Ostertages. Der Umstand, daß weder Antidepressiva noch Antipsychotika halfen und daß Schlafmittel bei mir Verwirrtheit auslösten, ließ ihn über meine Verfassung nicht optimistischer denken. Von Zeit zu Zeit wurden die Ängste von ganz seltsamen Stimmungen unterbrochen. Als ich zu meiner Analysesitzung ging, strahlte die Erde, wie in ein eigenartiges Licht gehüllt, das alle Farben intensivierte. So fühlt sich jemand, dachte ich, der in Frieden stirbt.

Kollege W. versuchte mit immer stärkerer Medikation, meine Ängste zu unterdrücken. Schon lange hatte ich zu nichts mehr Lust. Würde etwas Grauenhaftes geschehen, wenn ich ans Telefon ging? Mal mußte ich dieses, mal jenes tun, denn sonst würde uns etwas Schreckliches geschehen, davon war ich überzeugt.

So unerträglich der Zustand auch für mich war, ich wollte mir doch nicht das Leben nehmen. Ich fürchtete mich viel zu sehr vor dem Tod. Dann würde ich vor Gott erscheinen müssen, und der würde mich in ewige Verdammnis stoßen. Plötzlich kamen in mir Impulse auf, die ich nicht verstand. Ich wollte mir eine unheilbare Verletzung zufügen. Auch heute kann ich, wenn ich zurückblicke, nicht sagen, was mich daran gehindert hat, den Impuls in Handlung umzusetzen. Die Frage stelle ich mir manchmal noch, wenn ich ein scharfes Messer sehe.

Messer und Scheren wurden zur Besessenheit. Ich merkte, daß ich für meine Tochter gefährlich wurde. Ich meinte, ihr Krebs, Demenz und das Miterleben meines Verfalls ersparen zu müssen. Ein Brotmesser mit gezahnter Schneide erledigt, gut angesetzt, in einer Minute, wozu ein Krebsgeschwür Monate braucht. Ich bemerkte sehr wohl, daß man mich keinen Augenblick mit ihr allein ließ. Vor allem die Nächte wurden immer quälender. An viele Ereignisse aus dieser Zeit erinnere ich mich nur vage. Ängste und Panikzustände brachten mich manchmal zu fast aggressivem Verhalten. Ich fühlte, wie die Hirnzellen in meinem Kopf sich zersetzten. Für die Familienmitglieder ist es natürlich weniger schwierig, wenn der Patient selbst den Wunsch äußert, in eine psychiatrische Klinik aufgenommen zu werden, als wenn sie ihn dazu zwingen müssen. Es ging nicht mehr, das war nun klar. Ich fand nirgends mehr Ruhe, der eine Impuls folgte

dem anderen in schneller Folge, maßloses Schuldgefühl, Wut und Verzweiflung. Ich konnte noch selbst den Entschluß fassen: »Ich muß eingeliefert werden. Jetzt sofort.«
W.: »Ich hätte dir eine Aufnahme gern erspart, die Konsequenzen sind so schwerwiegend, aber ich werde nun doch Van Tilburg anrufen. Es gibt keine andere Möglichkeit. Es geht nicht mehr.«
Van Tilburg ließ nicht lange auf sich warten. Es klingelte. Er ist ein ruhiger Mann, ohne professorale oder ärztliche Wichtigtuerei. Ich saß zusammengekauert in einer Ecke und machte mich so klein wie möglich. Kollege W. war anwesend, natürlich meine Frau, und Willem war auch gekommen. Vor ein paar Monaten hatte er den einen Freund zu Grabe getragen, der andere war weit weg, in einer Wahnwelt, in der jeder Mensch einsam und allein ist. Der Abend, von dem ich hier berichte, liegt schon einige Jahre zurück. Und doch steht mir das Bild dieses Abends so klar vor Augen, daß am Horizont meiner Seele Angst sich erhebt und ich am liebsten die Feder niederlegen möchte. Doch erst muß ich noch einige angenehme Erinnerungen beschreiben.
Van Tilburg und ich, wir sind einander keine Fremden. Wir bekleideten beide, jeder »in seiner eigenen Klinik«, wie man so sagt, die gleiche Stellung. Van Tilburg ist viel jünger als ich. Als er promovierte, habe ich ein *Cum laude* sehr befürwortet. Aber auch ohne mich hätte er es bekommen. Ich war als Gast der Medizinischen Fakultät der Freien Universität Amsterdam bei seiner Promotion zugegen. Ich kenne das Gefühl, wenn man vor der Verteidigung seiner Doktorarbeit steht, und ich versuchte zu dem zukünftigen Doktor vorzudringen. Der Versuch gelang. Ich stand einem jungenhaften blonden Mann mit einer sehr hübschen Frau und netten Kindern gegenüber. »Ihnen kann nichts geschehen«, dachte ich, »mit dieser vortrefflichen Dissertation.« Im Herbst 1983 konnte ich, trotz der Kopfschmerzen und anderer Beschwerden, bei seiner Antrittsvorlesung dabeisein.

Als ich erklärt hatte, wie es mir ging, sagte Van Tilburg: »Es ist ganz klar, daß Sie aufgenommen werden müssen. Ich habe aber keine Zimmer für Privatpatienten, und Sie wissen: Viele kennen Sie, das Pflegepersonal, alle Assistenten lernen das Fach aus Ihren Büchern. Was hielten Sie davon, nach Zeist oder nach Basel zu gehen?« Die Entscheidung fiel mir nicht schwer. »Ich will von Ihnen behandelt werden, und ich will in Noortjes Nähe bleiben. Sie ist mein einziger Halt und nahezu der einzige Grund, warum ich noch leben will. Ich versichere Ihnen, ich will keine Ausnahmestellung und auch keine besondere Behandlung. Mein Kopf ist krank. Das werden Sie schon feststellen, wenn Sie mich genauer untersuchen.« Die präsenile Form der Demenz, die Alzheimersche Krankheit, braucht zwei Jahre, um einen Menschen ins Grab zu bringen. »Ihr könnt euch mein Gehirn ruhig ansehen.« Manchmal werden die Familien meiner Patienten gefragt, ob sie einer Hirnsektion zustimmen. Warum sollte ich in meinem eigenen Fall diese Zustimmung nicht geben? »Lassen Sie meine Krankheit nur nicht länger dauern als nötig.« Mir ist heute noch nicht klar, worauf Van Tilburg seine Überzeugung begründete, als er sagte: »Ich glaube, daß Sie gesund werden, wenn auch nicht innerhalb von Monaten. Herr Kuiper, möchten Sie, daß ich die Ambulanz rufen lasse, fühlen Sie sich dann sicherer, oder ...« »Nein, Noortje bringt mich in unserem Auto, und Willem wird wohl mitkommen wollen.«

Ein Toter kann vor seiner Beerdigung nicht noch einmal durch das Haus gehen, in dem er gelebt hat. Ich konnte das. Hier haben wir unser Glas Wein getrunken, ehe wir schlafen gingen, hier habe ich meine Bücher geschrieben, niemals ohne Musik. Hier haben Allan und ich lange Gespräche über den Film geführt, den wir gerade gesehen hatten. Ich sah mich im Wartezimmer um, in meinem Arbeitszimmer, in dem Raum unter dem Dach, in dem ich mit Farben hantiert habe. Hier habe ich geschlafen, als ich noch richtig schlafen konnte. Willem legte mir den Arm um die Schulter und

sagte: »Piet, wir wollen diesen Abschied nicht zu sehr in die Länge ziehen.«
Kathleen stand in der Haustür. Sie hatte mit überlegt, wo ich aufgenommen werden sollte. Noortje sagte: »Du gehst zwar von zu Hause fort, aber nicht von mir. Morgen bin ich wieder bei dir.« Willem: »Wenn du dich auf den Rücksitz setzt, dann setze ich mich neben dich.« Warum er nicht wollte, daß ich mich neben Noortje setzte, die am Steuer saß, ist klar. Prinsengracht, Vijzelgracht, hinter dem Museum entlang, durch – es war wohl unvermeidlich – die De Lairessestraat, den Weg zum Psychoanalytischen Institut, in dem ich jahrelang mit soviel Freude unterrichtet hatte. Wir bogen rechts ab. Wir waren da. Willem ging ein Stückchen mit, dann ließ er mich mit Noortje allein. Durch die Fenster sah ich Menschen in einem Saal schlafen. Es wurde leise gesprochen. Offenbar hatte Van Tilburg das Risiko, mich noch eine Nacht zu Hause zu lassen, für zu groß gehalten.
Man beratschlagte mit sehr viel Verständnis für meine Gefühle, und ich fand es auch besser, daß ich alles abgeben sollte, womit ich mir Schaden hätte zufügen können. »Füllhalter, der Gürtel von meinem Bademantel, meine Brille, das ist alles, glaube ich.« Ich erlebte, was den meisten Menschen erspart bleibt: sich zwischen vier Wänden zu befinden, die »gepolstert« sind, damit man sich den Kopf nicht einschlagen kann. Die Isolierzelle einer psychiatrischen Einrichtung hat nichts Grausames. Nicht der Aufenthalt in einer solchen Zelle ist schrecklich, sondern die Tatsache, daß er notwendig ist. Die Dunkelheit herrscht im eigenen Innern.
Noortje wird wohl schon zu Hause sein, überlegte ich. Mit Hilfe der Medikation, die Van Tilburg verschrieben hatte, schlief ich ein. Hinter mir lag der Weg vom Professor der Psychiatrie zum Patienten in einer Isolierzelle.

Kapitel 6

In der Klinik

Zahlreiche medizinische Untersuchungen während der ersten Zeit, unter anderen ein Computer-Scanning des Gehirns. Van Tilburg verfolgte alle Tests und Analysen. Ich lag in einem kleinen Zimmer, schlief sofort ein. Keine Warterei auf das Ergebnis. Van Tilburg kam und sagte mir, daß keine Abweichungen zu finden seien. Die Internistin erschien, um mich zu untersuchen. Sie war korrekt, aber nicht gerade ein Ausbund an Mütterlichkeit, obwohl man als Patient doch das Bedürfnis nach ein wenig Anteilnahme hat. »Woher kommen die Schrammen an Ihren Beinen?« fragte sie. Ich antwortete: »Habe ich selbst gemacht, mit einer Schere.« »Hm, hm«, genau wie die Psychiater.

Eines Nachts kratzte ich mir die Handgelenke auf. Die Nachtschwester kam. Sie ermahnte mich: »Das dürfen Sie nicht, Herr Kuiper, und ich weiß, daß Sie das auch genau wissen.« Sie sprach mich auf meinen christlichen Glauben an. Sie war ein lieber Mensch, ich nahm es ihr nicht übel, daß sie mir eine Predigt hielt. »Sie sind so unruhig, ich werden Ihnen Haldol mit Phenergan injizieren lassen.« Früher hatte ich diese Kombination, die eine starke Dämpfung von Angst und Unruhe bewirkt, oft verschrieben, nun bekam ich selbst eine solche Spritze. Ich schlief nach wenigen Minuten ein, und soweit ich mich erinnere, war es kein unangenehmer Schlaf.

Am nächsten Morgen kam Dr. Visser, der Neurologe. Freundlich, nett und glücklicherweise auch geschickt. »Van Tilburg und ich wollen wissen, wie Ihre Lumbalflüssigkeit aussieht.« Einer der Gründe, warum ich mich hatte aufnehmen lassen, war, daß ich gründlich untersucht werden wollte. Ehe ich etwas gemerkt hatte, war das Ganze schon vorbei. Ich fühlte nichts und hatte am nächsten Tag keine Kopfschmerzen. Fest überzeugt, dement zu sein, erwartete ich von den Untersuchungen nur, bestätigt zu finden, was ich selbst glaubte; Konsequenzen für die Behandlung würden sie doch nicht haben. Van Tilburg kam. »Mit Ihrer Schilddrüse ist etwas nicht in Ordnung. Die Internistin will das ganz genau untersuchen.« Zu dieser gründlichen Untersuchung mußte ich ins Krankenhaus der Freien Universität. Außerdem war offenbar mein Vitamin-B-Haushalt nicht in Ordnung.

Dirk, ein langer Kerl mit sympathischem Äußeren, begleitete mich. Ich kam gut mit ihm aus und hatte noch nie jemanden getroffen, der einen so menschlichen Namen hatte: Taal (= Sprache). Nach einer Fahrt mit dem Taxi kamen wir viel zu früh an, so daß noch Zeit war, im schönen Park des Krankenhauses spazierenzugehen. Das Manipulieren mit radioaktiven Stoffen und die entsprechenden Maßnahmen machten mir angst. Aber alles wurde schnell und korrekt ausgeführt. Die Sonne schien strahlend, und ich war unglücklich. Schwerwiegend war die Schilddrüsenstörung nicht. Man verschrieb mir ein paar Medikamente, eine Reaktion konnte ich nicht feststellen.

Die Nachtschwester hatte liebevoll an meine »Christlichkeit« appelliert. Nun wurde ich zur Zielscheibe schwereren religiösen Geschützes. Ein Brief wurde mir ins Haus geschickt, in der Schrift von Menschen, die nicht allzu oft schreiben: »Sie sind Professor und hoch gestiegen. Sie sind auch christlich erzogen worden. Hochmut hat Sie zu Fall gebracht. Gott straft Sie, wie er Nebukadnezar, den mächtigen Herrscher des Babylonischen Reiches, zu Fall gebracht hat. Der wurde seiner Sinne beraubt und graste wie die Kühe. So ergeht es auch Ihnen, und Sie haben es verdient. Nur Gott kann Sie retten. Bekehren Sie sich, werden Sie endlich demütig.« Ich fand, die Briefschreiberin hatte recht, und ihre Meinung über meine Situation machte mir angst. Hatte ich in der Jugend, neben meiner Mutter in der Kirche sitzend, nicht oft genug gesungen: »Denn der Herr ist hoch und sieht auf das Niedrige und kennt den Stolzen von ferne«?*

Ich hatte auch meinem Jugendfreund recht gegeben, der mir geschrieben hatte: »Du hast in Deinem Leben nur an Dich selbst gedacht, nur Dich selbst gesehen, und andere hast Du Deinen Interessen und Deinen Vergnügungen geopfert.« Er war wie ein Prophet gekommen, mir meine Strafe zu verkünden. Widersprechen konnte ich ihm nicht. Ich war ein Egomane gewesen, ein Narzißt, ich hatte, glaubte ich, mich meines Faches nur zu meinem eigenen Ruhme bedient. Ich hatte die Psychiatrie nicht dazu benutzt, die Menschen zu Gott zu führen. Van Tilburg stand der Briefschreiberin kritischer gegenüber und fand, daß es nicht die Aufgabe von Schwestern sei, mir das Gottesurteil zu verkünden. »Wenn ich herausfinden kann, welche Schwester diesen Brief geschrieben hat, wird sie entlassen.« Er äußerte sein Vorhaben in strengem Ton, den ich an ihm nicht kannte. »Nicht die Nachtschwester«, sagte ich, »die hat mir eine Predigt gehalten, aber sie ist ein guter Mensch.« »Nein«, antwortete er, »ich glaube, ich weiß schon, wer das war.« Ich bat ihn, sie milde zu behandeln, weil ihre »Verkündigung« doch die Wahrheit enthalte. Briefe solchen Inhalts habe ich nicht mehr bekommen.

Die Tage waren lang. Ich durfte in der Bibliothek an meinem Buch arbeiten, und an mehreren Tagen in der Woche ging ich stundenweise zur Arbeitstherapie. Die Tür der Abteilung, die verschlossen war, wurde geöffnet, und über eine Treppe gingen wir hinunter. »Gehen die Herren mit zur the-

* Der Autor zitiert aus der versifizierten Fassung der Psalmen, die von den protestantischen Kirchen der Niederlande im Jahre 1967 publiziert wurde. Der Text heißt dort: Hij slaat, ofschoon oneindig hoog, / op hen het oog / die needrig knielen. / Maar ziet van ver met gramschap aan / de eigenwaan / van trotse zielen. Anm. d. Übers.

rapeutischen Erziehung?« fragte ein Pfleger. Nicht gerade eine geschickte Formulierung, aber eine zutreffende, wenn es nicht gelingt, beim Patienten auch nur das geringste Interesse zu wecken. Es gelang mir partout nicht, mit Farben umzugehen.
Emil leitete die Arbeitstherapie, und er brachte mir Techniken bei, mit denen ich einfarbige Drucke herstellen konnte. Dabei werden Figuren, Papierschnipsel, Blätter oder sonst irgend etwas mit Hilfe einer Tintenrolle eingefärbt. Man legt ein Papier darauf, übt Druck aus, und so entstehen interessante Formen. Obwohl ich psychisch sehr krank und gehemmt war, faszinierte mich diese Technik. Ich produzierte kleine Drucke, die mir gut gefielen, auch später noch, so sehr, daß ich lange Zeit vorhatte, sie zu kleinen Gemälden auszuarbeiten. Natürlich sehen sie in einem Passepartout viel besser aus, und man ermutigte mich, Rahmen anzufertigen, auch solche für drei Drucke nebeneinander, die einen strukturellen Zusammenhang zeigten. Das Schneiden der Pappe fiel mir nicht leicht, und die Rechnerei, die nötig ist, um die genauen Maße festzulegen, fiel mir noch schwerer. Das Rechnen und Messen verwirrte mich, was mich wiederum in meiner Überzeugung bestätigte: Mein Kopf ist nicht in Ordnung.
Vor dem Einschlafen und während der Spaziergänge ging mir ständig zwanghaft durch den Kopf: Der Druck ist 15 mal 25 cm, der Passepartout muß ihn ein paar Millimeter bedekken, der Rand muß soundso breit werden, das sind also soundso viele Zentimeter usw. Und wenn ich dies alles nicht im Kopf ausrechnen konnte, war ich ganz verzweifelt. Daß das Anfertigen der Drucke selbst mir eine gewisse Befriedigung gab, war der wirkungsvollen Methode Emils zu verdanken. Er erzählte von seinen Ferien. Mit dem Fahrrad wollte er durch die Orte fahren, die, als die Zuiderzee noch nicht eingepoldert war, Fischerstädtchen gewesen waren, und er erzählte anschaulich von seinen Plänen. Für mich waren Ferien zu einem irrealen Begriff geworden.

Die Arbeit in der Bibliothek ging nicht voran. Statt an meiner allumfassenden »Schrift« zu arbeiten, verfaßte ich »Wahnbriefe«, Verzweiflungsschreie. Durch die Fenster konnte ich den Turm einer Kirche in der Krusemanstraat sehen. Die Zeit verstrich nicht. Ich rauchte eine Zigarre nach der anderen, trank literweise Kaffee. Die Bibliothekarin war eine kleine, schlanke, lebhafte Dame. Die Kollegin von der pathologischen Anatomie, eine introvertierte Intellektuelle, kam regelmäßig, um bei ihr Kaffee zu trinken. »Wann schneiden Sie denn wieder Gehirne auf?« hörte ich einen robusten blonden Neurologen fragen, der sich manchmal Informationen über psychiatrische Literatur holte. Wann wird wohl mein Gehirn, mein liebes und teures, aber gottloses Gehirn, in Scheiben geschnitten werden wie ein Rollbraten, nachdem es monatelang in einem Gefäß mit Formalin aufbewahrt worden ist?

Tief unter mir fuhren ständig Krankenwagen vor. Kathleen wollte einen Strandspaziergang machen. Es war ein schwüler Sommertag mit bedrohlich dunklen Wolken und heftigen Gewitterschauern. Der finstere, graue Himmel versetzte mich in Panik. Ich wollte sie telefonisch warnen. Van Tilburg sah es nicht gern, daß ich dauernd telefonierte. »Es hilft Ihnen nicht«, meinte er.

Montags gab ein nettes Mädchen in unserer Abteilung »kreative Therapie«. Daß ich mich durch die Bezeichnung zum Narren gehalten fühlte, hatte sie nicht zu verantworten. Ich sah, wie Mitpatienten damit beschäftigt waren, aus Peddigrohr weiße, dünne Körbchen zu machen. Peddigrohr hat für mich immer eine symbolische Bedeutung gehabt: sich sinnlos mit etwas beschäftigen, nur um die Zeit totzuschlagen. Ich hatte einen Horror davor und brauchte denn auch nicht daran teilzunehmen.

Natürlich versuchte man es mit verschiedenen Antidepressiva, mit denen man bereits begonnen hatte, als ich noch zu Hause gewesen war. Ich begann, schlechter zu sehen, und ich konnte nicht mehr gut Wasser lassen. Das mußte ich im

Sitzen in einem schrecklich kleinen Raum tun, in dem allerlei Kram aufbewahrt wurde und in dem Säcke mit schmutziger Wäsche standen. Die andere Aktivität, zu der man sich auf die Toilette begibt, war schon mühsam genug. Den Antidepressiva wurde Trilafon gegen die Ängste zugefügt.

Morgens: »Sie kommen doch zur PPV, der Patienten-Personal-Versammlung?« fragte mich eine Schwester. Alle diensthabenden Mitarbeiter, Ärzte, Pflegepersonal und Patienten nahmen daran teil. Sich um die Versammlung zu drücken wurde einem nicht leichtgemacht. Die Patienten wurden gefragt, wie es ihnen ginge, sie konnten Fragen stellen zur Tageseinteilung und Medikation, sie konnten sich erkundigen, ob sie am kommenden Wochenende nach Hause dürften. Ehe der offizielle Teil begann, wurden Gespräche geführt, an denen ich nicht teilnahm. Ich lachte überhaupt nicht mehr und ging auf nichts mehr ein. Früher hätte ich das sicher getan. Ein Akademiker aus Wassenaar, dem vornehmen Vorort von Den Haag, ließ sich in sehr gestelzter Sprechweise weitschweifig über das aus, was er die »Amsterdamer Intellektualität« nannte. Er beschäftigte sich eingehend mit »der Gestalt von Frau F., einer, obwohl weiblichen Geschlechts, Theologin von Format« – ich zitiere, daran darf kein Zweifel bestehen –, »die sich sehr gut kleidet, sich so präzise ausdrückt, daß man sie redegewandt und überzeugend nennen kann, und die sich mit sicher nicht uninteressanten Fragen beschäftigt, wenn dieser Zweig der Philosophie einen zu interessieren vermag«. Ich war zu trübsinnig gestimmt, zu traurig, zu gehemmt, sonst hätte ich sicher erklärt, daß über Frau F. doch noch etwas anderes und viel mehr zu sagen wäre. Er ging mehrfach darauf ein, daß von einem erwartet wurde, jeden zu duzen und mit dem Vornamen anzureden. »Den mich behandelnden, übrigens ausgezeichneten Psychiater rede ich mit ›Doktor Yvon‹ an«, sagte er, »das geht ja noch, aber was sollen wir denn davon halten, daß von dem Professor als von ›Willem‹ gesprochen

wird, ja, daß man ihn sogar so anredet.« Er wurde übrigens überraschend schnell gesund, und ich dachte: Ich werde nie mehr gesund werden.
Eine Schwester mit dem seltsamen Namen »Troje« leitete die Patienten-Personal-Versammlung. Sie hatte die Beine geschickt untergeschlagen, von Zeit zu Zeit rätselhaft lächelnd und immer freundlich. Mit einem Pfleger, den meine Frau den »kleinen Bruder« nannte, kam ich besonders gut aus. Er war immer eifrig beschäftigt. »Fußmassage hilft Ihnen mehr als Schlaftabletten«, sagte er. Er massierte mich, rieb meine Füße erst mit Öl ein. »Sie müssen fragen, ob man Ihnen Johannis-Öl mitbringen kann, das wird von der Haut ganz aufgenommen.« So geschah es. Er erzählte von dem Haus, das er besaß, und sagte, wie sehr er bedauere, nur zeitlich befristet angestellt zu sein.
Die Atmosphäre auf der Abteilung war gut, jedenfalls nicht so, wie viele Menschen sie sich auf der »unruhigen Abteilung« einer großen psychiatrischen Klinik vorzustellen pflegen. Mit überaktiven oder aggressiven Patienten hatte man keinerlei Schwierigkeiten. Sie wurden in die Isolierzelle gebracht, ihre Mahlzeiten bekamen sie auf dem Gang, und wenn sie sich wieder einordnen konnten, kamen sie auf die Abteilung zurück.
Troje fürchtete sich vor reizbaren, möglicherweise aggressiven Patienten ebensowenig, wie der Rhein sich vor Lachmöwen fürchtet. War sie innerlich schon dort, wo nichts mehr den Frieden stört? Was war ich verglichen mit ihr, mit Menschen, die still ihren Weg gehen?
Mein Zimmergenosse, ein freundlicher Herr von etwa achtzig Jahren, hatte ein Hautleiden. Mehrmals täglich rieb er seine schuppige Haut von Kopf bis Fuß mit Salbe ein. Nach seiner Verlegung in eine andere Abteilung kam er oft zu Besuch, um eine Partie Schach zu spielen mit dem »Naturwissenschaftler«. Die Abteilung, in der er jetzt war, kam ihm wie ein »Beinhaus« vor. Er erzählte, daß sein alter Mastiff schwer krank sei. Gespräche über Hunde schaffen immer ein Band.

Wen würde ich nun als Gesellschaft bekommen? Herr T. schien mir sehr geeignet. Als ich ihm das sagte, begann er, mir sein Herz auszuschütten. Seine Hochzeit mit einer Angehörigen des Königshauses stünde unmittelbar bevor. Wenn er die Abteilung verlassen dürfte, würde er sie morgen treffen. Nur ein paar Kleinigkeiten bildeten noch ein Hindernis, denn man versuche ihm Steine in den Weg zu legen. Manchmal wurde er während einer seiner Geschichten ganz rot, nicht im Gespräch mit mir, aber mit anderen. Das Abteilungspersonal bezweifelte, daß er der am besten geeignete Mann sei, den Platz von Herrn I. einzunehmen.

Ein Junge aus Surinam, den ich nicht verstehen konnte, kam immer wieder kurz vorbei. Das Pflegepersonal sah es nicht gern, daß er ständig um Zigarren bat. Ich hatte nichts dagegen. So tat ich wenigstens etwas Nützliches. »Nicht nur so eine kleine Zigarre, auch ein paar große«, sagte er. Wenn er konnte, lag er mit einem kleinen Radio im Bett. Er war ein Virtuose in der Wahl gräßlicher Musik. Ab und zu äußerte er sich über sexuelle Neigungen. Der »Naturwissenschaftler«, der Probleme mit seiner Scheidung hatte, stellte immer wieder fest: »Die beste Geliebte in deinem Leben ist deine rechte Hand.« Für mich gab es keine Sexualität mehr, ich kannte sie nur noch in Form von Schuldgefühlen.

Mahlzeiten waren für mich nicht die angenehmsten Augenblicke des Tages. Troje und der »kleine Bruder«, sie versuchten für gute Stimmung zu sorgen. Aber es kamen Dinge vor, die auch sie nicht in der Hand hatten. Otto litt aufgrund seiner Geisteskrankheit an einer Bewegungsstörung. Sein Körper berührte den Boden nicht mit den Fußsohlen, sondern mit den Zehenspitzen. Zwischen zwei Pflegern wurde er in den Eßsaal gebracht. Aus seinen Mundwinkeln liefen zwei Speichelrinnsale. Schweiß stand ihm auf der Stirn. Der jugendliche Neurologe mit dem Aussehen eines Spitzensportlers tat gegen die Folgen der Bewegungsstörung, was er konnte; er bezeichnete Otto als »schizophren«. Zu Recht und doch vergebens war ich jahrelang gegen den Mißbrauch dieses Begriffs als Etikett angegangen. Wenn Otto vor seinem Butterbrot saß, brach er jedesmal, ohne äußeren Anlaß, in herzzerreißendes Gebrüll aus. Manchmal schrie er so laut, daß man sich fragte, ob die Leute auf der Straße ihn nicht hörten. »Schuld, Schuld«, und dann »Gott, Gott«. Ich werde noch heute ganz traurig, während ich darüber schreibe. Warum bleiben Leute, die ihre Mitmenschen auf alle mögliche Weise martern, strahlend gesund, während Otto, ein offenbar sehr sensibler, verletzlicher Junge – wie ich annehme, auch schon vor seiner Psychose –, von grausamen Gefühlen gequält, »Schuld, Schuld« herausschreien muß, oder »Gott, Gott«?

Dieses Erlebnis war nicht das einzige, das mich ängstigte. Das Mädchen, das einen alten Mann, der niemals etwas sagte, sondern nur unverständlich vor sich hin murmelte und seinen Teller wegschob, geduldig häppchenweise zu füttern versuchte, ähnelte Noortje, wie sie gewesen war, als Kathleen zur Welt kam: Sie sang ab und zu leise vor sich hin. Ich machte mir Vorwürfe, daß ich Noortje an ihrem Singen gehindert hatte, indem ich immer wieder in voller Lautstärke Wagner spielte, obwohl sie eine tiefe Abneigung gegen diese Musik hatte und hat. Ich sah sie mir genau an, und auf einmal wußte ich es: Das freundliche, fürsorgliche Mädchen war wirklich Noortje. Daran bestand kein Zweifel. Sie war hier, um mich daran zu erinnern, wie ich sie behandelt hatte. Das Näschen, der freundliche Gesichtsausdruck, wen hätte das nicht überzeugt? Zugleich war mir wohl bewußt, daß ich trotz der antipsychotischen Medikation ein weiteres schweres psychotisches Symptom entwickelt hatte: das Verwechseln von Personen. Offenbar besaß ich in jener Zeit noch die Fähigkeit, mich selbst als psychisch krank zu sehen. Einen einzigen Lichtpunkt gab es während der Arbeitstherapiestunden: Noortje würde kommen. Sie ließ keine einzige Stunde aus. Wenn sie wieder ging, folgte ich ihr, bis sie meinem Blick entschwand. Die echte Noortje gab es also auch noch.

Mittags, zu Beginn der Besuchszeit, erwartete ich sie an der Ecke De Lairessestraat und Valeriusplein. Dann gingen wir mit den Hunden in den Vondel-Park. Auch abends gingen wir spazieren, aber dann ohne die Hunde, und immer saßen wir auf derselben Bank, bei den Weiden und Pappeln, bis die Tage so kurz wurden, daß es nicht mehr ging. Daß gerade dort immer wieder Reiher niederstrichen, um mit vorsichtigen Schritten durch das Wasser zu stelzen, machte mir angst. Das mußte doch etwas bedeuten! Verbargen sich nicht ganz andere Wesen in den meist so stillen, aber manchmal schrille Schreie ausstoßenden Tieren?

Einmal begegnete uns Kollege Christoffels. Er fragte, was denn wäre. Ich sagte: »Ich bin hier in der Valerius-Klinik, wegen präseniler Demenz.« Ich hatte ihn ausgebildet. Er war gerade auf dem Wege zur Besprechung mit den Mitarbeitern des Analytischen Instituts, das ganz in der Nähe lag. »Wie schrecklich für Sie«, sagte er. »Wie machtlos wir sind in solchen Situationen!«

Ende August wurde ich in eine andere Abteilung verlegt. Dort wurde die »Tür zur Außenwelt« nicht abgeschlossen. Dabei hatte die abgeschlossene Tür mir gerade ein Gefühl der Sicherheit gegeben. Die Abteilung hatte einen großen Aufenthaltsraum, und ich traf dort freundliche Menschen. Ein junger Mann spielte mit einer Mitpatientin Spiele. Ich wußte überhaupt nicht, warum sie in die Valerius-Klinik aufgenommen worden waren. Menschen zu sehen, die Spiele spielten, machte mich noch ängstlicher, noch trauriger. Ich konnte das nicht mehr, ich würde es niemals mehr können. Es wurde sehr viel Tischtennis gespielt, und wenn ein Patient wütend auf die Pfleger war, warf er ihnen vor: »Statt mit uns zu reden, steht ihr ständig an der Tischtennisplatte.« Diese Platte stand genau vor meinem Zimmer, das ich mit einem anderen Patienten teilte. Er stammte aus einem abgelegenen Dorf auf dem Lande, an der Vecht. Unendlich oft hörte ich »ping-pong«, wenn ich schlafen wollte, und fühlte jede Berührung des federleichten Balles mit dem harten

Holz wie einen schweren Schlag gegen den Kopf, und immer wieder wurde ich davon wach, wenn ich gerade eingenickt war.
Es gab einen Pfleger, mit dem ich verhältnismäßig viel Kontakt hatte, einen jungen Mann mit einem ambonesischen Namen und ebensolchem Äußeren. Er hatte offensichtlich Mitleid mit mir. Auch er war nur auf Zeit angestellt. Später arbeitete er noch manchmal aushilfsweise. Er erzählte mir aus seinem Leben. Ab und zu begleitete er als Pfleger Krankentransporte, manchmal bis weit nach Deutschland hinein. Ein anderer Pfleger war mir zugewiesen worden, um mit mir ein Programm aufzustellen und zu besprechen, ob und wie weit ich es ausführen könnte. Sein Name ließ mich, genauso wie Troje und Taal, an der Realität dessen zweifeln, was ich wahrnahm. Sein Charakter und seine Persönlichkeit stimmten mit diesem Namen überein. Er war außergewöhnlich intelligent und benutzte sein Denkvermögen, jedenfalls kam es mir so vor, um mich davon zu überzeugen, daß das meine nicht mehr so gut funktionierte. Auch sportlich war er begabt, er spielte ausgezeichnet Tischtennis. Manchmal sprang er an den Türrahmen und hing daran wie ein Affe, womit er uns seine gute Laune und seine hervorragende Kondition demonstrieren wollte. Man könnte meinen, daß einer der Beweggründe, warum jemand einen pflegerischen Beruf ergreift, darin bestehe, daß er so ständig die Erfahrung machen kann: Ihr seid krank, aber ich bin gesund. Allerdings fand ich es sympathisch, daß er sich halb vegetarisch ernährte: Fisch, kein Fleisch. »Diese Tiere bekommen niemals das Tageslicht zu sehen, sie stehen auf viel zu engem Raum. Ich will kein Fleisch, das aus der Bio-Industrie stammt.« Ich fürchtete mich vor ihm. Wenn ich vor lauter Angst heftig an meiner Zigarre zog, bekam ich zu hören: »Sie interessieren sich offenbar mehr für Ihre Zigarre als für das Gespräch mit mir.« Vielleicht war seine Eifersucht auf das, was ich einmal gewesen war, stärker als seine Wahrnehmung des Zustandes, in dem ich mich nun befand. Ich

bin nicht nachtragend. Die Leute benehmen sich dem einen Menschen gegenüber so ganz anders als gegenüber dem anderen, daß man daran zweifeln kann, ob die Persönlichkeit überhaupt eine eigene Substanz hat und nicht in ihren Beziehungen aufgeht.

In der Valerius-Klinik aßen Pfleger und Schwestern mit den Patienten. Eine gute Gewohnheit. Ein Pfleger schmierte die Butterbrote für einen blinden Mitpatienten, der außerdem Diabetiker war und für den sehr gut gesorgt wurde. Die verschiedensten Diäten wurden zubereitet, und wenn ich Küchendienst hatte, fiel es mir sehr schwer, die richtige Mahlzeit auf den richtigen Platz zu stellen. Darin sah ich wiederum eine Bestätigung meiner Demenz.

Als ich verlegt wurde, wollte ich in der Arbeitstherapie der »Aufnahmeabteilung« bleiben, aber das entsprach nicht den Regeln. Zu Recht nicht. Die Arbeitstherapie fand jetzt ganz oben im Gebäude statt. Eine sehr nette, geduldige junge Frau half mir bei den Passepartouts. »Legen Sie doch ein großes Dreieck an«, riet sie mir. »Sie wissen, wenn eine Ecke nicht stimmt, dann stimmen die anderen auch nicht.«

Ich dachte an einige meiner Kollegen, die jetzt ihren Beruf ausübten. Das konnte ich nicht mehr. Sie führten ein sinnvolles Leben. Ich dagegen werkelte hier herum und tat Dinge, die ich nicht tun wollte und die ich, selbst wenn ich sie hätte tun wollen, nicht tun konnte. Ich war genauso verdorrt wie die Pflanzen auf dem Fensterbrett. Wie hoch es hier war!

Man wurde zum Malen ermutigt. Ich versuchte eine Zimmerpflanze zu malen. »Es ist gut«, sagte die Arbeitstherapeutin, »daß Sie es gewagt haben, die Farben ineinanderfließen zu lassen.« Ich sah genau, daß das, was ich tat, scheußlich war. Es war weder gekonnt noch spontan. Es ließ nur meinen Abbau erkennen. Ich konnte nie das Material finden, das ich brauchte, und wenn ich es benutzt hatte, konnte ich es nicht wieder an seinen Platz legen; ich wußte nicht, wohin es gehörte. Das Abwaschen der Farbe führte zu

Panscherei und Geschmier und zu der Angst vor der berechtigten Frage: »Wer hat hier alles mit Farbe beschmiert?«
Unsere Abteilung grenzte an mehrere Säle, in denen demente alte Menschen gepflegt wurden. Ich hörte, wie das Waschen und Versorgen dort schon sehr früh begann. Manchmal sah ich jemanden von Sohn oder Tochter Abschied nehmen. Nachts hörte ich ab und zu Jammern oder Schreien, und ich versuchte meine Ohren zuzustopfen und es nicht zu hören.
Manche Patienten litten an nächtlichen Delirien, Verwirrungszuständen mit heftiger Angst, und es war diese Angst, die sie rufen und schreien ließ. Würde ich auch bald so in Panik geraten, daß ich es nicht mehr aushalten könnte?
Zum Küchendienst gehörte auch das Abwaschen der Teller, Messer und Gabeln der Abteilung, und es wurde mir klar, daß im Leben eine Zeit kommen kann, in der man selbst zu so einfacher Arbeit nicht mehr imstande ist. Ein Teil der Teller kam in einen Schrank, ein anderer auf einen Wagen. Dieser Wagen, eine Art verstärkter Servierwagen, wurde abends herumgefahren. Er wurde der »Breiwagen« genannt. Eine Auswahl an Milchspeisen, von denen ich die eine noch unappetitlicher fand als die andere, war darauf angeordnet, zur großen Freude vieler Mitpatienten, die auf diese Weise, auch wenn sie ohnehin schon zu dick waren, noch zusätzliche Kalorien bekamen. Eine der Nebenwirkungen antipsychotischer, angsthemmender Mittel ist gesteigerter Appetit, jedenfalls stärkeres Eßbedürfnis, so daß viele Patienten immer Hunger haben und beträchtlich zunehmen. Die Klinikleitung hielt an der Einrichtung des »Breiwagens« zu Recht fest: Warum soll man Patienten, die ohnehin wenig Freude haben, noch etwas wegnehmen?
Ich bekam abends einen Pudding, den Noortje mitbrachte, nicht um den Hunger zu stillen, sondern weil die mitgebrachte Süßspeise symbolische Bedeutung hatte. Ich hatte Angst, wenn Noortje bei mir war, aber wenn sie wieder ging, waren Angst und Kummer noch stärker. Das Zusammensein

in meinem Zimmer war eine Qual. Sie war der Mensch, den ich am liebsten bei mir hatte, ich sehnte mich nach ihr, aber ihre Anwesenheit machte mich keineswegs glücklich, weil die Angst während ihres Besuches noch stärker wurde, als sie schon war. Eine erschreckende Möglichkeit, die offenbar in unseren psychischen Apparat eingebaut ist: Wir können sehnsüchtig nach jemandem verlangen und doch durch unsere Angst todunglücklich werden, wenn der Mensch bei uns ist, von dem allein unser Glück abhängt. Man könnte von einer »verinnerlichten Tantalusqual« sprechen. Ich brachte Noortje zum sichtbar älter werdenden Auto, und dann drohte die Unmöglichkeit, Abschied zu nehmen. Ich konnte sie nicht gehen lassen. Ob sie mir verziehen hatte? Ob ich sie wiedersehen würde? Ob ich alles anders und besser hätte machen können? Ich wollte ein Stückchen mitfahren und stieg dann aus, schaute ihr nach, bis ich sie verschwinden sah. Dann ging ich zurück durch einsame Straßen. Ich sah in Schaufenster und glaubte, nicht zu verstehen, wozu die ausgestellten Gegenstände dienten, und ich begriff noch weniger, warum Menschen diese Dinge sollten kaufen wollen. Ich würde noch eine Weile im Aufenthaltsraum bleiben müssen. Fernsehen machte mir angst. Lesen konnte ich nicht, Spiele spielen schon gar nicht. Von meinem Bett aus versuchte ich an die abendliche Medikation zu kommen. Dünne Beine kamen unter meinem Bademantel hervor. Der Pfleger, dem ich anvertraut war, rief aus: »Ich wußte nicht, daß der Karneval schon angefangen hat!« Im Bett döste ich aufgrund der Medikamente ein, wenn die Zeit gekommen war, in der nicht mehr Tischtennis gespielt werden durfte. Versuche, die Dosis zu verringern, waren erfolglos, denn dann konnte ich die Ängste überhaupt nicht mehr aushalten.

Die Medikamente hatten nicht nur die beabsichtigte Wirkung, sie hatten auch Nebenwirkungen. Ich kam von der Arbeitstherapie und merkte plötzlich, daß ich irgend etwas Loses, Hartes im Mund hatte. Ich hatte auf nichts gebissen, die Zähne fielen mir offenbar einfach aus. Der Zustand der Verwesung, dachte ich. Unter der Bedingung, daß meine Frau mich begleitete, durfte ich zum Zahnarzt gehen. Wir gingen zu Dr. V., bei dem ich mich immer gut aufgehoben fühlte. Was ich im Mund hatte, war mehr sein Werk als das der Natur: Brücken, Kronen. Er hatte viele Apexresektionen vorgenommen, entzündete Wurzelspitzen entfernt. Er hat sich immer energisch geweigert, eine Rechnung zu schikken. Ich habe irgendwann einmal etwas für ihn getan, eine Kleinigkeit nur, für die aber eine gewisse Schlagfertigkeit notwendig gewesen war. Dieser sanftmütige, fachkundige Mann war vor Jahren einmal in meinem Beisein von seinem Chef in einer Art und Weise behandelt worden, die mich empört hatte. Ich brauchte keine zwei Sekunden, um eine Salve abzufeuern, die mittschiffs traf und eine Havarie verursachte.

Frau V. assistierte ihm in der Praxis. Ich merkte, daß beide erkannten, wie sehr ich mich verändert hatte. Die Untersuchung meines Gebisses führte zu einem traurigen Schluß: »Aufgrund der Medikamente haben Sie keine schützende Speichelschicht mehr, und dadurch sind viele Teile so schwer angegriffen, daß ich sie nicht mehr reparieren kann.« Ich fragte, ob ich ein Gebiß brauchte, das man vornehm als Prothese bezeichnet. Nein, das nicht. Überall Verfall, sowohl in meinem Mund als in meinem Kopf. Er wollte mich an jemand anders überweisen. Ich protestierte und machte ihm nachdrücklich klar, daß ich mich keinem anderen anvertrauen wollte und konnte. »Sie wissen doch«, argumentierte ich, »sobald jemand anders sich an meinem Gebiß zu schaffen macht, bekomme ich wieder einen Kieferabszeß.« Er erklärte mir überzeugend, warum er die Überweisung für notwendig hielt.

Der Zahnarzt, zu dem er mich schickte, erwies sich als jemand, mit dem ich auch sehr gut zurechtkam. Wie Van Tilburg spielte auch er Orgel und konnte darüber sehr fesselnd und anschaulich erzählen. Viel später sollte in unseren Gesprächen auch Bachs »Passacaglia«, die musikalische Gestaltung der düsteren Summe menschlicher Existenz, so manches Mal eine Rolle spielen. Als ich in den folgenden Tagen an den Besuch bei Dr. V. dachte, fragte ich mich: War er es wirklich? Etwas an ihm ließ mich denken: Er ist es nicht, auch wenn er ihm sehr ähnlich sieht. Van Tilburg sagte während unseres nächsten Gesprächs: »Ich habe mit Ihrem Zahnarzt gesprochen. Ihr Gebiß ist in den letzten Monaten schnell verfallen.« Das Wort »Verfall« blieb mir im Bewußtsein hängen.

Über die Gespräche mit Van Tilburg ist manches zu sagen: Er sprach mit mir über die Medikamente, die er mir verschrieb, erklärte mir die Gründe, die seine Auswahl bestimmten, und wies mich auf schädliche Nebenwirkungen der angsthemmenden Mittel hin, meinte aber zugleich, daß es ohne sie nicht ginge, und darin stimmte ich ihm zu.

Mir und auch meiner Familie gegenüber war er äußerst fürsorglich. Wenn jemand ihn, auch mit den besten Absichten, nach mir fragte, gab er keinerlei Auskunft. Wie er es anstellte, daß man mich in Ruhe ließ, konnte ich nicht herausfinden. Niemand wandte sich an mich, aber ich erfuhr dennoch, wer Interesse gezeigt hatte.

Selbst psychoanalytisch ausgebildet, war er natürlich mit allen psychischen Vorgängen vertraut, die zur Depression führen können, zu Schwermut und Hemmungen. Er gab mir keine Deutungen, da er genau wußte, daß sie bei jemandem, der psychotisch ist, keinerlei Wirkung haben oder die Ängste nur verstärken. Er ging von der Realität aus und widersprach meinen Selbstvorwürfen nicht. Er verurteilte mich nicht so streng, wie ich selbst es tat, aber er fragte mich doch, ob in den Selbstvorwürfen nicht ein Kern von Wahrheit stecke. Waren mir Anerkennung und Lob nicht allzu wichtig gewesen? Auf meine Überzeugung, ich hätte eine christliche Psychiatrie lehren müssen, ging er ausführlich ein und tat sie nicht mit dem allzu einfachen Argument ab, daß es so etwas gar nicht gebe oder geben könne. »Sie haben jedenfalls eine

Psychiatrie gelehrt, die den Menschen nicht reduziert, ihn weder nur als Komplex von Molekülen, Atomen und chemischen Reaktionen noch nur als Triebwesen sieht.« Es gelang ihm nicht, mich wirklich zu beruhigen. Ich war sicher, daß ich den Trieben eine zu große Bedeutung beigemessen, Erotik und Sexualität vergöttert, sakralisiert hatte.

»Ich habe Baal gedient«, hielt ich ihm entgegen, und ich dachte dabei an die Verehrung der Natur- und Fruchtbarkeitsgötter durch Völker, die jenseits der Grenzen Israels, wo Jahve verehrt wurde, gelebt hatten. Die Propheten Israels hatten immer wieder gegen die Anbetung von Naturgöttern gepredigt, die man sich nicht zu freundlich vorstellen darf. Die Anbetung von Phallussymbolen findet man zwar auch in unserer Gesellschaft, und man kann sie als lebensfrohe Bewunderung männlicher Kraft interpretieren, doch man vergißt dabei leicht, daß diese Götter den erstgeborenen Knaben als Opfer forderten und dies auf die eine oder andere Weise heute noch tun.

Van Tilburg versuchte auf vielerlei Weise, mich zu beschäftigen. Er bot mir an, mein Buch, von dem ich einst so viel erwartet hatte und das ich nun nicht erscheinen lassen wollte, mit mir durchzugehen. Er las es genau und hätte es bedauert, wenn es für immer in einer Schublade verschwunden wäre. Seit dem Ausbruch meiner Krankheit war dieses Buch in meinen Augen ein Ausdruck geistigen Hochmuts, hochtrabender gelehrter Wichtigtuerei. Es ist keineswegs eine rein theoretische Schrift; ich habe darin meine Lebensüberzeugung zum Ausdruck gebracht. Van Tilburg hat dem Buch und damit auch mir Stunden gewidmet. Er hatte mich angeregt, über die Möglichkeiten des Glücks zu schreiben, nun arbeite ich an einem Buch über meine Wahnwelt. Ich hatte meine Mitmenschen auf den Zusammenhang aller Dinge hinweisen wollen, statt dessen wurde ich wahnsinnig. Ich hatte geglaubt, ein Schüler Platos sein zu können, der über die Freundschaft schreibt, welche die Seele erhebt, aber ich war in den Abgrund getaumelt.

Warum ich mir in meinem kranken Zustand vorwarf, zu überheblich gewesen zu sein, wird deutlich, wenn ich etwas über den Inhalt meines Buches und vor allem über die Erfahrungen mitteile, die mich zum Schreiben dieses Buches veranlaßt hatten. Ich hatte mich jahrelang in die griechischen Philosophen vertieft, die in Vorderasien und dem heutigen Süditalien, in »Magna Graecia«, zu einer Zeit gelehrt hatten, ehe die Gestalt des Sokrates auf der Weltbühne erschien, und die man als »Vorsokratiker« bezeichnet. Sie alle haben etwas Gemeinsames. Ihre Suche galt dem Ursprung und der Entstehung des Kosmos, der Wirklichkeit. Religiöse Erklärungen befriedigten sie nicht mehr, sie wollten auch die natürlichen Ursachen von Entstehen und Vergehen der Dinge erkennen. Diese Philosophen regen die Phantasie an, sie sind von einem Mysterium umgeben; ihre Aussagen sind oft schwer zu begreifen und zu interpretieren. Sie entwickelten nicht nur tiefsinnige Gedanken über den Ursprung aller Dinge, manche von ihnen waren auch große Gesetzgeber, Politiker, die im Leben der Polis, des griechischen Stadtstaates, eine Rolle spielten; andere waren Ärzte, und einige hatten etwas von magischen Wunderheilern. Sie verließen die dunklen Gefilde von Mythos und Naturanbetung, ihre Aussagen, obwohl sie dunkel scheinen, öffnen weite Fernblicke. Sie legten das Fundament für die moderne Naturwissenschaft, in gewissem Sinne für alles wissenschaftliche Denken. Es ist, als ob das Licht Süditaliens, vielfach gespiegelt durch das glänzende Meer, in ihren Gedanken Gestalt geworden sei.

Zwei Völker haben unser Bewußtsein, unsere Kultur geformt: die Israeliten und die Griechen. Zwischen den Gedankengängen der Vorsokratiker und dem Denken derer, die das Alte Testament geschrieben haben, besteht ein fundamentaler Unterschied. Den Israeliten geht es um Ihn, Jahve, der sich als Person manifestiert, die handelnd in die Geschichte, auch in unsere Lebensgeschichte, eingreift; den Vorsokratikern geht es um das Sein, um die kosmischen Gesetzmäßigkeiten. Für den Gott Israels, auch wenn er weder »an der Zeit noch an der Ewigkeit gemessen« werden kann, ist die kurze Zeitspanne unseres Lebens von einmaliger Bedeutung, sind unsere Jahrzehnte in ihrer Einmaligkeit von Gewicht; die Vorsokratiker dagegen denken in »Äonen«. Die sich in der Wirklichkeit abspielenden Prozesse erstrekken sich über Zehntausende, Hunderttausende von Jahren, und in diesem Ganzen ist unser Leben von geringerer Bedeutung als ein Staubkorn auf der Waagschale.

Der vorsokratische Philosoph, der mich am stärksten angesprochen und am tiefsten berührt hat, ist Parmenides. Von diesem Seher sind geheimnisvolle Fragmente überliefert. Bei meiner Lektüre über ihn habe ich erfahren, daß die Reste der Stadt, in der er gelebt hat, des früheren Elea, das heute Velea heißt, bewahrt geblieben sind. Daher heißen auch die Philosophen, deren bekanntester Parmenides ist, »Eleaten«.

Für mich ist das Abstrakte nur in Verbindung mit dem Konkreten lebendig, der Gedanke nur in Verbindung mit dem, was man sieht, hört und riecht. Und so begaben Noortje und ich uns vor Jahren mit unserem Wohnmobil und in Gesellschaft unserer Hunde in die Gegend, in der Parmenides gelebt hat. Von einem vorgeschobenen Felsen ließ ich den Blick über den Golf von Policastro schweifen, hinter dem sich ein Gebirge hinter dem anderen erhebt, bis er sich in irisierenden Lichtnebeln verliert. Wie veränderlich ist doch alles! Bei jedem Lichteinfall bietet das Gebirge ein anderes Bild. Die silbergrauen Blätter der Olivenbäume reflektieren das Sonnenlicht, und Blumen blühen in vielerlei Farben, aber es wird Herbst werden und Winter.

Ich war davon überzeugt, daß auch mir, sozusagen an der Hand des Lehrmeisters, der hier vor Hunderten von Jahren gestanden hatte, ein visionärer Blick auf das unveränderliche wahre SEIN zuteil wurde. Der Tempelkomplex von Paestum, das Bild eines sich nie verändernden, unantastbaren, niemals dem Verfall preisgegebenen Seins, erhob sich vor meinem inneren Auge, fest und sicher in seiner ewigen Bestimmung verankert. Also doch! Ich sah auch, wie die Berge, die aus dem Meer aufsteigen, durchsichtig wurden wie Kristall, durchsichtig und gut, so wie sie sind, so und nicht anders, unberührt von der Vergänglichkeit. Es war, als ob sie nicht mehr von außen mit wechselnder Intensität von der Sonne erleuchtet wurden, sondern aus sich selbst heraus strahlten. Jeder, dem eine solche Erfahrung zuteil geworden ist – und nur wenigen Menschen ist sie es nicht –, weiß, daß Worte nicht ausreichen, um sie zu beschreiben.

Der Blick, der einst über die Berge schweifte, stieß sich nun an den Wänden einer Isolierzelle. Die Vision war nur eine Illusion gewesen. So entglitt mir alles. Ein anderes Wort, auch von einem der Vorsokratiker, bekam für mich nun vernichtende Gültigkeit: »Woher ein jedes kommt, dahin vergeht es auch, büßend für getanes Unrecht nach dem Gesetz der Zeit.« Ich machte mir Vorwürfe: Du hast nach dem Sinn des Lebens gesucht, Philosophie studiert und darum geglaubt, das Leben wirklich ernst zu nehmen. Aber ist es nicht besser, gar nicht zu suchen und dein Leben naiv zu leben, statt in der falschen Richtung zu forschen, und bringen all die großen Worte über das ewige Sein nicht nur zum Ausdruck, daß du dich selbst allzu wichtig genommen hast? Ich hatte geglaubt, daß Liebe zum anderen solche Visionen möglich gemacht hätte. Aber hatte ich in Wirklichkeit nicht meine Passionen zur Religion gemacht und Abgöttern gedient, Idole errichtet, indem ich den anderen idealisierte? Ich war an Leib, Geist und Seele gebrochen, und das war meine eigene Schuld; ich wurde gestraft für meinen Hochmut.

Meine Psychose verstärkte sich, das Feuer schürte sich selbst, und Van Tilburg konnte mich mit seinen Worten nicht mehr erreichen. Ich begann an der Wahnvorstellung zu leiden, daß der Mann, der vor mir saß und der doch niemand anders als Van Tilburg sein konnte, nicht Van Tilburg war, und ich glitt hinweg.

Seine sorgsam gewählte Medikation, auch darauf gerichtet,

daß ich nicht allen Halt und jedes Bewußtsein der Realität verlor, konnte doch nicht verhindern, daß ich psychotisch wurde, mit einem Wort verrückt, daß ich durch das Tor ging, über dem geschrieben steht: »Laßt, die ihr eingeht, alle Hoffnung schwinden.«

Kapitel 7

Wieder zu Hause

Jeder Mensch hat bei sich selbst schon einmal festgestellt, wie sehr Stimmungen und Gefühle Wahrnehmung und Denken beeinflussen. Die Welt sieht bedrohlich aus, wenn man Angst hat. Aber mein Blick auf die Wirklichkeit veränderte sich nicht auf diese Weise.

Ich ging den Weg zum Ausgang der Valerius-Klinik hinunter, durch die Pforte zur Straßenecke, und wartete dort, bis meine Frau mit den Hunden kam. Zwei Elstern flogen auf, ihre blauschwarzen Federn reflektierten das Licht. Ihre Anwesenheit zog einen Schleier fort, verschaffte mir eine klare Erkenntnis. Ich wußte plötzlich: Dies ist nicht die normale Wirklichkeit. Ich begann nun, alles zu verstehen, was verborgen war. Ich habe die Grenze schon überschritten, die Leben und Tod scheidet. Noortje kam angefahren, und wir konnten mit den Hunden spazierengehen. »Guten Tag, wie geht es dir? Was ist denn, du siehst mich ja an, als ob ich eine Fremde sei.« Ich dachte nur: »Das bist du auch.« Im Vondel-Park sah ich noch mehr Elstern. Aus einem hohen Baum hörte ich merkwürdige Töne, die ich als das Kreischen hellgrüner Papageien erkannte, die sich dort niedergelassen hatten. Dann sah ich sechs von ihnen hintereinander vorüberfliegen. Dies ist also nicht die normale Wirklichkeit, überlegte ich, denn so viele kann es hier gar nicht geben.

Ich hatte keine andere Wahl, ich mußte einfach weitermachen, das heißt mich so verhalten, wie ich es seit meiner Aufnahme in die Valerius-Klinik getan hatte, auch wenn ich davon überzeugt war, mich nicht mehr in der normalen Welt zu befinden. Ich führte, wie bereits gesagt, regelmäßig Gespräche mit Van Tilburg. Eines der Themen dieser Gespräche war immer wieder meine Überzeugung, daß ich aus meinem Leben nichts gemacht hätte. Das Gesicht des Mannes, der vor mir saß, war nicht das Gesicht des echten Van Tilburg. Auch sein Haar sah anders aus. Aber vor allem war sein Blick nicht derselbe wie früher.

Durch das Fenster seines Zimmers konnte ich erkennen, daß auf dem Dach eines Hauses auf der anderen Straßenseite ein Fahrrad stand. Ich fragte mich, wie es dorthin kam. Dies war für mich ein Zeichen: Genauso habe ich den Dingen einen falschen Platz gegeben, einen Platz, an den sie nicht gehören und an dem sie auch keinen Sinn haben. Ich fragte Van Tilburg geradeheraus, wie ich es in den kommenden Monaten noch oft tun sollte: »Sind Sie Van Tilburg? Sie sind nicht Van Tilburg.« Manchmal kamen mir allerdings Zweifel. Er muß es sein, es ist doch nicht möglich, daß er es nicht ist?

Die Medikation hatte nicht wirklich geholfen, alle Versuche, mich zu aktivieren, waren fehlgeschlagen: Einkaufen, in der Straßenbahn sitzen, Museen besuchen – alles war eine einzige Qual für mich. Die Konsequenz war unvermeidlich: Der Aufenthalt in einer Klinik hatte keinen Sinn mehr. Ich durfte nach Hause, obwohl ich nicht geheilt war.

Auch zu Hause lebte ich in einer Welt, von der ich wußte, daß sie nicht die normale war. Ich lebte in einer Scheinwelt, und daraus schloß ich immer wieder aufs neue, daß ich schon tot war. »Noortje, ich will wissen, wer den Trauergottesdienst geleitet hat. Ihr habt mich doch nach Zorgvlied gebracht, und dabei weißt du sehr gut, warum ich dort nicht begraben werden wollte. Das hättet ihr mir ersparen müssen. Vreeken, der Sekretär der Examenskommission, wird wohl während der Trauerfeier nach meinem Tode gesprochen haben. Unsere Zusammenarbeit war immer angenehm.« Vielleicht hat Leendert Kievit das Begräbnis leiten können, oder auch Noortjes Bruder. Eigentlich ist das am wahrscheinlichsten. Noortje entgegnete: »Aber du sitzt mir doch hier gegenüber, du atmest, du bewegst dich.«

...stehend, sprechend, gehend, und doch so tief im Schlaf. Das kann auch im Tode so sein. Und doch blieb es auch für mich rätselhaft, eigenartig. Es konnte nicht ganz stimmen, und ich dachte darüber nach, aber ich konnte das Rätsel noch nicht lösen. Das würde noch eine Weile dauern. Wenn ich tot bin, und ich habe danach noch irgendeine Art von Bewußtsein, dann muß ich doch wissen, wie es ist zu sterben und wie ich gestorben bin. An einem Herzinfarkt, das wäre das Nächstliegende. War Van L. damals schon gestorben? Ich weiß es nicht mehr, aber ich hörte viel über Infarkte und ihre Folgen. Nein, ich werde auf dem Wege von meiner Analyse-Sitzung zum Amsterdamer Medizinischen Zentrum zu schnell gefahren sein. Man hat mich mit Schneidbrennern aus dem Wrack unseres alten Autos befreit. Da war ich schon tot. So wird es gewesen sein.

Van Tilburg empfing uns manchmal zusammen. Noortje trug das Kleid, das sie für unsere Silberhochzeit gekauft hatte. Die hatten wir in Brügge gefeiert, und danach hatten wir die Hunde Oggi und Bliss abgeholt. Das Kleid gab mir einen gewissen Anhaltspunkt, und in Gebärden und Formulierungen ähnelte die Gestalt, die da saß, Noortje doch sehr. Ein schrillendes Telefon. »Würden Sie das Telefon bitte jetzt nicht durchstellen«, sagte Van Tilburg zu seiner Sekretärin, »für eine halbe Stunde.« Das Fahrrad stand noch auf dem Dach. »Warum steht dieses Fahrrad noch auf dem Dach?« Van Tilburg: »Das weiß ich nicht.« »Ich aber. Dies ist nämlich eine Scheinwelt. Und warum haben Sie Ihr Zimmer so hoch oben im Gebäude? Die Straße liegt wirklich sehr tief unter uns, die Räume, in denen die Arbeitstherapie stattfindet, sind auch schon so schrecklich hoch.«

Die Zeit zwischen meiner Entlassung aus der Valerius-Klinik und der folgenden Aufnahme in das Psychiatrische Zentrum Bloemendaal – gut eineinhalb Jahre später – kann man zwar in einzelne, kürzere Perioden einteilen, doch die Entwicklung meiner Gedankengänge war kontinuierlich.

Mein Tagesablauf war jeden Tag der gleiche. Ich lag bis

zwölf Uhr im Bett, bekam mein Medikament und ging nach unten. Bis das Mittel zu wirken begann, fühlte ich mich elend vor Angst und lief oft händeringend hin und her.
Noortje fragte: »Willst du eine Tasse Kaffee?«
»Ja. Bist du es auch wirklich?«
»Willst du noch eine Tasse Kaffee?«
»Nein. Du bist es nicht.«
»Ich muß eben zum Bäcker.«
»Oh, ich warte schon.«
Wenn Noortje fort war, wuchs sich die Angst oft zu einem Zustand von Panik aus, den ich mit den »Goldberg-Variationen« zu dämpfen versuchte.
Danach aßen wir zu Mittag, und um Viertel nach eins ging ich schnell wieder zu Bett, flüchtete mich in den Schlaf, den das Medikament möglich machte. Nach dem Mittagsschlaf gingen wir mit den Hunden im Vondel-Park spazieren. Das war gleichermaßen eine Qual. Abends nach dem Essen half ich beim Abwaschen, und um acht Uhr sahen wir uns die Nachrichten an. Manche Reklame-Spots bestätigten meine Überzeugung: Dies ist nicht die normale Welt! Danach gingen wir zurück ins Wohnzimmer. Ab und zu kam am Abend Besuch, Willem mit der größten Regelmäßigkeit: einmal in der Woche. Noortje machte Kaffee, denn Willem hatte versprochen zu kommen. Bliss setzte sich auf den Stuhl am Fenster und sah hinaus. Das war für mich der soundsovielte Beweis, daß diese Welt, in der ich lebte, nicht die normale sein konnte; der Hund konnte doch nicht wissen, daß Besuch kommen würde, dachte ich, oder man müßte von der Hypothese ausgehen, daß er es daraus erriet, daß Noortje Kaffee machte. Aber so weit reichen die Hirnfunktionen von Hunden nicht.
Es klingelte, ein junger Mann kam herein, der von den Hunden auf die übliche Weise mit Anspringen und Gekläff begrüßt wurde. Ich schreckte vor ihm zurück. War das auch wirklich Willem? Die merkwürdige Art, wie er zuweilen den Mund verzog, überzeugte mich davon, daß er nicht Willem

sein konnte. Der hatte diese Mimik nicht. Die Dreiviertelstunde zwischen der Ankunft des Besuchs und dem Zeitpunkt, zu dem ich ins Bett gehen durfte, verging einfach nicht. Ich wußte nicht, was ich zu Besuchern sagen sollte. Unzählige Male habe ich gefragt: »Willem, bist du es wirklich?« Die bejahende Antwort habe ich fast nie geglaubt.
Auch Reinier kam zu Besuch. Er sah ganz feierlich aus, in einem Anzug, wie ihn ein Arzt trägt, der zu einer Sitzung der Klinikleitung geht, und er hatte seine Hände von Motoröl gereinigt. In einem flotten Pullover wäre er mir vertrauter gewesen. Meistens brachte er Blumen mit, manchmal eine Flasche Wein. Wer auch immer zu Besuch kam, ich wartete ungeduldig auf Viertel nach neun, dann durfte ich ins Bett, nachdem ich mein Medikament genommen hatte. Erst noch mit den Hunden um den Häuserblock. Dieser Weg erschreckte mich nicht so wie der Spaziergang zum Frederiksplein, denn da hing ein Plakat, auf dem stand: »Mein Gehirn ist gestohlen worden.« Und dazu hieß es, daß der Betreffende sein Gehirn bei einem Computer-Zentrum wiederbekommen könnte. Wieder ein Beweis, daß ich mich nicht in der normalen Welt befand – also Beweise im Übermaß!
Manchmal gingen wir mittags mit den Hunden nicht in den Vondel-Park, sondern an einen Ort am Ufer des Ijsselmeeres, der schwer zu finden ist. Da konnten sie ohne Leine laufen und nach Herzenslust herumschnüffeln. Es war da immer kalt und ungemütlich. Der Wind wehte durch armselige Sträucher. Das Wasser schlug hohe Wellen, hoch für ein so geschlossenes Gewässer. Auch wieder merkwürdig! Der Himmel war immer grau, und wie sollte das Wasser nicht grau aussehen, wenn der Himmel darüber grau war? Manchmal fuhr in der Ferne ein Schiff vorbei, gegen den starken Wind ankämpfend. Erst zehn Minuten nach vier. Auch hier in der ungemütlichen Kälte verging die Zeit langsam.
Wenn wir zum Vondel-Park fuhren, sah ich unterwegs Plakate, auf denen Unmögliches stand. Opern, die es gar nicht

gibt, und unheimliche Schauspiele wurden darauf angekündigt. Wir gingen unter den Platanen entlang. Wie weit es war vom Anfang dieses Weges bis an die Biegung, wo wir nach rechts gehen würden! Endlos weit! Ich würde niemals mehr durch den Park gehen wie ein normaler Mensch, nicht durch den Vondel-Park, nicht durch irgendeinen anderen Park, nirgendwo. Ich ging neben der Gestalt, die Noortje glich. Wenn die Frau neben mir doch Noortje war, dann könnte ich noch einiges wiedergutmachen. Ich würde nicht alles noch einmal und anders tun können, aber ich könnte sie fragen, ob sie Verständnis dafür aufbrächte, wie kompliziert meine Lebenssituation war. Oft bat ich Noortje, irgendwohin zu fahren, damit die Zeit schneller verginge. Diese Fahrten verfehlten jedoch völlig ihren Zweck. Im Auto fühlte ich mich genauso verlassen und voller Angst wie zu Hause. Und doch wollte ich immer wieder fahren. Ich suchte Trost im Trostlosen. Wir besuchten Städtchen und Dörfer in der Provinz Nord-Holland; ich fand das eine noch beängstigender als das andere, und es gab immer irgend etwas, was mich glauben ließ, dies sei nicht die normale Wirklichkeit. Wir fuhren oft an der Amstel entlang nach Ouderkerk, ich sah die jüdischen Gräber und dachte an den Tod und an das, was jenseits des Todes liegt. Danach folgten wir dem Ronde Hoep mit seinen weiten Aussichten. Einmal noch kam Allan mit.

Musik hörte ich kaum noch. Es ängstigte mich, daß Symphonien ein Ende haben. Wie ein Musikstück sich nach einer inneren Logik auf sein Ende zubewegt oder sogar darauf zueilt, in unumkehrbarer Abfolge – so hatte sich mein Leben abgespielt, und was in der Vergangenheit geschehen war, ist unveränderlich, unwiderruflich. Die »Goldberg-Variationen«, die ich durch Willem kennengelernt hatte, hörte ich mir allerdings öfter an, um die Zeit mit irgend etwas zu verbringen. Manchmal fand ich einen gewissen Trost in religiöser Musik, einen Trost, der dann wieder völlig zunichte gemacht wurde durch die Überlegung: Es sind nicht die gesungenen Worte, die dir etwas zu sagen haben, du läßt dich, sentimental, wie du bist, durch die Musik mitreißen, und das bringt dich der Vergebung Gottes bestimmt nicht näher, im Gegenteil. Das Radioprogramm »Discotabel« versäumten wir selten. Die »Messe de Sainte Cécile« von Gounod wurde behandelt. Noortje kaufte die Platte für mich, und an ihrem Geburtstag hörten wir sie uns an. »Himmlische Musik«, war Allans Kommentar beim Kyrie eleison.

Im Sommer, als Van Tilburg in den Ferien war, hielten wir uns ab und zu in unserem Häuschen auf dem Lande auf. Noortje hatte die Idee gehabt, zusammenklappbare Fahrräder anzuschaffen, so daß wir erst ein Stück mit dem Auto fahren und dann von verschiedenen Orten aus Radfahrten unternehmen konnten. Diese Fahrten hatten mir immer viel Freude bereitet, und ich hatte meiner Liebe zu rauschenden Pappeln und Bauerngärten mit bunten Dahlien ausgiebig frönen können. Wir unternahmen solche Touren auch, als ich krank war. Ich sah zwar noch, daß die Landschaft schön war, ich erlebte sie jedoch nicht, ich hatte Angst und wollte nach Hause; aber auch zu Hause ließen mich die Ängste nicht los. Einen Ausflug nach s'-Heerenberg konnte ich noch ein wenig genießen. Der Gang um das Schloß hatte in mir immer Assoziationen an Reisen, an Schlösser und Burgen in fernen Ländern geweckt. Auf dem Wege dorthin sieht man einen blauen, verlockenden Horizont. Wie fern er scheint, und dann sich vorzustellen, daß dahinter Italien liegt, jenseits des St. Gotthards.

Auf dem Rückweg fuhren wir am Nachmittag über die neue Ijsselbrücke in der Nähe von Deventer. Die Felder fügten sich hübsch aneinander. Die verschiedenen Grüntöne leuchteten auf. Es war, als ob die hohen Eichen den Bauernhöfen Sicherheit gaben, wie eine Mutter ihrem Kind. Silbergrau war der Himmel, der alles überspannte, und die Horizontlinie wurde durch einen kantigen Turm markiert. »Wie wunderschön«, dachte ich, »das ist einmalig, und doch kann man dies alles immer wieder aufs neue sehen.« Ich hatte auch früher durchaus wahrgenommen, wie schön es war, aber ich hatte nicht verstanden, was dies alles mir zu sagen hatte. Das Erlebnis der Schönheit wurde zu einem grimmigen Vorwurf: Du hast es gesehen und bis zu einem gewissen Grade auch erlebt, aber du hast nichts damit getan, du hast Stimmen gehört, aber nicht darauf geachtet, was sie sagten, eine Melodie gehört, aber mit der Absicht, die Worte nicht zu beachten. Zu spät! Die Rechnung für soviel Gleichgültigkeit wird dir präsentiert, und es wird sich immer mehr zeigen, wie negativ die Summe deines Lebens ist, immer wieder wirst du sehen, daß die Minuswerte höher sind, als du gedacht hast.

Ich wollte weg, nach Hause, ins Bett flüchten, so viele Tabletten nehmen, daß ich nichts mehr spürte. Mit dem Gefühl der Verzweiflung fiel ich in Schlaf. Die Erfahrung der Schönheit war eine »peak-experience« geworden, ein Höhepunkt des Erlebens, aber mit negativem Vorzeichen, ein tiefer Abgrund, bodenlos wie ein Spalt zwischen Felsen.

In diese Periode meiner Krankheit fiel eines der aufwühlendsten Ereignisse: Allan geriet ebenfalls in die psychotische Verfälschung der Wirklichkeit. Es blieb nicht bei Gedanken an ihn, ich zog auch die Konsequenz daraus.

Ich habe bereits erzählt, wie ich Allan kennengelernt habe. Nachdem ich ihn porträtiert hatte, kam er weiter zu uns. Ich merkte, daß in seiner Gegenwart wehmütige Gefühle und Grübeleien über die Vergangenheit verschwanden. Er war ein lebendiger Erzähler. Er sprach über vielerlei Dinge: Wie er mit seinem Vater Agamemnons Grab in Mykene besucht hatte, wie sie in einem von seinem Vater gebauten Wohnwagen gereist waren und so Tausende von Kilometern zurückgelegt hatten. Mitten im Winter fuhr er mit Freunden nach Q.; auf der nördlichen Auffahrt zum St. Gotthard blieben sie stecken, ließen das Auto zurück, packten ihr Gepäck in Koffer und Seesäcke, darunter auch alle Streichquartette von Beethoven, und setzten die Reise mit der Bahn fort.

Die Nachbarn in Q. meldeten sich: »Bei allem Respekt vor

Ihrem hochkulturellen Geschmack, kann die Stereo-Anlage nicht etwas leiser gestellt werden?« Allan war in seiner Jugend infolge einer langwierigen Krankheit im Wachstum zurückgeblieben. Aber die Natur ist nicht selten großzügig im Kompensieren. Als er die Krankheit überwunden hatte, holte er den Rückstand mehr als ein. Als »dürr und mit zu langen Beinen« bezeichnete er seine eigene Gestalt. In den sechziger Jahren vervollständigte blondes Haar, das in Wellen bis auf die Schultern fiel, das Bild. Man kann sagen, daß er nicht wenig Aufmerksamkeit erregte, wenn wir ins Kino, ins Konzert oder ins Theater gingen. Wir unterhielten uns immer lebhaft. »Immer Gerede«, wie er zu sagen pflegte.

Allan und ich unternahmen viele Wanderungen über abgelegene Pfade im Val Bregaglia und im Engadin, wir versuchten, den Muretto-Paß zwischen Engadin und Valtellino zu überwinden, was uns aber nicht gelang. Es gab keinen Pfad mehr, nur Felsblöcke. Wir gaben Unternehmungen jedoch niemals auf, auch wenn wir ein Jahr später in dieselbe Gegend zurückkommen mußten. Wenn es also nicht gelang, die Paßhöhe über den Nordhang zu erreichen, dann eben von der Südseite, und so fuhren wir über eine erbärmlich schlechte Straße nach Chiareggio, übernachteten dort und erreichten den Paß am nächsten Tag. Von dort aus sah man einen Berg mit einem Namen, der die Phantasie anregt: den Monte Disgrazia, den Berg des Unglücks. Es war ein unvergeßlicher Tag.

Auf diesen Wanderungen pflegte Allan meinen Rucksack zu tragen. Er hatte ständig neue Einfälle. »Wäre es nicht herrlich, jetzt irgendwo Lachs zu essen? Dazu habe ich große Lust.« »Dann müssen wir nach St. Moritz. Willst du dafür tausend Meter hoch fahren, über den Maloja-Paß?« »Warum eigentlich nicht?« Nachdem wir den Lachs gegessen hatten, auf den Allan plötzlich solchen Appetit bekommen hatte, fuhren wir den langen Weg zurück. Gegen Mitternacht schwenkten die Scheinwerfer unseres Wagens durch das kleine Dorf Casaccia am Fuß des Passes, das »verlassene

Häuser« bedeutet. Allan hatte die auf dem Gymnasium erworbenen Sprachkenntnisse nicht vergessen; Italienisch sprach er flüssig und schön. Da ihm das Amsterdamer Platt des Cuyp-Marktes ebenso geläufig ist, lernte ich viel von ihm, und wenn die Beispiele in meinen Büchern wegen ihrer Lebendigkeit gelobt werden, dann muß ich gestehen, daß ich ihm, was die Entwicklung meines Sprachvermögens angeht, viel zu verdanken habe. Er beobachtete genau und konnte auch beschreiben, was er sah; er hatte viele Geschichten über die Zeit parat, in der er als Nachtportier in einem teuren Hotel gearbeitet hatte. Er war dort den Menschen begegnet, deren Art, Geld zu verdienen, nicht von jedermann geschätzt wird, und sie hatten ihn ins Vertrauen gezogen und über ihre Probleme gesprochen. »Du bist ein merkwürdiger Portier«, sagten die Frauen, die oft Sorgen hatten, »schon eher ein Sozialarbeiter.« Wenn er auf Angebote eingegangen wäre, die ihm Hotelgäste mit anscheinend unbegrenzten Mitteln machten, dann hätte er in kurzer Zeit so viel Geld gehabt, daß er das Hotel für immer hätte verlassen können. Er pflegte dann zu antworten: »Nein, ich gehe nach Hause, zu meinem Freund.« Ich habe viel von ihm erfahren über eine Welt, die nicht die meine war und nicht sein konnte, die ich aber faszinierend fand.
Nach einem tragischen Liebeserlebnis mit einem sizilianischen Jungen verdüsterte sich sein Wesen. Schatten fielen. Er versäumte selten eine der Radioansprachen von Pastor Visser am Mittwochmorgen und ließ durchblicken, daß das, was in der Bibel steht, ihm viel bedeute, aufgrund einzelner Worte und nicht durch Erklärungen und Schlußfolgerungen. In meinem kranken Zustand warf ich mir vor, ihm Schaden zugefügt zu haben, indem ich ihn idealisiert hatte. Ich kann nicht umhin, mir einzugestehen, daß die Neigung, mein Lebensgefühl so sehr von einem anderen Menschen abhängig zu machen, einen Schwachpunkt in meiner Persönlichkeit anzeigt, aber ich habe dieses Zeichen nie richtig gedeutet.
Nach der Begegnung mit seinem Freund fragte Allan, ob sie

die Flitterwochen in unserer Wohnung in Italien verbringen dürften. Während ihres Aufenthaltes dort haben sie die Wohnung nur selten verlassen. Allerdings gingen sie regelmäßig zum Kaplan, denn Allan sollte bei einer kirchlichen Feier »When the saints go marching in« mit einem eigens für diese Gelegenheit geschriebenen italienischen Text singen, dabei vom Kaplan selbst auf der Orgel begleitet. Zum Einstudieren nahmen sie sich viel Zeit, und Allan lernte eine Menge über italienische Weine. Der Geistliche segnete unser Heim mit Weihwasser, was bei meiner Frau gemischte Gefühle hervorrief.

Zweimal zerstritten wir uns gehörig, und ich sah ihn ein halbes Jahr nicht. Wenn ich zu erklären versuchte, warum ich so wütend war, dann beschränkte er sich auf die Worte: »Ja, ich bin eben kapriziös.«

Wenn ich ihn nie wiedersehen würde, dann hätte ich das Bild eines im Wesen sanften Menschen vor Augen. Als ein Junge aus einer Familie ohne Vater, die er manchmal besuchte, sitzenzubleiben drohte, half er ihm. »Carlos ist intelligent genug«, war sein Kommentar, »aber er ist ein solcher Träumer. Wie sollte es auch anders sein, wenn man sich immer nach einem Vater sehnt!«

Unsere Hunde lieben ihn sehr. Wenn er zu Besuch kam, dann gaben sie – vor allem Oggi, der von beiden der gefühlvollere ist – Laute von sich, die ich sonst nie von ihnen gehört habe.

Ein warmer Sommernachmittag 1985. Ich hatte Allan nicht oft gesehen, auf meinen eigenen Wunsch, weil seine Anwesenheit mir angst machte. Der Garten hatte sich in eine Wildnis verwandelt. Vor Jahren hatten wir einige Riesenbärenklau-Stauden aus V., wo sie auf dem Grundstück üppig wuchsen und blühten, »um dann zu sterben«, in den Garten in Amsterdam gepflanzt. Blühten sie nicht, dann starben sie auch nicht. Was für eine Alternative wäre das für die Menschheit gewesen. Unfruchtbar auf dem Acker des Lebens stehen, noch Jahre vor sich, oder am Leben teilnehmen

und damit auch das Ende herbeibeschwören. Menschen sterben jedoch auch, wenn sie nie geblüht haben.
Allan hatte gefragt, ob er einige der riesigen Pflanzen ausgraben dürfte, um sie zu Freunden in Brabant mitzunehmen, und hatte vorgeschlagen, dann auch gleich den Garten in Ordnung zu bringen. Die Nachbarn wünschten, daß die üppigen Zweige, die aus einem abgeschlagenen Eschdornstubben gewachsen waren, zurückgeschnitten würden, weil sie soviel Sonne wegnahmen. Trotz der Hitze wollte Allan sich daranmachen. »Komm doch mit in den Garten, es ist gut für dich, wenn du ein bißchen aktiv bist.« Ich fürchtete, mich im Garten noch schlechter zu fühlen, als es ohnehin der Fall war, aber ich versuchte es trotzdem. So stand ich denn mit Noortje und Allan im Garten, aber ich fragte mich, ob sie es wirklich waren. Ist es Allan, der da mit Säge und Axt hantiert? Die Säge scheint stumpf zu sein. Die Nachbarn, welche die Arbeiten mit Interesse verfolgten, brachten schärfere Geräte, und ein Zweig nach dem anderen fiel. Auch die Bärenklau-Stauden gaben sich nicht leicht geschlagen. Die Hitze machte Allan durstig. Bier wurde aus dem Eisschrank geholt, es war eine schweißtreibende Arbeit, und Allan zog seinen Pullover aus.
Der Anblick Allans nach der Arbeit im Garten ängstigte mich. Ich ging ins Haus. Später kamen Noortje und Allan auch herein, um sich in der Kühle des Hauses zu verschnaufen. Ich prüfte Allan mit meinen Blicken. War er nicht viel kräftiger gebaut als der echte Allan? Der war doch ausgesprochen zart, dürr, wie er selbst sagte. Es war klar: Dies war nicht Allan! Aber wer dann? Ich wollte weg, vor der Angst flüchten, ins Bett. »Kann ich eine Seresta haben?« Nein, noch zwei Stunden, dann durfte ich wieder eine Tablette nehmen. Als Allan mit der Arbeit fertig war und mich hörte, rief er nach oben: »Möchtest du uns einen Drink machen? Wir trinken doch immer etwas vor dem Essen?« Ich antwortete ihm: »Ich denke nicht daran, du bist nicht Allan, ich mache keinen Drink. Es ist besser, daß du gehst, du sollst gehen.«

»Ich finde es traurig«, war seine Reaktion, »so von dir weggeschickt zu werden. Soll ich mich noch von dir verabschieden?« »Nein, auf keinen Fall.« »Na«, sagte er, »wenn ich doch Allan sein sollte, vielleicht auf Wiedersehen!« Diese Formulierung gab mir Sicherheit, sie bestätigte, was ich bereits wußte. Siehst du, mit diesen Worten hat er doch selbst gesagt, daß er jemand anders ist. Und so schickte ich ihn fort. Ich zerschnitt eines der Bande, die mich einst fest mit dem Leben verbunden hatten. Was ich oft gefürchtet hatte, nämlich Allan zu verlieren, das brachte ich nun selbst zuwege.
Ich kann mir gut vorstellen, wie er auf seinem Rennrad weggefahren ist, über die Brücke mit ein wenig mehr Anstrengung, vornüber gebeugt. Aus seiner Haltung konnte man seinen Gesichtsausdruck erraten. Auch wenn er nicht lacht, hat sein Gesicht etwas, das an Lachen erinnert. Aber ich weiß genau, daß er auch anders aussehen kann. Man kann durch das Schicksal seine Freunde verlieren, aber das Schicksal kann sich auch darin zeigen, daß man selbst zerstört, was einem sehr viel bedeutet.

Der Augenblick kam, da alle Zweifel wichen. Die Nebel lichteten sich völlig. Das normale Leben ist offenbar schon die Hölle. Ich war überzeugt: Die Frau, die bei mir ist, ist nicht Noortje, und das Mädchen, das zum Essen kommt, ist bestimmt nicht Kathleen. Dies ist die Hölle. Sicher, in der Hölle gibt es Teufel, und unerträglich heiße Feuer werden dort geschürt. Gott sorgt dafür, daß man nicht stirbt, so daß man nicht aufhört, den Schmerz zu fühlen. So geschieht es jetzt schon mit Menschen, die eine auszehrende Krankheit haben. Man will sterben, der Zustand ist völlig hoffnungslos, aber man kann nicht sterben. Ich wußte mit Sicherheit, daß ich später auch intensiven körperlichen Qualen ausgesetzt sein würde. »Gott wird ebenso verherrlicht durch das Wimmern der Gottlosen in der Hölle wie durch den Lobgesang der Gerechten«, hatte ich in meiner Jugend einen Pfarrer sagen hören. So ist es! Er bereitet die körperlichen Schmerzen auf eine Weise vor, die, betrachtet man ihre Raffinesse, etwas Göttliches hat. Die Sonne ging auf, und die Elstern kreischten.

Jemand, der meiner Frau glich, ging neben mir, und meine Freunde besuchten mich. Das normale Leben wird dir vorgehalten, um dir zu zeigen, wie du in jeder Hinsicht versagt hast, wie du auf Kosten deiner Mitmenschen gelebt, sie mißbraucht hast, nur um deiner Eitelkeit zu frönen. Alles ist genauso, wie es sein würde, wenn es normal wäre. Die Gestalt, die meine Frau darstellte, erinnerte mich ständig daran, wie ich ihr gegenüber versagt, sie lächerlich gemacht hatte, ihr die Musik genommen, ihren Glauben verspottet und ihr vergällt hatte, was ihr Freude machte. Was wie das normale Leben aussieht, das ist es nicht. Ich befand mich auf der anderen Seite. Und nun wurde mir auch klar, wie das mit der Todesursache gewesen war und wie sich das Begräbnis abgespielt hatte. Ich war gestorben, aber Gott hatte dieses Geschehen meinem Bewußtsein entzogen, so daß ich nicht wußte, wie ich die Grenze überschritten hatte. Eine härtere Strafe kann man sich kaum vorstellen. Ohne zu wissen, daß man gestorben ist, befindet man sich in einer Hölle, die bis in alle Einzelheiten der Welt gleicht, in der man gelebt hat, und so läßt Gott einen sehen und fühlen, daß man nichts aus seinem Leben gemacht hat.

Mein Hausarzt kam und fragte, während Noortje dabei war: »Wenn du einen Wunsch frei hättest, was würdest du dir wünschen?« Ich antwortete ihm: »Eine halbe Stunde mit meiner Frau, um möglichst viel wiedergutzumachen.« »Aber sie sitzt doch hier«, sagte Hans. »Nein, das ist nicht Noortje.«

Das Grauen dieser Existenz, die mir auferlegt war, weil ich gesündigt hatte, wurde noch dadurch vertieft, daß ich mir Sorgen über Freunde machte, die meiner festen Überzeugung nach auch in die Hölle kommen würden. Ich hatte mein Leben dadurch verpfuscht, daß ich Gott nicht gefolgt

war, und ich war sicher: Emil und Max und Jeanne haben ohne den Erlöser gelebt, und das bedeutet, daß sie selbst für ihre Sünden werden bezahlen müssen. So wurden die Menschen, die mich kannten, in die schwere Strafe einbezogen, die mir auferlegt wurde. Ich sah dies oft in einem Bild vor mir: In einer Gruppe von Menschen wurde ich, der ich das Gottesurteil verdiente, vom himmlischen Feuer getroffen, aber auch die Menschen verbrannten, die neben mir standen. Mein Leben war vollkommen von Angst beherrscht, die sich immer wieder zu Panikanfällen steigerte.
Einmal in der Woche fuhr ich mit der Straßenbahn, mit der Linie 16, zu Van Tilburg. Verschiedene Dinge, die mir in der Straßenbahn auffielen, wie etwa Zahnklammern, die Mädchen tragen, um den Stand ihrer Zähne zu korrigieren, Aufschriften auf Pullovern und Einkaufstaschen, überzeugten mich davon, daß ich mich nicht in der normalen Wirklichkeit befand. Van Tilburg suchte ich nur pflichtgemäß auf. Ich konnte ihm nur schwer zuhören, weil ich ständig dachte: Er ist es nicht. Das Fahrrad stand ja immer noch auf dem Dach.
Reinier, Cees und Willem besuchten mich treu. Henks Besuche waren während meiner Krankheit echte Ruhepunkte für mich. Er war einer der letzten, die ich zum Psychiater ausgebildet hatte. Er hatte zwar das Kloster verlassen, aber es war, als ob er selbst die Stille und Konzentration, die dort herrschen, ausstrahlte.
Wo Allan wohl war? Ach, Allan befand sich schon so lange in gänzlich anderen Regionen. Auch wenn das Leben unerträglich war und ich mich nach einem Zustand des Nichtseins sehnte, vom Selbstmord hielt mich die Angst ab, daß die Qual dann noch größer werden würde. Es gibt doch verschiedene Stufen in der Hölle, und mich selbst töten würde bedeuten, daß ich auf eine noch tiefere Stufe gestoßen würde, mit noch mehr Schmerz und Elend. Ich fand Anknüpfungspunkte bei Dante, der ja auch mehrere Höllenkreise unterscheidet, wie den Wald der Selbstmörder und den Ort, wo die sich aufhalten, die in süßer Luft schwermütig waren.

»Merkt ihr gar nicht«, fragte ich, »daß ich in der Hölle bin?« »Nein, du bist nicht in der Hölle«, antwortete man mir. Daß alles den Anschein des Normalen hat, das gehört gerade dazu. So hat Gott diese Situation mit großem Erfindungsreichtum eingerichtet. Das Argument: »Dies ist das normale Leben, aber du bist schwer krank«, verfing nicht bei mir. Selbst die Berufung auf die Wahrnehmung hatte keinerlei Sinn. Ich sehe euch wohl, ja sicher, ich sehe, daß ihr Noortje und Cees seid. So habt ihr ausgesehen, aber trotzdem seid ihr es nicht. Vielleicht existiert überhaupt nichts. Das ist es. Es existiert nichts, und was ich sehe, sind meine eigenen Halluzinationen. Dies ist die vollkommene Einsamkeit. Nichts existiert, und was ich vor mir, um mich herum sehe, das bilde ich mir nur ein. Die Hunde, die ich so geliebt habe, existieren auch nicht mehr. Die Wesen, die ich vor mir sehe, sind Teufel. Man hört doch, wie rauh sie kläffen, welch ohrenbetäubenden Lärm sie machen, wenn wir in den Vondel-Park gehen wollen? Es gibt doch keinen Beweis, daß ihr nicht nur in meinen Halluzinationen lebt?

Ich merkte, wie man darauf achtete, daß ich nicht in den Raum im Dachgeschoß stieg, wo ich einst gemalt, meine Zeit verschwendet hatte, die ich der Klinik und meinen Publikationen hätte widmen müssen. Ein Sprung aus dem Dachfenster der vierten Etage würde das Ende bedeuten. Manchmal versuchte einer der Hunde, mir auf den Schoß zu klettern: Vor allem Bliss wollte mich auf seine Weise trösten. Immer, wenn ich traurig war, versuchte er alles mögliche, um zu mir zu kommen. Ich stieß ihn weg. Dieser Hund sah genauso aus wie der Bliss von früher, aber war er nicht ein Höllenhund?

Wenn ich etwas Merkwürdiges sah, dachte ich: Siehst du nun, daß dies nicht die Welt ist, in der du dich bis zu deinem dreiundsechzigsten Lebensjahr zu Hause fühltest? Wenn ich etwas ganz Normales sah, dann wußte ich: Gerade dieses Normale zeigt mir Gott, damit ich denke, ich lebe noch, während ich doch tot bin, ich bin auf Erden, während ich doch in der Hölle bin. Die Qual der nicht nachlassenden Panik war schrecklich, aber ich war davon überzeugt, daß es noch schlimmer werden würde. Das brennende Feuer, das würde noch kommen. Ich wagte kaum noch, ein Bad zu nehmen. Wenn ich das warme Wasser aus dem Hahn mit der Hand prüfte, dachte ich: Kochendes Blei wird sich noch anders anfühlen. Aber wenn man solche Brandwunden hat, dann stirbt man doch? Sicher, auf Erden, aber nicht in der Hölle. Dort erhält Gott deinen Körper. Er vollbringt doch Wunder? Er hat dich ins Leben gerufen, Er kann dich auch in der Hölle am Leben erhalten.

Mein Geburtstag war ein vollkommener Mißerfolg. Noortje versuchte noch etwas daraus zu machen. Es war ihr gelungen, für mich eine sehr schöne Seladon-Schale aufzutreiben. Kathleen kam, schon um elf Uhr saßen wir bei Kaffee und Gebäck, für mich ein weißes Stück mit süßer Creme darin, die ich immer besonders gern gemocht hatte. Mittags unternahmen wir mit dem Auto einen Ausflug an der Vecht entlang. Willem war dabei. Ich liebte Ströme und Flüsse, Bäche und kleine Gewässer. Ich sah zwar, wie schön alles war, die hohen Bäume, die Spiegelungen im Wasser, die Landhäuser, aber die Angst machte es mir unmöglich, mich daran zu freuen. Abends war Cees bei uns. Seine Anwesenheit erinnerte mich an gute Zeiten, als wir noch zusammen im Mondlicht am Fuß der Ostwand des Monte Rosa gewandert waren und darüber gesprochen hatten, ob die Erde von Gott geschaffen oder ein Produkt der Evolution sei, oder beides zugleich.

Ich konnte es nicht aushalten, ich konnte nicht auf meinem Stuhl sitzenbleiben, auch nicht mit einer zusätzlichen Tablette, die man mir wegen des Geburtstages zugestanden hatte. Ich rannte die Treppe hinauf und schrie: »Dies ist die Hölle!« Wie hätte es sein können, und wie war es nun? Im Bett fühlte ich mich noch am sichersten. Cees kam, setzte sich auf einen Stuhl neben mich und versuchte mich ein wenig zu beruhigen. Noortje rief Van Tilburg an und fragte, ob ich eine größere Dosis eines angsthemmendes Mittels bekommen könnte, um die Nacht zu überstehen. Es war mir nicht entgangen, daß Van Tilburg mit einem allen Psychiatern bekannten Dilemma konfrontiert war: Wenn man die Dosis angsthemmendes Mittel nicht erhöht, dann können die Ängste sich zu einem gänzlich unerträglichen Zustand steigern, eine Erhöhung der Dosis aber würde eine »tardive Dyskinesie« zur Folge haben, eine sich langsam entwikkelnde Bewegungsstörung, zu der es kommt, wenn die Dosis von Medikamenten gegen psychotische Symptome eine bestimmte Menge überschreitet.

In den vergangenen Monaten hatte er schon versucht die Dosis Trilafon zu verringern. Was ich die Studenten immer mit Nachdruck gelehrt hatte, das tat ich nun selbst: auf den Mund und die Umgebung des Mundes zu achten. Unwillkürliche, schnelle Zuckungen sind die ersten Manifestationen der »tardiven Dyskinesie«. Der Spiegel sprach eine deutliche Sprache. Dann lieber sehr viel Seresta, es gab keine andere Wahl. »Kommen Sie morgen zu mir. Dies geht so nicht weiter.« So geschah es. »Wir müssen es mit einem MAO-Hemmer versuchen«, stellte er fest. »Den kann ich Ihnen aber in meiner eigenen Klinik nicht geben. Dr. Nolen vom Psychiatrischen Zentrum Bloemendaal in Den Haag hat damit bei weitem die meisten Erfahrungen. Wenn Sie wollen, können Sie ihn um Rat fragen. Wenn MAO-Hemmer nicht helfen, wird er wohl eine Elektroschockbehandlung vorschlagen.« Obwohl ich in Pavillon 3 und in der psychiatrischen Abteilung des Amsterdamer Medizinischen Zentrums Elektroschocks nicht angewendet habe, war ich doch in meinem Fall nicht prinzipiell dagegen, soviel Angst ich auch davor hatte. Ich verstehe den Widerstand gegen Elektroschocks, auch die Proteste dagegen. Aber wenn Nolen sie bei mir anwenden wollte, würde ich nicht nein sagen. Ich interpretierte das auf meine eigene Weise. »Herab, herab komm' ich wie Phaëton.« Ich habe zu hoch fliegen wollen, und das werde ich nun zu spüren bekommen. Gott, die Götter oder das Schicksal, sie haben Mittel und Wege, um den

Menschen, der seine Nase zu hoch getragen hat, der zu hoch hinaus wollte, in den Staub zu stoßen. Hinab, noch tiefer hinab! Ich werde es über mich ergehen lassen. Ich halte nicht viel davon, aber ich tue es für meine Frau, meine Tochter, meine Freunde, und so erkläre ich: »Van Tilburg, melden Sie mich bei Nolen an. Ich tue, was ihr sagt. Zu Hause geht es so auch nicht weiter, das ist ganz klar.« So folgt, nach eineinhalb Jahren Aufenthalt zu Hause, die zweite Klinikaufnahme.

Kapitel 8

Im tiefsten Abgrund

Der Tag war gekommen, an dem wir zum Psychiatrischen Zentrum Bloemendaal fahren sollten, um Nolen zu konsultieren, den Kollegen, der auf die Behandlung therapieresistenter Depressionen spezialisiert ist. Ein Bruder meines Vaters, Onkel Dirk, und seine Frau, Tante Nel, waren beide kurz vor ihrem Tode in diese Klinik eingeliefert worden, nachdem man sie im Zustande hochgradiger Demenz und fortgeschrittener Verwahrlosung in ihrer Wohnung aufgefunden hatte. Ich habe meinen Onkel nicht besucht, als er darum bat, und dafür werde ich nun bestraft. Man wird mich in dieselbe Klinik aufnehmen, in der er gestorben ist. So stellt Gott das Gleichgewicht wieder her. »Woher ein jedes kommt, dahin vergeht es auch, büßend für getanes Unrecht nach dem Gesetz der Zeit.« Der Mensch erhöht sich selbst und wird erniedrigt, er macht sich groß und wird wieder klein gemacht, so schmal und zerbrechlich wie eine Figur von Giacometti.

An einem ruhigen Septembertag fuhren wir nach Den Haag. Klarer blauer Himmel über dem Haarlemmermeerpolder, weiße Wolken zogen vorüber. Die Fahrt rief Erinnerungen wach an Reisen nach England, die auch mit einer Fahrt nach Hoek van Holland begonnen hatten, Reisen mit Noortje, an die ich mit Wehmut zurückdachte. Für Augenblicke wußte ich, daß die Frau, die neben mir saß, Noortje war, dann wieder war ich sicher, daß sie es nicht war. Aber ob sie es nun war oder nicht, ich konnte nicht einen Augenblick ohne sie sein. Ich fürchtete mich davor, in der Klinik aufgenommen zu werden, ich wollte bei ihr bleiben.

Wir fuhren an Rhijnhof vorbei, wo Noortjes Vater begraben liegt. Ich habe ihn während seiner letzten Krankheit zu selten besucht. Es konnte kein Zufall sein, daß wir an seinem Grab vorbeikamen. Die Strafen werden genau und deutlich zugemessen und auferlegt. Wir fuhren an Den Haag vorbei und nicht durch die Stadt. Die Vegetation änderte sich, man spürte die Nähe des Meeres. Bei einer Ampel bogen wir ab und fuhren durch das Tor. Rechts von uns lag Dorestad, wo alte demente Patienten gepflegt werden.
Noortje fand den Weg über das Gelände ohne Mühe und parkte; ich sah und hörte kaum etwas vor Angst. Dies ist, wie ich wußte und fühlte, ein Glied in einer langen Kette von Ereignissen, die zu meiner Strafe gehören. Sie sind Teil der ewigen Verdammnis, die zwar ein Element von Zeit zu enthalten scheint, aber Zeit ohne vertrauten Ablauf.
Wir brauchten nicht lange zu warten. Ein Mann von kleiner Statur und mit lebhaften Bewegungen kam herein. Ich stellte bei mir fest: Dies ist ein kompetentes Kerlchen, er erinnert mich an Bob Silbermann, ich denke, er ist genauso intelligent, er nimmt genauso Anteil. Ich hatte den Eindruck, daß sich durch die Sicherheit, mit der er auftrat, eine Spur von Unsicherheit zog. Später sollte er mir anvertrauen: »Ich hatte Angst davor, Sie, einen Psychiater mit so großem Namen und so großer Autorität, behandeln zu müssen.«
Ich sagte ihm, daß ich zwischen zwei Überzeugungen schwankte: Einerseits glaubte ich, ich sei dement und könne darum allerlei Gedanken, die mir in den Sinn kämen, nicht korrigieren, und andererseits war ich überzeugt, ich sei in der Hölle, die ich verdient hätte. Noortje war bei diesem Gespräch dabei. Es fiel mir auf, daß Nolen »Depression« anders aussprach als die meisten Holländer, nämlich nicht mit einem langen »e«, sondern mit einem kurzen. Er weckte dadurch Vertrauen, daß er eine Reihe von störenden, aber offenbar schwer abzulegenden Angewohnheiten nicht hatte, die vielen Psychiatern eigen sind: Ihm fehlte das überlegen verständnisvolle Lächeln, das besagt: Wenn Sie es nicht ver-

stehen, ich verstehe es schon. Er hörte aufmerksam zu, ohne sich in Schweigen zu flüchten; er war weder weich noch glatt, er reagierte weder vage noch ausweichend und beantwortete Fragen nur dann mit Gegenfragen, wenn sie auf der Hand lagen. Seine Kleidung war korrekt, aber zugleich ein wenig salopp. Rilke sagt einmal: »Er war ein Dichter und haßte das Ungefähre.« Auch Nolen gab sich mit dem Ungefähren nicht zufrieden und war in seinem Sprachgebrauch äußerst präzise. Ich fragte ihn mehrmals: »Sind Sie es auch wirklich?« Nolen fragte mich: »Würden Sie das psychotisch nennen, Herr Kollege?« Ich bejahte die Frage, konnte also zeitweise aus meiner Psychose heraustreten.

Er fuhr fort: »Ich finde, daß Sie in einem sehr ernsten Zustand sind, der nicht mehr allzu lange andauern darf. Drei Jahre etwa sind die Grenze. Danach ist es sehr schwer, wieder herauszufinden. Kontakte sind dann auf Null reduziert, und – worauf nicht ausreichend hingewiesen wird – eine solche psychotische Depression wirkt wie eine Art Gehirnwäsche. Die Überzeugung wächst, daß das, was man in der Psychose erlebt und denkt, wirklich wahr sei. Ich kann nicht sagen, ob Sie an beginnender Demenz leiden. Sie wissen, daß niemand das kann. Die Depression macht es unmöglich, diese Diagnose zu stellen. Ich gebe Ihnen eine gute Chance, wenn ich Ihnen Tylciprin verschreibe, den MAO-Hemmer, mit dem wir arbeiten. Und wenn das nicht hilft, sind Elektroschocks indiziert. Wer sich einer Elektroschockbehandlung unterziehen soll, fürchtet sich sehr davor. Das verstehe ich. Trotzdem würde ich sie Ihnen empfehlen, wenn es notwendig sein sollte. Lieber den Elektroschock ertragen, als an einer Depression leiden, und Sie befinden sich doch in einem wirklich qualvollen Zustand. Außerdem wird die Schockbehandlung heute anders ausgeführt als früher. Sie wird unter Narkose vorgenommen.«

Er äußerte sich auch zu den Medikamenten, die ich nahm und von denen ich immer noch abhängig war. »Auch wenn Ihre Ängste für kurze Zeit zunehmen, Sie müssen von all den

Benzodiazepinen und anderen Beruhigungsmitteln loskommen. Sie haben viel zu lange Seresta und Trilafon geschluckt. Ich habe darüber auch mit Van Tilburg gesprochen, und wir sind einer Meinung. Soll ich Ihnen die Abteilung zeigen? Das Personal ist vorbereitet. Viele werden Ihre Bücher kennen, Sie sind eine Autorität in unserem Fach, aber wenn Sie sich aufnehmen lassen, dann werden Sie hier Patient sein wie alle anderen. Das ist auch für Sie selbst das beste. Wir haben schon öfter Ärzte und Angehörige anderer sozialer Berufe als Patienten hier gehabt.«
Wenn dies die Hölle ist, dachte ich, dann geht es da doch zugleich sachlich und sehr verständnisvoll zu.
Wir gingen nach draußen. Die Lucas-Lindeboom-Klinik, Pavillon L, hat eine Tür, die so konstruiert ist, daß man zwar hinein, aber nicht wieder heraus kann. »Alle Patienten sind freiwillig hier, aber Sie werden verstehen, daß depressive Menschen in bestimmten Situationen manchmal nach draußen wollen, während wir gerade meinen, daß das nicht zu verantworten ist.«
Vor dem Pavillon liegt ein flacher Teich. Viel weniger gefährlich, ging es mir durch den Kopf, als die Autobahnen und die Eisenbahn beim Amsterdamer Medizinischen Zentrum. An einem breiten Graben stehen Pappeln, die in meiner Erinnerung kahl sind. Lachmöwen glitten meerwärts. Beeren und Hagebutten, die viele Vögel anlocken, vor allem Grünfinken, ließen die dichten Sträucher im klaren Licht rot und golden leuchten. Am Pavillon vorbei führt ein Weg, den ich oft zusammen mit anderen Patienten entlanggehen sollte. Wie oft hatte ich dieses Bild gesehen: eine Gruppe von Patienten, die abwesend und ziellos über das Gelände einer psychiatrischen Einrichtung schlurfen. Aber nie hätte ich gedacht, daß ich eines Tages mitschlurfen würde, auch ich mit gesenktem Kopf, immer nur zu Boden starrend, auf den grauen Asphalt.
Nolen zeigte mir den Pavillon. »Dies ist das Zimmer, das Sie bekommen würden.« Ich sah einige Patienten sitzen. Es fiel

mir auf, daß eine Schwester versuchte Kontakt zu einem von ihnen herzustellen, ohne aufdringlich zu sein. Wie düster die Patienten auch immer aussehen mochten, die Atmosphäre atmete Freundlichkeit und Fürsorge. Für mich stand fest, daß ich mich aufnehmen lassen würde. Hölle oder Demenz, für Noortje wollte ich das auf mich nehmen. Sie hatte ein Recht darauf, daß ich alles versuchte. Während der Zeit meiner Krankheit dachte ich immer wieder, daß ich sie oft aufs schändlichste behandelt hatte. Jetzt würde ich alles tun, was ich ihr zuliebe tun konnte. Und dazu gehörte, daß ich hierher kam. »Am 23. September kehre ich von einem Kongreß in den Vereinigten Staaten zurück, und dann habe ich einen Platz für Sie«, sagte Nolen. Als wir wieder in Amsterdam waren, stand eines für mich fest: Dieser Mann ist kompetent, er versteht etwas von seiner Arbeit. Er respektiert seine Mitmenschen und fühlt mit ihnen, ohne sentimental zu sein oder zu tun. Die Möglichkeit, daß ich durch die Medikation, die er mir verschreiben würde, genesen könnte, kam mir überhaupt nicht in den Sinn. Am 23. September wurde ich aufgenommen.

Ockergelb und rotbraun leuchteten die Blätter der Bäume auf dem Gelände von Bloemendaal. Ich habe oben geschrieben: »Der Tiefpunkt war noch lange nicht erreicht.« Aber nun kam ich ihm doch näher. Bei der Aufnahme hörte ich: »An drei Tagen Besuch, mittags und abends.« Nur an drei Tagen! Das erschreckte mich.

Noortje fuhr ab. Ich ging mit zum Auto. Die Tür schlug zu. Noch einmal Abschied nehmen durch das geöffnete Fenster. Das Auto verschwand um die Ecke. Ich sah, daß eine Schwester darauf achtete, daß ich zurückkam. Ich ging hinein, und wieder war ich allein, und wie allein! Ich hatte ein Einzelzimmer mit Radioanschluß, aber das hieß nicht, daß ich mir allein ein Programm anhören konnte, das mir gefiel. Das Personal wollte die Patienten im Aufenthaltsraum sehen, und das zu Recht. Blick über eine Wiese, umsäumt von Sträuchern voller Hagebutten, im Hintergrund hohe Eichen, und zwischen den Bäumen der Kirchturm, der nachts angestrahlt war. So konnte man, wenn man die Gardinen aufzog, ohne Licht zu machen, sehen, wie weit die Nacht fortgeschritten war.

Der Raum, in dem wir den Tag verbrachten, war sinnvoll eingeteilt, in Form eines L. Am kurzen Ende befand sich der Eßplatz, in der Wohnzimmerecke stand ein Fernsehgerät – es wurde wenig benutzt, höchstens, um die Nachrichten zu sehen. Neben dem Fernseher saß eine Frau, mit der ich gut auskam und die mir später oft von sich und ihrem Sohn erzählen sollte. Ihr Sohn war in einem Anfall psychotischer Depression von einem Hochhaus gesprungen. Sein eigenes Kind war zu diesem Zeitpunkt vier Monate alt gewesen.

Das tägliche Leben war genau geregelt. Wir alle waren mit dem Tages- und Wochenprogramm vertraut. Nur einmal am Tage wurde geruht, und zwar nach dem Mittagessen. Zu Hause dagegen hatte ich fast den ganzen Tag im Bett gelegen. Um sieben Uhr aufstehen, zu Hause um zwölf.

Anfangs habe ich meine Mitpatienten sicher wenig beachtet. Als ich aufgenommen wurde, stritten zwei Gedankensysteme in mir um den Vorrang. System A: Ich bin in der Hölle, und dies ist eine ihrer Unterabteilungen. Eine »Offenbarung«, die mir während der ersten Woche meines Aufenthaltes zuteil wurde, bestätigte mich in dieser Überzeugung; denn eine Überzeugung war es, und sogar eine feste. Das zweite System: Ich leide an Demenz. Die beiden Systeme ließen sich gut miteinander verbinden, denn durch System B konnte ich System A begreiflich machen. Demente Menschen leiden ja zu Beginn oft an einer Depression. Ich war offenbar so depressiv, daß ich glaubte, Strafe, selbst ewige Strafe, verdient zu haben, und ich wußte sehr genau, für welche Vergehen und Unterlassungen. Der Glaube, in der Hölle zu sein, paßt in den Rahmen der Depression. Aber meist ordnete ich die Dinge so: Es gehört zu den Höllenqualen, in manchen Augenblicken zu glauben, daß du nicht in der Hölle bist. Auch dieser Gedanke ist ein Teil der Hölle. Es ist Gott, der dich das glauben läßt. Er kann, so argumentierte ich, zulassen, daß Teufel dir die Eingeweide aus dem Leibe reißen, und doch dafür sorgen, daß du daran nicht stirbst. Aber Er kann die Hölle auch erst recht zur Hölle machen, indem er dich glauben läßt, du seist nicht in der Hölle. Wo du dann wirklich bist, das wirst du jeweils aufs neue erfahren.

Auch wenn ich meine Mitpatienten nicht kennenlernte, weil ich zu sehr in mir selbst gefangen war, einige von ihnen fielen mir doch auf. Mathilde ähnelte einer Frau, die ich einst geliebt hatte. Mit dieser Frau waren die Tage zu Nächten geworden, und nicht der Dunkelheit wegen. Wir sehnten uns nach dem, was für Menschen vielleicht unerreichbar ist: nach Einswerden. Die Kulisse dieses Dramas: alte deutsche Städtchen, Mittelgebirge mit dichten Wäldern, in denen wir zelteten. Wir standen Tristan und Isolde nicht nach, »Ertrinken, Versinken, unbewußt, höchste Lust«, und natürlich mußte eine solche Liebe zerbrechen, mehr durch mein Zaudern und Zögern als durch sie. Der Abschied war herzzerreißend. Wir sahen zusammen »Die Kameliendame«, gespielt von der Garbo, der sie, wie konnte es anders sein, aufs Haar glich.

Auch Mathilde war ausgesprochen schön und überdies attraktiv. Sie hatte etwas Geheimnisvolles. Und sie wäre wirklich bezaubernd gewesen, wenn sie nicht etwas ausgestrahlt hätte wie: Ich kann mich nur dann ein klein wenig wohl fühlen, wenn ich merke, daß ihr anderen davon überzeugt seid, daß ich mich nie wohl fühle. Entgegen meiner Erwartung hat sich ihr Zustand durch Medikamente und sachverständige Arbeitstherapie später sehr gebessert.

Die Mahlzeiten waren mit Liebe zubereitet. Später, als ich mehr von meiner Umgebung wahrnahm, wunderte ich mich, wie es möglich war, für mehr als tausend Menschen so vortrefflich zu kochen. Wenn die Gruppe etwas nicht mochte, dann wurde dies Nancy gemeldet, die in der Küche das Regiment führte und sich auch als Schwester betätigte, und das Ergebnis war schnell zu merken. Von uns allen wurde erwartet, daß wir uns am Küchendienst beteiligten, nicht um Personal zu sparen, sondern weil die »Philosophie« des Hauses lautete: Nichts ist schlechter für depressive Menschen als Stillsitzen. Ich fand den Küchendienst schrecklich, weil ich die Spülmaschine nicht bedienen konnte und dadurch in meiner Überzeugung bestätigt wurde, dement zu sein.

Montags wurde geschwommen. Nancy begleitete uns durch ein Labyrinth von Gängen in dem Gebäude, in dem ich auch Nolen zum erstenmal gesehen hatte; wir kamen sogar an seinem Arbeitszimmer vorbei. Dem Schwimmen gingen Entspannungsübungen voraus, bei denen ich oft einschlief. Keiner der Mitarbeiter, die Bewegungstherapie und Übungen im Schwimmbad mit uns durchführten, erwies sich als Sportler oder Sportlerin, die vor Gesundheit strotzten. Man kann gar nicht dankbar genug sein, daß die Klinikleitung uns die Konfrontation mit solchen Gestalten ersparte. Ich erfuhr am eigenen Leibe, von welch eminenter Bedeutung die Haltung des Pflegepersonals ist. Die Überempfindlichkeit, welche die Krankheit mit sich bringt, und die Abhängigkeit, in der man sich befindet, geben allen Äußerungen des Personals besondere Bedeutung. Der Raum hatte die eigenartige Akustik aller überdeckten Schwimmbäder. Durch die kleinen Fenster sah ich vom Wasser aus ein Stückchen Himmel und mußte daran denken, wie ich mit Noortje, Kathleen und unseren Besuchern an warmen Sommernachmittagen in einem italienischen See geschwommen und vom Wasser aus hoch am Berghang den Kirchturm gesehen hatte, an dem ich täglich mit meinen Hunden Oggi und Bliss vorbeiwanderte. Vergangen, für immer, und nicht gebührend gewürdigt, schmerzliche Erinnerungen an Zeiten, die ich kaum noch zu meinem eigenen Leben rechnete.

Wenn ich mit Herrn L., dem Bürgermeister einer mittelgroßen Stadt, darüber sprach, wie verschieden man seine Ferien verbringen kann, erschien mir die Tatsache, daß es in der Ferne ein Land mit Bergen gab, wo Herr L. Ski zu fahren pflegte, ganz unwirklich. Die Geographie der Seele war seit langem ausgelöscht, mein Leben hatte keinen Mittelpunkt mehr, und was sich als Erfahrung aufdrängte, waren physisches Unwohlsein, das Gefühl, alt, das Wissen, schuldig zu sein, die Erkenntnis, meine Zeit vergeudet zu haben. Nach dem Schwimmen quälte mich das Bedürfnis nach Schlaf, aber wir durften nicht schlafen. Zuviel Schlaf oder Schlafen während des Tages ist nach Nolens Meinung für depressive Menschen nicht gut.

Donnerstags war Musiktherapie. Ein Spaziergang, unter dunklen Buchen entlang, ging ihr voraus. Der Raum, in dem die Musiktherapie stattfand, war vollgestellt mit Trommeln und anderen Schlaginstrumenten. Wir, die stillen Depressiven, hörten zu oder versuchten zuzuhören. Andere Patienten konnten ihre Spannungen lösen, indem sie Töne und Geräusche produzierten, in welche die Musiktherapeutin, wie ich ihren Worten entnahm, Ordnung zu bringen versuchte. Frau Wijsenbeek, die Therapeutin, wurde von der ganzen Gruppe sehr geschätzt. Sie war eine gutaussehende Frau, unverkennbar Jüdin, die mich bestätigte in meiner Meinung, daß bei Juden Gefühl und Intelligenz eng miteinander verbunden sind. Ihr gegenüber brauchte ich meine unvernünftige Neigung, mich über Dummheit zu ärgern, nicht zu unterdrücken. Andererseits zeigte sie niemals auch nur die geringste Besserwisserei. Sie beschränkte sich in ihrer Musikauswahl nicht auf eine Gattung. Als zwischen ihr und der Gruppe einmal eine Meinungsverschiedenheit über die Therapiemethode aufkam, wurde eine Sitzung einberufen, die Nolen leitete. Frau Wijsenbeek kam unseren Wünschen teilweise entgegen und verstand es, die Patienten, die eine Art Musikunterricht von ihr erwarteten, davon zu überzeugen, daß dies für uns keinen Sinn hätte. Gründliche Kenntnis von Modulationen, Doppelfugen, Dominant-Septimenakkorden, Kirchentonarten und dergleichen nütze uns gar nichts. Für uns gehe es um das, was wir erlebten, fühlten, empfanden.

Es wurde deutlich, daß auch in der Beziehung zwischen Per-

sonal und Patienten Demokratisierung durchaus möglich ist, wenn man sich an einmal gefaßte Beschlüsse hält und nicht bei jeder Gelegenheit wieder darüber streitet. Die Art, wie Frau Wijsenbeek Änderungsvorschläge, aus denen sie leicht Kritik hätte heraushören können, aufnahm und akzeptierte, war bewundernswert, und die ohnehin schon gute Beziehung zwischen ihr und uns wurde dadurch noch besser.
Wenn man depressiv, ja psychotisch ist, bedeutet es dann etwas, wie andere einem begegnen? Mir alles. Jede Kränkung führte zu einem Anfall von Panik. Freundlichkeit beruhigte mich wenigstens ein wenig, wenn auch nur für kurze Zeit.
Zu den Fixpunkten im Wochenablauf gehörte auch jeden Dienstag eine Sitzung unter Nolens Leitung, in der mit der ganzen Gruppe über Depressionen gesprochen wurde. Diese Besprechung verlief nicht in Form einer Gruppentherapie, wie ich sie durchzuführen gewohnt war. Interaktionen zwischen den Patienten entstanden kaum, wir fragten einander höchstens hin und wieder nach unserer Meinung. Wir konnten aber über unsere Erfahrungen sprechen: Was wir fühlten, was wir erlebten. Man erkannte die eigenen Beschwerden in denen der anderen wieder und umgekehrt. Es wurden uns ausführliche Informationen geboten: Was eine Depression ist, welche Beschwerden dabei auftreten können, wie eine Depression entstehen kann und was dagegen zu tun ist. Auch über Medikamente wurde gesprochen. Manchmal war die Sitzung eine Art klinische Vorlesung, wie ich sie früher für Pflegepersonal und Assistenten gehalten hatte. Nolen beschönigte nichts: Die Depression ist eine schwere, gefährliche Krankheit, die sogar zum Tode führen kann, durch Suizid. Deshalb ist auch eine adäquate Behandlung notwendig. Da in der Gruppe darüber gesprochen wurde, erfuhr man, daß man nicht ganz allein damit war. Man konnte seine Beschwerden den Mitpatienten gegenüber äußern und bis zu einem gewissen Grade versuchen einander aufzufangen.

Freitags fand die Hausbesprechung statt, unter der Leitung der Oberschwester, Frau van der Ree. Dabei ging es nicht um tiefgründige Dinge, sondern um Alltägliches wie die Liste für den Küchendienst der kommenden Woche, die Temperatur in den Schlafzimmern, um die Frage, ob ein Aquarium angeschafft werden sollte oder nicht, damit man in den leeren Stunden die Fische beobachten konnte, wer die Pflanzen gießen sollte, ob Pflanzen ersetzt werden mußten usw. Eine Fülle von Grün schmückte den Gang und den Raum, in dem wir den Tag verbrachten.
Die im allgemeinen befolgte Regel hieß: »Wir üben keinen Zwang aus, aber wir halten uns an das, was von der Gruppe in Absprache mit dem Pflegepersonal vereinbart wird.« Man berief sich auf früher getroffene Vereinbarungen, nicht auf den Grundsatz: »Wir haben das Sagen, und darum wird es so gemacht.«

An einem der ersten Tage wurde meine Überzeugung, unheilbar krank zu sein, aufs neue bestätigt. Der Pfleger, dem unsere Patientengruppe anvertraut war, hieß Rob. Er wurde von uns allen gleichsam auf Händen getragen, es war deutlich, daß die Patientinnen, wie krank sie auch sein mochten, in ihm den Mann ihrer Träume sahen. Er war groß, hatte einen rötlichen Vollbart, sprach in wohlklingendem Rotterdamer Dialekt und hatte regelmäßige Gesichtszüge. Auffallend waren seine freundlichen Augen, aufmerksam, aber nicht durchdringend. Mit ihm machten wir unsere Spaziergänge ans Meer, durch den Park von Bloemendaal, über die Straße und einen Pfad entlang, der am Wasserturm vorbeiführte. Vor mir das Meer, und wenn ich mich umdrehte, sah ich über den Bäumen den Kirchturm, dessen Glocke mich jede Nacht an den trägen Fluß der Zeit erinnerte. In der Ferne glitten Schiffe vorbei, Möwen zogen ihre Kreise.
Rob erzählte gern, von seiner Freundin, von der Bedeutung der silbernen Ringe, die er trug: eines Freundschafts- und eines Verlobungsringes. Daß er ein großes Auto fuhr, regte

natürlich unsere Phantasie an. Wenn junge Kollegen nach der Ausbildung bei mir den Patienten gegenüber die Haltung hätten, die Rob von Natur aus eigen war, dann könnte ich mit ihnen und mir selbst zufrieden sein. Vielleicht gilt auch hier der Satz aus der Bibel: »... denn seinen Freunden gibt er's schlafend«, und das geheimnisvolle Wort bewahrheitet sich: »Wer da hat, dem wird gegeben ... wer aber nicht hat, dem wird genommen, was er hat.« Rob hatte bereits während der Ausbildung die richtige Einstellung, und so wird er immer mehr Verständnis und Fürsorge aufbringen.
Als ich Anstalten machte, zu Bett zu gehen, da die Uhr mit trägem Gang halb zehn erreicht hatte, kündigte Rob an, er werde mich begleiten, um sich davon zu überzeugen, daß ich mich körperlich auch so pflegte, wie es sich gehörte. Wie taktvoll er sich auch dabei benahm, ich war verzweifelt: Siehst du, du kannst dich nicht einmal mehr allein versorgen! So ist das eben, wenn das Gehirn nachläßt. Daß ich nicht selbst bemerkt habe, wie ungepflegt ich bin, früher nahm ich doch dreimal täglich ein Bad?
Nacht, kein Mond, keine Sterne. Ich schaue nach dem Kirchturm, der zwischen den vielen Bäumen zu sehen ist, zwischen Eichen und schweren Buchen. So wie der Wanderer vom Berggipfel den Weg überblickt, den er zurückgelegt hat, so blicke ich auf meine Vergangenheit, die mir klar vor Augen steht.
Die Bilder sind lebendig, als ob sie Erinnerungen sind an Ereignisse, die sich nicht vor dreißig, vor vierzig Jahren abgespielt haben, sondern vor wenigen Stunden. Da ist der Schuljunge, der Student, der im Rahmen der Psychiatrie das Evangelium verkünden wollte und sich schon nach seiner ersten Analyseperiode nicht mehr um Gott und Gebote kümmerte. Ich überdenke die verschiedenen Lebensbereiche, und wenn ich alles zusammenzähle, sehe ich, daß ich auf allen Gebieten versagt habe.
Bis jetzt habe ich die Zeit als Gegebenheit gesehen, nun

erkenne ich das Wesen der Vergänglichkeit. Bis jetzt habe ich gewußt, daß das Heute sich unterscheidet vom Gestern, nun wird das Verstreichen der Zeit erlebte Erkenntnis, lebendige Erfahrung.
In der Nähe von Volterra, einer Stadt in der Toskana, liegt ein riesiger Steinbruch. Durch ungewöhnliche Veränderungen in der Erdkruste wird dieser Bruch langsam, aber unaufhaltsam größer, und seine Ränder brechen ein. Immer wieder stürzen Erd- und Steinmassen in die Tiefe und nehmen in ihrem Fall alles mit. Man weiß, daß die kleine Kirche, deren Turm heute noch gen Himmel ragt, wenn die Zeit gekommen ist, über den Rand stürzen, zerbersten und auf dem Boden des Steinbruches liegenbleiben wird, als Zeichen dessen, was sie einmal gewesen ist.
Stunden, Tage, Monate, Jahre vergehen wie ein Schatten. Für den Menschen hat die Zeit noch eine andere Dimension, eine besondere Bedeutung: »Was geschehn ist, kann man nicht ungeschehn machen.« Nicht nur die Dinge vergehen, auch Möglichkeiten verstreichen ungenutzt. Wenn man etwas nicht zur rechten Zeit tut, tut man es niemals mehr. Was heute noch möglich ist, ist es vielleicht auch morgen noch, übermorgen aber nicht mehr. Das eigentliche Wesen der Zeit ist untilgbare Schuld. Für den Organismus bedeutet Zeit: Wachsen, Blühen und Vergehen. Für uns Menschen bedeutet Zeit, daß die Möglichkeiten, die uns geboten werden, zu tun, was unsere Pflicht ist, und zu lassen, was anderen und uns selbst schadet und Leid verursacht, nie mehr wiederkehren. Versäumnisse können wir nie wiedergutmachen. Das Jüngste Gericht könnte darin bestehen, daß dem Menschen ein Film gezeigt wird, der sein Leben in allen Einzelheiten wiedergibt. Die Strafe ist dem Versagen mitgegeben. In Groningen habe ich eine gefühlsbestimmte Schreckensherrschaft geführt. Wer Brahms nicht liebte, wurde abgekanzelt; ich tat mich wichtig mit der Interpretation von Bartoks Violin-Konzert, obwohl ich keine Note lesen kann und vom Violin-Spiel nichts verstehe.

Ich begreife, daß die Zeit zwar vergangen, die Vergangenheit als Anklage aber noch gegenwärtig ist. Ich verstehe, daß vom Beginn unseres Lebens an alles bis in die kleinsten Einzelheiten in den Kellern unter der Folterkammer aufbewahrt wird. Ich erinnere mich an einen trüben Wintertag im Januar. Wir fuhren durch eine öde, graue Gegend in Norddeutschland. Die Schornsteine eines mächtigen Schiffes überragten die Häuser der Stadt. Als es Abend geworden war, verließ das Schiff Bremerhaven, mit dem Ziel New York.
Mein Analytiker hatte mir eine Gastprofessur in Topeka vermittelt, und ich ging aus Karrieregründen für ein halbes Jahr dorthin. Noortje und Kathleen blieben in Groningen zurück. Kathleen war sechs, und ich wußte sehr wohl, daß man sein Kind in diesem Alter nicht verlassen sollte. Das Wasser lag regungslos, Nebelfetzen hingen tief, ab und zu tauchten die Lichter eines Bauernhofes in der flachen Landschaft auf. Ich stand auf dem Achterdeck und hörte die Schiffsschrauben im Wasser des Meeresarmes ihre Melodie singen, die Stille nicht aufhebend, sondern vertiefend. Ich stand allein. Meine Mitpassagiere spielten Bridge oder sahen sich einen Film an. Ich fühlte tiefen Frieden in mir. Später dachte ich: »Diesen inneren Frieden habe ich gestohlen.«
Meine Mutter hatte recht gehabt: »Piet, es gibt nichts Schrecklicheres, als mit einem eingebildeten Himmel im Herzen in die Hölle zu kommen, voller Erwartung und doch für immer verloren.« Ich habe andere in ihrer Arbeit zu wenig stimuliert, weil ich selbst soviel wollte. Ich malte, als ich hätte schreiben sollen. Ich sah meine Mitmenschen nicht. Onkel Dirk ist hier gestorben, und ich habe ihn nicht besucht, darum bin ich nun hier. Ich habe mit Farben geschmiert, als ich hätte studieren sollen. Ich habe das Bußkleid angezogen, aber was nützt das schon! Mein Schuldgefühl ändert die Vergangenheit nicht. Ich kann nicht wiedergutmachen, was die Menschen gefühlt haben, die ich habe durchfallen lassen, weil sie sich gegen meine Autorität auf-

gelehnt hatten. Nun fühle ich, daß wahr ist, was in einem Psalm geschrieben steht: »Denn der Herr ist hoch und sieht auf das Niedrige und kennt den Stolzen von ferne.« Es ist wahr, und ich werde es auch noch zu spüren bekommen. Gott? Aber was kann Gott wirklich? Ich sehe ein Bild der Milchstraße vor mir, ich sehe Himmelskörper sich langsam fortbewegen, »ohne Rast, ohne Hast«. Ihr Lauf ist unwiderruflich, auch Gott kann sie nicht auf ihrer Bahn umkehren lassen. Wenn es einen Gott gibt, was kann Er gegen die Zeit, gegen das Schicksal ausrichten? Die Zeit wird mir zu einer erdrückenden Last, und ich will mich davon befreien. Das Bild von der Milchstraße erfüllt mich mit maßloser Angst. Es gibt nur ein Hin, niemals ein Zurück. Ich fühle mich wie Macbeth, der gemordet hat und entdeckt, daß er den Mord nicht ungeschehen machen kann. »Was geschehn ist, kann man nicht ungeschehn machen.« Man kann es, wie es heißt, nicht mehr zurückdrehen.

An einem Weihnachtsabend vor vielen Jahren waren wir bei den Eltern einer Freundin von Kathleen eingeladen. Nachdem wir einen Château Margaux getrunken hatten, der infolge der Heizung die Temperatur von Punsch angenommen hatte, führten sie uns einen Film vor. Wir sahen, wie das Ehepaar mit den Kindern Blumen am Grab der Großmutter niederlegte. Der Vater sagte: »Es sieht so komisch aus, wenn man den Film zurückdreht.« So sah man Vater und Mutter mit der Tochter und den beiden Söhnen rückwärts gehen, die Blumen wurden vom Grab weggenommen usw. Es ist bitter-töricht und tief symbolisch. Aber in der Wirklichkeit ist so etwas unmöglich. Es gibt nichts zurückzudrehen.

Lady Macbeth erlebt ihr Schuldgefühl ganz konkret. Sie blickt auf das Blut an ihren Händen und ruft angesichts dessen, was sie sieht, aus: »Alle Wohlgerüche Arabiens würden diese kleine Hand nicht wohlriechend machen!« Alle Wohlgerüche Arabiens nicht, alles Wasser des Meeres nicht, einfach deshalb, weil man das, was man anderen angetan hat, nicht wiedergutmachen kann.

Die Gelegenheit ist vorbei. Viele der Menschen, denen du Leid zugefügt hast, sind nicht mehr. Und was in ihrem Leben glückliche Augenblicke hätten sein können, das hast du verdorben, du und niemand anders. Weil sie dich liebten, hattest du die Macht, und du hast sie mißbraucht. Lady Macbeth stürzt sich von der Schloßmauer in die Tiefe.
Halb vier habe ich es schlagen hören, es wird nun doch vier Uhr sein? Es ist sieben Minuten nach halb vier. Ich muß fort, ich will verschwinden, ich will dies nicht fühlen, ich will nicht existieren, ich will zurück in die Zeit, ehe ich existierte. Warum ist mein Vater, nachdem er erst seine Frau und dann sein Töchterchen durch die Schwindsucht verloren hatte, meiner Mutter begegnet? Habe ich darum gebeten, geboren zu werden? Schon als Kind habe ich oft in Verzweiflung geschrien: »Ich wünschte, ich wäre nie geboren!« Ich sitze in der Falle und kann mich nicht befreien. Ich will fliehen, aber ich kann nirgendwo hin. Ich hätte nicht in dieses Elend zu geraten brauchen, wenn ich mich rechtzeitig bekehrt und auf Gottes Gebote gehört hätte. Die Panik läßt alle Sicherungen durchschlagen. Ich stürme aus meinem Zimmer und schreie: »Gott! Gott!« Dies ist nicht auszuhalten. Ich brülle den Pfleger an: »Sehen Sie nicht, daß dies die Hölle ist?« Ich schreie es heraus: »Bin ich denn wirklich so schlecht? Steht dies im Verhältnis zu dem, was ich falsch gemacht habe? Kann man so schlecht sein, daß dies die Strafe sein muß? War ich denn so grausam? Habe ich nicht jedes Tier von der Straße aufgehoben, wenn ich dachte, daß es überfahren werden könnte?« Ja sicher, aber deine Assistenten hast du gequält, indem du einige den anderen vorgezogen hast. Der tiefste Abgrund, in den ich stürze, ist der Gedanke, daß selbst Gott mir nicht helfen kann, denn Er kann nichts ungeschehen machen, und die Himmelskörper, die von der Zeit bewegt werden, sind ihm weit überlegen. Ich bin ein Wort, das ausradiert werden muß, ein Vers, der nie hätte gesungen werden dürfen. Ich kann niemals mehr im Nichts versinken, denn ich existiere.

Die Zunge klebt mir am Gaumen, so wie es in den Psalmen beschrieben wird. Meine Kehle brennt wie Feuer, Hände und Füße glühen. Ich hatte mir nie klargemacht, daß man in einer Psychose nicht nur anders fühlt, sondern auch sehen lernt, wie die Wirklichkeit ist, und wahrnimmt, was wahr ist. Ich bin es, der Allans Leben verpfuscht hat. Ich hätte seine Abenteuer nicht gutheißen dürfen. So ist es meine Schuld, daß er gesündigt hat. Die ich hochgelobt habe, sind gefallen und zerbrochen. Ich machte mir Vorwürfe, von denen ich später sagen sollte: »Dies waren Äußerungen meiner Krankheit«, und andere, von denen ich sagen muß: »Sie enthalten einen Kern von Wahrheit, und nicht nur einen kleinen, nicht nur von der Größe eines Apfelkerns, sondern einen großen, so groß wie der Kern einer Avocado.«

Am nächsten Tag hörte ich, ohne Absicht, Frau de H. zu ihrem Sohn, einem jungen Mann mit auffallend femininem, weichem Äußeren, der in einem Altersheim arbeitete und dies sicher sehr gut machte, die Worte sagen – worauf dieser einen eindringlichen Blick in meine Richtung warf –: »Dieser Herr scheint ein Professor zu sein, aber er hält uns alle wach, er brüllt und schreit nachts so laut.«

Leben wollte ich nicht, und sterben konnte ich nicht. Ich war ja schon tot. Dies war doch die Hölle. »Berge, fallet über uns, und Hügel, decket uns!« Ich konnte nicht schlafen, aber schließlich wurde ich vor Elend so müde, daß ich gegen Morgen doch einschlief. Um Viertel vor sieben klopfte eine Schwester an die Tür. »Aufstehen bitte, es ist fast sieben Uhr.« Ich protestierte. Ich hatte kaum geschlafen. »Sie kennen Dr. Nolens Standpunkt: Außerhalb der dafür bestimmten Zeit wird nicht geschlafen. Wenn Sie jetzt liegenbleiben, schlafen Sie heute nacht wieder nicht.« Wie eine lebendige Leiche saß ich am gut gedeckten Frühstückstisch. Es erstaunte mich, daß für andere das Leben einfach weiterging.

Beim Kaffee wurde wieder über den Photoapparat gesprochen, den sich Nancy anschaffen wollte. Die Vor- und Nachteile verschiedener Apparate wurden sorgfältig gegeneinander abgewogen, und gegen diese alltäglichen Dinge hob sich meine Krankheit so schwarz ab wie eine Silhouette gegen den Abendhimmel. Ich fühlte mich elend, verworfen, verflucht. Kein Kind dürfte jemals mehr geboren werden, schon weil man das erleben kann, was ich jetzt erlebe. Und doch reichen Worte bei weitem nicht aus.

Zu Recht versuchte man mich dazu zu bewegen, etwas Sinnvolles zu tun. Ich saß vor einem weißen Papier und hatte eine Menge Farben, aber ich wußte überhaupt nicht, was ich damit tun sollte. Es gab unendliche Möglichkeiten, und das machte mir angst. Hanneke, die Arbeitstherapeutin, war ganz reizend. Ich dachte bei mir: In der Hölle gibt es doch so liebe Menschen nicht? Alle sind nett zu mir. So regelt Gott das also. Er läßt dich für einen Augenblick glauben, daß du nicht in der Hölle bist, um dich dann um so unbarmherziger hineinstürzen zu lassen. Ich sprach Dirk an und sagte: »Ich halte es nicht mehr aus. Geben Sie mir etwas, geben Sie mir eine Betäubungsspritze, machen Sie eine Pflanze aus mir, die nicht fühlen kann.« »Vielleicht hat Dr. Nolen eben Zeit für Sie? Wir können ja fragen.« Nolen kam, in seiner hastigen Art, die jedoch nicht bedeutete, daß er für den einzelnen Patienten keine Zeit hatte. »Kommen Sie mit!« Er wiederholte, was er bereits früher gesagt hatte: »Natürlich haben Sie Fehler gemacht, aber Sie sind nicht so schlecht, wie Sie glauben. Daß Sie so denken, ist eine Folge Ihrer Depression.« Er sprach nicht von »Selbstaggression«. Darauf hätte ich sofort geantwortet: »Nach innen gerichtete Aggression, Wut, die ich an mir selbst auslasse? Wovon sprechen Sie? Ich habe vollkommen versagt, ich habe meine Mitmenschen benutzt, mißbraucht, verbraucht. Es ist schrecklich, in die Hände des lebendigen Gottes zu fallen.« »Ich hielte es für gut, wenn Sie mit dem Pfarrer sprechen. Sie brauchen nicht nur einen Arzt, sondern auch einen Seelsorger.«

Pfarrer Visbeek kam am nächsten Nachmittag, hängte sei-

nen Mantel auf, sprach mit einigen Mitgliedern des Personals. Man sagte ihm, daß er nicht im Personalzimmer mit mir sprechen könnte, da der Arzt es für seine Team-Besprechung brauche. Wir gingen in mein Zimmer.
»Setzen Sie sich nur in den Sessel, Herr Kuiper, ich setze mich auf den Bettrand.« So fiel mein Blick wieder auf den Garten, der nun nicht dunkel war, und wieder auf die Kirche, die ich hinter den Bäumen sehen konnte. Der Garten glich einer leblosen Kulisse. Ab und zu störten meine psychotischen Vorstellungen unser Gespräch. Dann unterbrach ich den Pfarrer und sagte: »Auch Sie sind ein Teufel.« Wie könnte Gott dich gräßlicher strafen als damit, daß derjenige, von dem du eine gute Botschaft erwartest, sich auch als Teufel entpuppt? Er sagte ganz ruhig: »Ich bin kein Teufel. Finden Sie, daß ich so aussehe? Wäre das nicht ein merkwürdiger Gott, der so etwas täte?« Er ging aus von dem Punkt, an dem ich mich befand, und ließ mich sprechen. Ich redete über die Könige in der Bibel, die Jahve nicht dienten, sondern immer wieder das taten, was in den Augen des Herrn böse war. Abgötterei, das ist das Böse. Menschen idealisieren, Sexualitätssymbole anbeten, meine Tochter vernachlässigen und dem Naturgott Baal, der sakralisierten Natur, Opfer bringen. »Sie sind nicht in der Hölle, sondern in der Wüste.« Er gab keine Deutungen und redete nicht drum herum. »Wenn wir über Gott sprechen, meinen wir den Gott der Bibel, nicht wahr? Und lesen wir da nicht auf jeder Seite, daß Gott vergibt?« Ich bin bibelfest und führte die Geschichte vom alten König Saul an. Der verhärtete sein Herz, kehrte sich gegen Gott und suchte sein Heil bei der Zauberin von Endor. Dem Herrn waren Zauberei und Wahrsagerei ein Greuel.
»Die Psychoanalyse, das ist solche Zauberei, und darin habe ich mein Heil gesucht.« »Nein, Sie haben es da gesucht, um von Ihren Problemen befreit zu werden. Vieles von dem, was Sie jetzt in Ihrer Depression erleben, muß doch schon in Ihnen geschlummert haben. Es stimmt, daß der alte König Saul

sich verhärtete, aber das tat er doch aus freiem Willen?«
»Nein«, widersprach ich, »Gott verhärtet die Herzen derer, die nicht Seine Kinder sind.« Pfarrer Visbeek: »Sie hängen noch immer an der Lehre von der Prädestination. Sie kommen aus streng kalvinistischem Milieu, nicht wahr? Ich schätze vieles von dem, was in Ihrer Kirchengemeinschaft lebt, den mystischen Einschlag, die Innigkeit und das pietistische Element, aber der Art und Weise, wie bei Ihnen noch an der Prädestinationslehre festgehalten wird, kann ich nicht zustimmen. Wir müssen in erster Linie lesen und so gut wie möglich interpretieren. Wir können Gott nicht anders erkennen als in Christus. Er zeigt uns, wer und wie Gott ist. War er nicht sanftmütig? Hat er nicht Kranke geheilt? Er vertritt keinen launischen Gott, der Menschen für die Hölle vorbestimmt, sie sündigen läßt und dann zur Strafe zu ewigem Leiden verdammt. Das stimmt doch nicht. Das haben sich doch Menschen ausgedacht?«
Er wiederholte mehrfach: »Sie sind in der Wüste und nicht in der Hölle. Und wenn Sie bisher ohne Gott gelebt haben, obwohl Sie anders erzogen worden sind, dann wird sich dies nun ändern, und Sie werden sein wie der verlorene Sohn, der heimkehrt.« Er fragte: »Kommen Sie Sonntag zur Kirche?« Er konnte mich zwar nicht ganz von meinen Ängsten befreien, aber mir war doch, als ob ich einen Lichtstrahl sähe. Er war von großer Sanftmut und besaß zugleich eine starke Autorität. »Ich habe Angst«, vertraute ich ihm an, »daß ich mich, obwohl ich schon tot bin, selbst töten könnte. Warum sollte man nicht mehrfach sterben können? Wenn ich tot bin, möchte ich hier begraben werden. Werden Sie den Trauergottesdienst halten?« »Wenn Sie sich selbst töten, dann werde ich, wie schwer es mir auch fallen mag, den Gottesdienst halten. Jetzt wollen wir aber erst einmal beten, daß Er Sie davor bewahrt. Ich möchte gern, daß Sie Dr. Nolen sagen, was Ihnen durch den Kopf geht. Er muß auf alle Fälle Bescheid wissen.«
Pfarrer Visbeek hatte gefragt, ob ich Sonntag zur Kirche

käme, und ich hatte versprochen, es zu versuchen. Der erste Kirchgang fiel auf einen Sonntagmorgen, an dem Rob Dienst hatte. Man hielt es offenbar für nötig, daß ein Pfleger mich begleitete. War ich wirklich, wie es in der Fachsprache heißt, »suizidgefährdet«? Ich könnte mir selbst Schaden zufügen, aber mich töten? Wer nicht nur an Panikanfällen leidet, sondern sich in einem Zustand anhaltender Panik befindet, könnte der nicht, weil er keinen anderen Ausweg sieht, den Tod suchen?
Die Glocken läuteten. Es war ein herrlicher, klarer Herbstmorgen. Rob ging neben mir, und das war mir sehr wohl bewußt. Er hatte genauso lange Beine wie Allan, und wie Allan bemühte er sich, so zu gehen, daß ich mit ihm Schritt halten konnte. Ich fragte ihn, ob Gottesdienst ihm etwas bedeute. »Nein«, sagte er, »ich bin nicht gläubig.« Wenn er nur nicht in die Hölle kommt, dachte ich. Nach dem Gottesdienst erklärte er, daß er über dies alles noch einmal nachdenken wollte. Am nächsten Tag fragte ich Nolen: »Gehen Sie manchmal in die Kirche?« Er gab keine direkte Antwort: »Ich bin katholisch erzogen.« Danach sprachen wir über meine Angst, daß Gott mich strafen würde. Truus, eine Mitpatientin, mit der ich später vieles gemeinsam tun sollte, sagte zu mir: »Der Pfarrer Visbeek liegt mir sehr. Nächstes Mal gehe ich mit in eine christliche Kirche. Auch wenn Sie nicht katholisch sind, hören Sie doch sicher auch manchmal eine Messe?« »Ja, die ›Krönungsmesse‹ von Mozart, als ich Musik noch ertragen konnte.«
Wir betraten den großen, harmonisch gestalteten Raum der Kirche. Rechts eine Gruppe von dreißig sehr alten Patienten. Da würde ich auch sitzen, wenn die Demenz fortschritt, aber jetzt saß ich noch links. Ein Mitpatient sang aus voller Brust alle Psalmen mit, mit eigenen Worten und auf eine eigene Melodie. Er machte nicht den Eindruck zu leiden. Ich dachte an Noortje, die zur gleichen Zeit Dr. Berkhof hörte, den ich kannte, seitdem ich am Reformierten Seminar unterrichtete.

Die Predigt handelte von Jona. Jona hat den Einwohnern von Ninive verkündet, daß sie gesündigt hätten und daß Jahve, wenn sie ihr Leben nicht änderten, eingreifen werde. Die Einwohner von Ninive bekehren sich. Daraufhin will Gott die Stadt verschonen. Jona zürnt, weil seine Drohungen nicht wahrgemacht werden. Da wird ihm eine Lektion erteilt: Auf dem Platz, wo er seine Zeit verbringt, wächst ein prächtiger Baum, der jedoch am nächsten Tag verdorrt. Jona ist traurig und böse. Jahve sagt zu ihm: »Du bist traurig, weil der Baum verdorrt ist. Und ich sollte die Stadt, mit so vielen Menschen und so vielen Tieren, dem Erdboden gleichmachen?« Dies war wahrlich ein anderer Gott als der, den ich mir in meiner Krankheit vorstellte.

Jener Oktobermonat war strahlend schön. Die goldene Farbe der Hagebutten begann zu leuchten, und es gab viele davon. Ich sehnte mich nach Noortjes Besuch, immer wieder, aber wenn sie da war, steigerte sich meine Angst, und ich konnte mich über ihre Anwesenheit nicht freuen. Wenn sie nicht da war, ängstigte ich mich, weil ich glaubte: Sie ist für immer verschwunden, fort, tot. Ich fühlte, wie die Angst noch größer wurde, als sie ohnehin schon war, wie sie zur Panik wurde.
Bloemendaal liegt nicht weit von Hoek van Holland. Noortje wußte, wie sehr ich Schiffe liebe. Mein Vater war zur See gefahren, bis seine Augen es nicht mehr zuließen. Auch sein Vater und – wie er erzählte – all seine Vorfahren, soweit sie zurückzuverfolgen waren, waren Seefahrer gewesen. Obwohl ich wußte, daß es lieb von Noortje war, den Ausflug nach Hoek van Holland zu planen, wurde die Ausführung dieses Planes doch zur Qual. Nicht, daß ich ihn nicht genießen konnte, quälte mich am meisten, sondern Angst und Schuldgefühl, verstärkt durch Erinnerungen an die guten Zeiten, in denen ich, davon war ich überzeugt, Noortje nicht so behandelt hatte, wie sie es verdient hätte.
Der Weg von Den Haag nach Hoek van Holland führt durch

Monster und vorbei an s'Gravenzande. Ich sah mächtige Kirchen und machte mir Vorwürfe, daß ich sie mehr als dreißig Jahre lang nicht beachtet hatte. Da stehen sie, im flachen Land, als Zeichen der künftigen Rache Gottes, und zugleich sagen sie dir, daß das Gericht schon begonnen hat. Das Licht war eigenartig flimmernd. Die Luft war klar, alles schien sehr nahe. Die Blätter der Pappeln spiegelten den blauen Himmel.

Hoek van Holland ist für mich ein Symbol. Ich habe es zweimal vor mir auftauchen sehen, bei der Rückkehr aus den Vereinigten Staaten, einmal an Bord der »Westerdam«, einmal an Bord der »Rotterdam«, des größten und luxuriösesten Schiffes der Holland-Amerika-Linie. Noortje und ich gingen über den Pier. Von hier aus sind wir oft nach Harwich gefahren. Damals haben wir zugeschaut, wie die letzten Passagiere sich beeilten, noch an Bord zu kommen, wie die Leinen losgemacht wurden, und immer wieder habe ich mit Erstaunen gesehen, wie langsam der Abstand zwischen Schiff und Kai größer wurde, langsam, aber erschreckend endgültig, und schmutziges Wasser in der Tiefe brodelte. Ich sah es, aber ich zog keine Konsequenzen für mein Leben aus dem, was ich sah. Sehend nicht sehen, hörend nicht hören, so habe ich gelebt.

Wenn wir dann auf hoher See waren, versuchte ich auf jeder Reise, eine Flasche Chablis und Sandwiches mit »cress and eggs« zu bekommen. »Erinnerst du dich noch daran?« fragte ich Noortje. »Ich habe es getan, aber ich habe es nicht so getan, wie ich es hätte tun sollen. Ich habe dir nicht genug Aufmerksamkeit geschenkt.« Ich sah wieder das Bild von Himmelskörpern vor mir, deren Bewegungen nicht umkehrbar sind, und ich war überzeugt, daß ich nie mehr nach Harwich fahren würde.

Um vier Uhr ging ein Schiff nach Harwich. Siehst du, wir sind in der Hölle, das Schiff nach Harwich fährt um zwölf, nicht um vier. Früher hätte der Anblick des Schiffes, das durch den Nieuwe Waterweg stampfte, mich gefesselt,

gefreut und wahrscheinlich gerührt. »Erhaben glitt das Schiff...« Ein archetypisches Bild, auch wenn es solche Schiffe noch nicht lange gibt. Die Reise nach Harwich damals, die Tage in London, vergangen und nicht richtig erlebt, verpaßt, achtlos und unaufmerksam. Die Steine glänzten im Licht, umspült von schmutzigem Schlick.
Noortje nahm mich beim Arm, als sie merkte, daß das Wasser mich anzog. Plötzlich tauchte ein merkwürdiger Gegenstand in der Luft auf, stieg auf und senkte sich wieder und vollführte dabei unerwartete und unvorhersehbare Bewegungen. Dies war für mich wiederum ein Beweis: Ich bin in der Hölle, auf der Erde gibt es solche Dinge nicht. Aber was ist dann mit den Menschen, die in ihren Autos sitzen und Brot mit geräuchertem Aal essen? Ißt man in der Hölle Brot mit geräuchertem Aal? Ja, richtig, die Hölle ist genau wie das Leben auf Erden, aber man erlebt alles mit dem Gefühl: Ich habe mich nicht daran erfreut, ich habe den Augenblick verstreichen lassen, ich habe das Wesentliche, das, worum es wirklich geht, nicht erkannt, auch wenn ich viel zu wissen wähnte. Das ist Gottes Strafe. Die ewige Wiederholung, kein Tod, der das Leben beschließt, ein niemals nachlassendes Wissen, daß du das Leben nicht wirklich gelebt, daß du dich nicht an die Gebote gehalten hast. So bist du ein Außenstehender geblieben. Und ich war doch gewarnt worden, immer wieder, und hatte die Worte gehört: »Wir haben euch gepfiffen, und ihr habt nicht getanzt; wir haben euch geklagt, und ihr habt nicht geweint.«
Ich wollte fort vom Pier, fort von der Angst, die verstärkt wurde durch den Gegenstand, der in der Luft taumelte, mal hinter einem Haus verschwand und sich dann wieder erhob.
Um fünf Uhr mußten wir zurück sein. Manchmal waren wir eher zurück, weil ich glaubte, mich in der Abgeschlossenheit des Pavillons sicherer zu fühlen, und so verkürzte ich das, was ich doch zugleich so lange wie möglich dauern lassen wollte. Ich war wie ein Ball, der, wenn er nach links rollt,

nach rechts getreten wird und umgekehrt, aber auch ein Ball, der bemerkt, daß seine Bewegungen nicht freiwillig sind. Die Qual des Tantalus bestand darin, daß Wasser zum Trinken in Reichweite schien und zurückwich, sobald er davon trinken wollte. Es gibt noch Schlimmeres, nämlich, daß das, wonach der Mensch am meisten verlangt, ihm zugleich die größte Angst einjagt. Welche Möglichkeiten zum Leiden sind unserer Natur nicht eingegeben?

Wenn jemand eine Krebsgeschwulst im Magen hat, wie der Vater von Reinier, dann verursacht das unerträgliche Schmerzen. Normalerweise würde man sagen, daß die Schmerzen von der Geschwulst kommen. Ich sah das jedoch anders. All diese Schmerzen sind in unserem Körper schon vorhanden, alle Angst in unserer Seele. Im normalen Leben – normal? –, ich sage lieber: wenn man einigermaßen gesund ist, verfügt man über Techniken, um die Angst und den Schmerz zu unterdrücken. Wenn die Sperre nachgibt, dann manifestieren sie sich. Ob das Wasser hinter dem Staudamm zu einer nicht aufzuhaltenden Flutwelle wird, hängt davon ab, wie stabil der Damm gebaut ist. In die Hölle braucht der Mensch nicht erst zu kommen, er trägt sie in sich von dem Augenblick an, da die erste Zelle entsteht, und mit jeder Zellteilung breitet sich das potentielle Feuermeer von Angst und Schmerz weiter aus. Man braucht nichts Besonderes zu tun, um den Damm zu unterhöhlen; das tut die Zeit. Der Organismus altert, wie Steine zerbröckeln. Sind Gott und Schicksal nicht eine Einheit? Die Katastrophe, die sich vollzieht, ist zugleich Naturnotwendigkeit und Strafe. »Woher ein jedes kommt, dahin vergeht es auch, büßend für getanes Unrecht nach dem Gesetz der Zeit.« Und das »dahin vergeht es auch« ist ein Prozeß, der mit schrecklicher Angst und unerträglichem Schmerz verbunden ist. Was kann Kyrie eleison anderes bedeuten als: Laß den Damm nicht brechen?

In unser Leben ist eine Zeitbombe eingebaut. Jeder, der ein Kind zeugt oder bei sich zeugen läßt, legt eine solche Zeitbombe. Die Worte auf dem Taufschein: »... allerlei Elend, ja der Verdammnis selbst unterworfen« sind keine Glaubensäußerung, sondern eine Konstatierung des unabwendbaren Ablaufs der Dinge. So sind die Dinge geordnet, und welche Macht im Himmel oder auf Erden könnte an dieser Ordnung etwas ändern? Glück, das ist der Tanz um den Galgen und dabei vergessen, daß auch du gefoltert und gehängt werden wirst. Macht der Tod diesem Leiden ein Ende? Ist das so sicher? Hat Shakespeare sich so sehr geirrt, als er Claudio sagen ließ: »Das schwerste, jammervollste ird'sche Leben, das Alter, Schmerz, Gefangenschaft dem Menschen auferlegt, – ist ein Paradies gegen das, was wir vom Tode fürchten!« Wer versichert uns, daß wir nach dem Tode nichts mehr fühlen, daß wir Ruhe finden werden? Bei manchen Krankheiten verfault der Mensch, ehe sein Körper tot ist. Warum sollte er das spätere Faulen nicht fühlen, wenn der Körper schon tot ist?

Wieder zurück auf der Abteilung. Und wieder hatte ich Noortje wegfahren sehen. Noch viereinhalb Stunden, bis wir zu Bett gehen durften. Ich saß in einer Ecke und schaute auf die Uhr, nach einiger Zeit noch einmal. Zweieinhalb Minuten waren vergangen, während es nach meiner Schätzung eine Stunde hätte sein müssen. »Wollen wir eine Partie Schach spielen, Herr Kuiper?« »Schach spielen? Ich kann die Figuren nicht mehr unterscheiden, ich habe keine Übersicht mehr. Ich bin doch dement, warum quält ihr mich damit?« »Sie sind nicht dement, und wenn Sie es versuchen, werden Sie sehen, daß es geht. Aber wenn Sie Angst davor haben, warum dann nicht mit dem ›sjoelbak‹ spielen?«* Das tat ich, denn wenn man mit dem »sjoelbak« spielt, vergeht die Zeit schneller, als wenn man ganz still sitzt. Was demente Menschen nicht können, das tat ich nicht, wie etwa Scrabble oder andere Spiele mit Buchstaben spielen.

Den Stillstand der Zeit habe ich als eines der quälendsten

* »sjoelbak«: Spiel mit runden Scheiben, die in verschiedene Öffnungen geschoben werden müssen; Anm. d. Übers.

Symptome meiner Krankheit erfahren. Man hat öfter zu mir gesagt: »Du hast dich sicher gelangweilt.« Nein, ich habe mich absolut nicht gelangweilt. Wenn die Angst nur groß genug ist, dann langweilt man sich nicht. Der Schlaf brachte eine gewisse Erleichterung, aber mitten in der Nacht wachte ich auf. Den Pfleger wieder fragen, ihm die Frage stellen, die er nicht zehnmal, sondern hundertmal geduldig beantwortet hat: »Nein, Herr Kuiper, Sie sind krank und in einer Klinik, nicht in der Hölle, auch wenn Sie furchtbar leiden.«

In jener Nacht tat ich etwas, wovon ich niemals geglaubt hätte, daß ich es tun könnte. Peter hatte Dienst. Ich hatte überzeugende Beweise, daß er zum Reich der Teufel gehörte. Er spielte oft Schach gegen einen Computer, und dieser geheimnisvolle, unglaubwürdige Apparat konnte, wie Peter mir erzählte, auf verschiedenen Ebenen spielen, als Anfänger, als Meister und als Großmeister. Das konnte doch nicht wahr sein? Ich lief über den Flur und sah, daß er mit seiner Schachmaschine allein war. Er sah mit fragendem Blick auf. Es war ganz still. Ich ging langsam auf ihn zu und griff ihm mit einer schnellen Bewegung nach der Kehle. Ich bin zwar viel älter, aber offenbar war ich doch stärker. Die Panik gab mir verlorene Kräfte zurück. Jetzt nicht aufgeben. Es gelang Peter noch, herauszupressen: »... Herr Kuiper?« Ich merkte, daß mein würgender Griff schwächer wurde, und ich ließ ihn los.

Was geschehen ist zwischen dem Augenblick, als ich Peter an die Kehle ging, und dem Gespräch mit Nolen am nächsten Tag, ich weiß es nicht. Nichts weiß ich mehr davon. Wohl erinnere ich mich an das, was am nächsten Tag geschah. Ich sah Nolens Gesicht vor mir und sagte zu ihm: »Jetzt ist es genug. So kann es nicht weitergehen. Ich habe mich in die Valerius-Klinik aufnehmen lassen, weil ich fürchtete, meine Tochter umzubringen. Heute nacht habe ich Peter angegriffen.« »Ja, das habe ich gehört, und wir haben natürlich darüber gesprochen.« Als Selbstmörder begraben zu werden, das wäre schon schlimm genug, aber als

Mörder? Sollte ich, der zwar Menschen verletzen, aber keiner Fliege etwas zuleide tun konnte, als Mörder enden? »Ich will in einen Pavillon, der, wie ihr das nennt, stärker strukturiert ist, mit einer Isolierzelle, in der ich höchstens mir selbst, aber keinem anderen Schaden zufügen kann. Am liebsten auf eine Abteilung, in der zwei stämmige Pfleger Nachtdienst haben.« Ich dachte an Mitarbeiter, die ich selbst früher gehabt hatte, an einen riesigen, sanftmütigen Schwarzen mit stählernen Muskeln. Hier gab es nur den schmächtigen Schachspieler.

Nolen sagte: »Daraus wird nichts. Es wäre gut, wenn Sie sich bei Peter entschuldigen würden.« »Das habe ich schon getan.« »Nun gut, wenn Sie wollen, können wir noch mal darüber sprechen. Wir haben einiges durchgemacht, und ich finde, daß Sie genug gelitten haben. Sie bleiben hier, unter meiner Obhut. Sie werden sehen, dies wird sich nicht wiederholen. Sie bekommen nur noch eine geringe Dosis angsthemmender Mittel, und wenn wir auch die abgesetzt haben, bekommen Sie Tylciprin, und dann sehen wir weiter.« Ich wußte nicht, woher Nolen seine Sicherheit nahm.

Das Präparat, das Nolen mir geben wollte, kann nicht mit anderen Mitteln kombiniert werden. Die Antwort auf die Frage, warum nicht, führt zu medizinischen Überlegungen, die nicht hierher gehören. Ich hatte mich an große Mengen angsthemmender Mittel wie Seresta und Valium gewöhnt. Als die Dosis vermindert wurde, änderte sich das Krankheitsbild. Die Angst trat immer mehr in den Vordergrund. Und eine zusätzliche Qual kam hinzu: Die Panik wurde so groß, daß ich nicht mehr stillsitzen konnte. Ich wußte nicht mehr ein noch aus. Ich lief in mein Zimmer und wieder zurück, in die Toilette und wieder hinaus. Auch meine körperlichen Beschwerden verstärkten sich erheblich. Mein Mund war trocken, und die Zunge klebte mir am Gaumen. Trinken half nichts. Mir war zugleich heiß und kalt. Zeitweise hatte ich bohrende Kopfschmerzen. Ich befand mich in einem Zustand, der das genaue Gegenteil von Wohlbefinden ist. Mein

Körper verursachte mir die verschiedensten schrecklichen Empfindungen, die sehr schwer zu beschreiben sind. Es war, als stünden meine Knochen in Brand, als gäbe es keine Verbindung zwischen den einzelnen Körperteilen. Arme und Beine schienen aus Plastik. Ich konnte meine Stimme zwar gebrauchen, doch ich hatte das Gefühl, kein Wort sagen zu können.

Da ich nicht an meiner Erklärung dieses Zustandes zweifelte, kam mir überhaupt nicht in den Sinn, daß mein Gefühl maßlosen Elends eine Entzugserscheinung sein könnte, die beim Absetzen angsthemmender Mittel auftritt, verbunden mit dem schlechten Befinden, das zur Depression gehört. Ich konnte nicht leben, aber sterben wollte ich auch nicht. Ich sprach Nolen an, der mit seinem Assistenten hereinkam, und erklärte, daß ich nicht mehr aus noch ein wüßte. Und ich fügte hinzu: »Ich habe meine Patienten nie so leiden lassen. Ich will Haldol haben, ich bestehe darauf. Schließlich bin ich doch freiwillig hier?« Seine Antwort: »Von mir werden Sie niemals Haldol bekommen. Sie haben es lange genug geschluckt, und es würden nur Nebenwirkungen auftreten.«

Ich wußte, daß er recht hatte. Jetzt Haldol zu geben, wäre ein Fehler. Und doch wird es oft getan. Als ich Nolen später die Abteilung verlassen sah, sprach ich ihn wieder an: »Nolen, tun Sie etwas, ich halte es nicht mehr aus.« Antwort: »Das werden Sie schon müssen.« Man ermutigte mich, so aktiv wie möglich zu bleiben, bis ich eine andere Medikation bekommen würde. Meine Malerei wurde noch chaotischer.

Ich machte täglich einen Spaziergang, konnte mich aber auf dem Gelände einfach nicht orientieren. Der Weg führte zu dem kleinen »Laden«, und wenn wir unseren Rundgang über das Gelände fortsetzten, kamen wir an einem Hühnerschlag mit exotischen Hühnern vorbei. Schlurfend ging ich mit. Ich bot nun selbst den Anblick, den ich so oft mitleidig beobachtet hatte: Über das Gelände einer psychiatrischen

Einrichtung bewegt sich eine Gruppe Patienten, mehr schlurfend als gehend, ohne das geringste Interesse für ihre Umgebung. Ich sehe sie wieder vor mir in ihrer grauen Anstaltskleidung, die noch üblich war, als ich meine psychiatrische Laufbahn begann. Vierzig Jahre früher hätte in meinem jetzigen Zustand auch ich Anstaltskleidung getragen. Die einzigen Worte, die ich herausbringen konnte, waren: »Gott, Gott, o Gott.« Nur ein verzweifelter Seufzer, oder doch, weil du weißt, denkst, glaubst, daß es Einen gibt, den du um Hilfe bitten kannst, auch wenn du dich in der Hölle wähnst?

Kapitel 9

Gesund werden

Aufgrund der Depression und der Entziehungserscheinungen nach dem Absetzen der angsthemmenden Mittel ging es mir sehr schlecht. Nachdem ich eine Woche ohne Medikation hatte auskommen müssen, bekam ich die ersten Tabletten Tylciprin. Nolen und Noortje hatten ihre ganze Hoffnung darauf gesetzt; ich selbst erwartete nichts davon. Wie sollte ein ausgefallenes Antidepressivum gegen Demenz helfen? Ein klarer Herbsttag reihte sich an den anderen. Die Bäume verloren ihr Laub. Die Grünfinken kamen zu den Hagebutten, die einen unerschöpflichen Vorrat an Nahrung zu enthalten schienen. Regelmäßig flogen weiße Vögel seewärts: »Es sind die Möwen, Nahrung suchend, wenn die Ebbe wiederkehrt.«
In manchen Augenblicken wurde mir ganz plötzlich klar, daß sich in mir eine Veränderung vollzog, daß ein Prozeß in Gang gekommen war: der Übergang von der Erfahrung »Ich bin in der Hölle« zu einem erträglicheren Leben. Die ständige Panik klang ab, die quälenden körperlichen Beschwerden verschwanden, das abgrundtief schlechte Befinden wurde abgelöst durch eine normalere Erfahrung meines eigenen Körpers, meiner eigenen Existenz.
Ein wunderbarer Herbsttag. Noortje und ich gingen im Dünenwald spazieren, der gegenüber dem Psychiatrischen Zentrum auf der anderen Seite der Straße von Den Haag nach Hoek van Holland liegt. Wir saßen auf einer Bank in der Herbstsonne beieinander, mitten im Wald, der nach Kräutern und Pilzen duftete. »Kann ich jetzt wirklich ganz normal mit dir sprechen, obwohl ich doch geglaubt habe,

daß du gar nicht Noortje warst? Und wenn ich glaubte, daß du doch Noortje warst, meinte ich, dein Leben verpfuscht zu haben.«

»Ja, wir sitzen hier wirklich auf einer Bank beieinander. Und ich habe dir schon unendlich oft klarzumachen versucht, daß du mein Leben absolut nicht verpfuscht hast. Ich habe ein sehr gutes Leben mit dir gehabt. Und vielleicht haben wir ja noch ein paar gute Jahre vor uns?«

Ob ich in diesen Augenblicken strahlendes Glück erlebte? Nein, einen Hoffnungsschimmer wie den ersten Schein der Morgenröte. Erst später habe ich gemerkt: Es ist nun doch ein bißchen hell geworden. Ich bat sie, beim nächsten Mal meinen Photoapparat mitzubringen. Ich sah wieder, daß Licht Licht war, daß alles seine eigene Farbe hatte.

In meinem Lehrbuch »Summe der Psychiatrie« rate ich von der Anwendung einer bestimmten Gruppe von Medikamenten als Antidepressiva nachdrücklich ab, vor allem von den sogenannten MAO-Hemmern. Diese Substanzen wurde zunächst gegen zu hohen Blutdruck angewandt; es zeigte sich aber, daß sie auch eine starke antidepressive Wirkung hat. Zu Beginn hat es dabei einige Unfälle mit Todesfolge gegeben. In Verbindung mit bestimmten Eiweißstoffen, die sich vor allem in Schimmelkäse wie Gorgonzola, Rocquefort, Camembert und auch in rotem Wein und im Hering befinden, verursachen die Substanzen Blutdruckerhöhungen, die in einigen Fällen sogar tödlich waren.

Es ist Nolens großes Verdienst, diese Substanzen doch wieder eingesetzt zu haben, und es zeigte sich, daß die Blutdruckerhöhungen, wenn man eine bestimmte Diät einhält, nicht auftreten. Einige schwere, sogar psychotische Formen von Depression, das heißt Depressionen mit Wahnvorstellungen, wie ich sie hatte, reagieren oft nicht auf die übliche Behandlung mit Antidepressiva (eventuell in Kombination mit Antipsychotika), in vielen Fällen jedoch auf diese MAO-Hemmer. Die Substanz, die mir verschrieben wurde, heißt Tylciprin. Ich mußte mich also an eine Diät halten und wurde an den »Tylciprin-Tisch« gesetzt, an dem uns nichts vorgesetzt wurde, das uns hätte schaden können. Mit einer anderen Nebenerscheinung, die nichts mit der Nahrung zu tun hat, nämlich plötzlichen Blutdrucksenkungen, wenn man aufsteht, lernten wir umzugehen.

Dozent der Psychiatrie schreibt Lehrbuch, rät mit Nachdruck von einem Medikament ab, leidet später selbst an einer Depression und wird gesund, als ihm dieses Medikament verabreicht wird. Zahlen sind für mich ein großes Mysterium. Allerdings würde ich gern wissen, wie groß nach der Wahrscheinlichkeitsrechnung die Chance ist, daß geschieht, was mir geschehen ist. Wenn dieses Buch ein Roman wäre, würde jedermann sagen: »Höchst unwahrscheinlich, wirklich an den Haaren herbeigezogen.« Aber der Leser weiß es: Dies ist ein Tatsachenbericht, keine Fiktion.

Die Oberschwester bat mich wegen einiger Änderungen im Programm zu sich. »Sie wissen, daß Dr. Nolen gern möchte, daß Sie Ihre Erfahrungen aufschreiben. Daß jemand mit Ihrer Fachkenntnis so krank wird und dann imstande ist, seine Erfahrungen zu beschreiben, wann kommt das schon vor? Wir brauchen mehr Einblick in die Selbsterfahrung von Patienten mit einer Melancholie. Und außerdem möchte ich Ihnen sagen, daß Sie zur zentralen Arbeitstherapie gehen können, um zu malen. Die Möglichkeiten dort sind selbstverständlich größer als die, die wir Ihnen im Rahmen der Arbeitstherapie unserer Abteilung bieten können, und es ist gut für Sie, daß Ihr Tag dadurch deutlicher eingeteilt wird.«

Und so ging ich am nächsten Morgen den Weg, den ich noch viele Male gehen sollte. Aus der Ferne wehten Stimmen herüber, die genau denen glichen, die ich früher in den großen, kahlen Bahnhofsräumen gehört hatte, wenn ich durch Deutschland südwärts reiste. Die Verbindungen, die der Reisende, der den Zug verläßt, wählen kann, werden dort in fast sakralem Ton ausgerufen. Nancy erzählte mir später, daß man bei einer bestimmten Windrichtung Stimmengewirr

von der Obstauktion im Westland hören konnte; von dort kamen die rufenden Stimmen.
Ich lernte einen Menschen kennen, der in den kommenden Monaten sehr viel für mich bedeuten sollte: »Sie kommen, um hier zu arbeiten. Sind Sie der Autor des Buches, das ich für ein zusätzliches Examen durcharbeiten mußte?« fragte Jaap van der Knoop. »Gleich kommen die Patienten aus anderen Pavillons. Ist es nicht schwer für Sie, hier zu sein? Ich habe gehört, daß Sie auch schon gemalt haben, ehe Sie krank wurden. Sie können daran einfach wieder anknüpfen.«
Ich sagte ihm, daß ich schon lange nicht mehr gemalt hätte und daß ich der Überzeugung sei, damit nur meine Zeit verschwendet zu haben. Jaap meinte: »Hier könnte es durchaus zu Ihrer Genesung beitragen. Ich denke, es ist das beste, wenn Sie vorher einen Anhaltspunkt haben, ehe Sie mit etwas beginnen.« Wir verstanden uns auf Anhieb, er hat sehr viel zu meiner Genesung beigetragen. »Sie haben doch sicher Photos zu Hause? Photographieren Sie?« Ich erzählte ihm, daß ich zu meinem fünfundzwanzigsten Dienstjubiläum ein zusätzliches Monatsgehalt bekommen und dafür eine Kamera mit Zoomobjektiv gekauft hätte. Er zeigte mir die Farben, eine Fülle von Gouache- und Acrylfarben, und ich empfand nicht geringes Vergnügen, als ich die großen, üppigen Tuben sah. »Warum wollen Sie nicht von einem Photo ausgehen, das Sie selbst gemacht haben, und dann die Farben eines Gemäldes darauf verwenden, das Sie lieben?«
So hatte ich zweierlei Anhaltspunkte, für die Form ein Photo und für die Farben ein bereits vorhandenes Gemälde. Das bedeutete: nicht ertrinken in einer unendlichen Zahl von Möglichkeiten, die ein Stück weißes Papier und ein großes Sortiment von Farben bieten. Meine Initiative kehrte zurück, die Hemmung verschwand. Ich wollte ein Geschäft mit Malzubehör aufsuchen, Hanneke nannte mir eine Adresse, und so gingen Noortje und ich in Den Haag in ein Farbengeschäft. Ein bißchen schüchtern, aber mit einem angenehmen

Pappeln an der Vecht, Januar 1986
Lehm und Acryl auf Passepartout-Pappe
47 × 35 cm

Stadhouderskade im Winter, Februar 1986
Acryl und Öl auf Jute
60 × 80 cm

Monte Legnone, Dezember 1986
Acryl und Öl auf Jute
60 × 80 cm

Il Giorno di Allan, Januar 1987
Sand, Lehm, Acryl und Öl auf Jute
100 × 75 cm

Passacaglia, Februar 1987
Sand, Acryl und Öl auf Jute
100 × 75 cm

Toscane, Mai 1987
Erde und Acryl auf Passepartout-Pappe
37 × 62 cm

Sea Sadness, November 1987
Sand, tote Krabben, Acryl und Lackfarbe auf Jute
100 × 75 cm

Peace of mind, Mai 1988
Erde, Acryl und Öl auf Jute
100 × 75 cm

Gefühl, das ich von früher kannte, kaufte ich ein paar Tuben. Es gefiel mir, etwas mit Farbe zu tun, die mir selbst gehörten, auch wenn Jaap genug Farben zur Auswahl hatte. Ich freute mich über die Tuben wie ein Kind zu Weihnachten, es kam mir vor wie ein Wunder, daß ich wieder etwas wünschen und wollen konnte. Ein Gelähmter, der plötzlich merkt, daß er wieder laufen kann, könnte nicht erstaunter und glücklicher sein, als ich es war.

Nicht imstande sein, etwas zu wollen, zu wünschen oder zu ersehnen ist ein Symptom der Depression. Die Angst, die Panik, die in meiner Krankheit so im Vordergrund gestanden hatten, hatten mich die Interesselosigkeit, die Tatsache, daß ich keine Freude an irgend etwas hatte, kaum als zusätzliche Quelle des Elends wahrnehmen lassen. Als mein Interesse und Wünsche wiederkehrten, merkte ich erst, wie schrecklich es ohne sie gewesen war.

Ich wollte Mondrians »Wald bei Oele« im Gemeinde-Museum in Den Haag wiedersehen, eines meiner Lieblingsgemälde. Jahrelang hatte ich nicht wirklich den Wunsch gehabt, irgendwohin zu gehen, hatte nur etwas unternommen, um die Zeit totzuschlagen. Irgendwohin gehen wollen impliziert, daß die Landschaft der Seele sich wieder aufhellt. Raum wird wieder geordnet, es entsteht wieder ein Hier und ein Dort. Mein geistiger Horizont erweiterte sich. Würde ich jemals wieder Cézannes »Mont Ste. Victoire« im Kunsthaus in Zürich betrachten können, den ich auf dem Wege nach Lindau gesehen hatte? Natürlich legte ich Noortje diese Frage vor. »Warum nicht, wenn du das gern möchtest, was hindert dich daran?«

Manchmal bemerkte ich Zeichen der Genesung erst, wenn Nolen mich darauf aufmerksam machte. »Ich habe den Eindruck, daß Sie nicht mehr psychotisch sind«, sagte er eines Morgens. »Nächste Woche ist Ihr Hochzeitstag, wollen Sie nicht versuchen, mit Noortje in der Stadt essen zu gehen?«

»Suchen Sie uns ein Restaurant, wo man meine Diät berücksichtigt?« fragte ich.

Der Tag kam, und es erwies sich, daß ich nach Jahren wieder etwas genießen konnte. Wir sahen uns an, und ich dachte: Vielleicht haben wir noch etwas Zeit miteinander, ZEIT. Was nach einer Genesung sonst noch möglich sein könnte, darüber dachte ich nicht nach. Noortje war mir alles und vollkommen genug. Ab und zu hatte ich Angst vor der Angst. Angst ist wie ein Ungeheuer, das sich in der Zimmerecke versteckt und Beine hat wie eine Heuschrecke. Ganz plötzlich kann die Panik dich doch wieder anspringen.
Wenn ich über das Gelände ging, sah ich Baumgruppen, dahinter den blauen Horizont; ich wollte sie für eine Malstudie benutzen. Es gefiel mir, daß Jaap von »Ihrer Studie« sprach, und ich erinnerte mich, daß Allan, den ich so lange nicht mehr gesehen hatte, alles »Bildchen« nannte, auch wenn ich eine riesengroße Leinwand benutzt hatte. So stellten sich Raum und Zeit meiner Erlebniswelt wieder her. Die grausame Isolation wich mehr und mehr. Die sichtbare Wirklichkeit interessierte mich wieder, ich gewann auch wieder ein gesünderes Verhältnis zur Realität. Wenn ich ein schönes Fleckchen gesehen hatte, konnte ich es leicht wiederfinden auf dem Gelände, das mir doch anfangs wie ein Labyrinth vorgekommen war.
Doch die Beschäftigung mit Farben bewirkte noch mehr. Ich machte eine für mich existentielle Entdeckung. Ich merkte, daß es mir gelang, aufkommende Angst zu beherrschen, wenn ich Skizzen anfertigte oder Photos betrachtete, die mir für Malstudien dienen sollten, die ich am nächsten Tag machen wollte. Man kann Angst mit Aktivitäten abwehren. Menschen können hektisch, »wie verrückt«, beschäftigt sein, und es entgeht ihnen dabei, daß sie auf diese Weise Ängste unterdrücken oder abwehren. Es war mir deutlich bewußt, wie voller Angst ich gewesen war, und ebenso, daß die Angst manchmal noch auf der Lauer lag. Aber ich hatte nun eine Methode gefunden, mit der ich mich über die Angst hinwegsetzen konnte, und nach einiger Zeit wurde das bedrohliche Gefühl, daß Angst mich anfallen könnte,

immer weniger intensiv. Das Pflegepersonal sah mich kaum noch ohne Skizzenbuch, ohne Aquarellblock, und oft zog ich ins Freie, den Photoapparat im Anschlag.
Ich begann, mich wieder einigermaßen normal zu fühlen, ich begriff wieder, daß Noortje Noortje war; ihre Anwesenheit machte mir keine Angst mehr, im Gegenteil, ich sehnte mich nach ihr und freute mich, wenn sie bei mir war und wir etwas unternehmen konnten. Ich glaubte nicht mehr so zwanghaft, daß ich ihr Leben verpfuscht hätte. Ich fühlte wieder, daß ich lebte, eine Erfahrung, die durch das Folgende bestätigt wurde.
Als ich noch in der Psychose gefangen war, hatte ich mit Yvon nur ab und zu ein paar Worte gewechselt. Ich hatte sie gefragt, ob sie einer Religion angehöre, weil ich es schrecklich fand, daß eine so nette Frau in die Hölle kommen sollte. Während meiner Krankheit hatte mein Interesse für sie nur bis zu traurigen Überlegungen darüber gereicht, was sie in der Ewigkeit erwarte. Nun bemerkte ich, daß ich meine Blicke nicht von ihr lösen konnte. Ich sah, wie sie ihre Hände bewegte, wenn sie mit Messer und Gabel umging und wie sie mit ihren Fingern die Stricknadeln in unglaublichem Tempo bewegte, wie eine Pianistin die Tasten, wenn sie das dritte Klavier-Konzert von Prokofjew spielt. Ich freute mich an ihrer Figur. Die Art und Weise, wie ihr grau werdendes Haar über einem Grübchen in ihrem Nacken spitz zulief, berührte mich mehr als das schönste Porträt von Tizian. Es gelang mir immer wieder, die Einteilung des Küchendienstes so zu steuern, daß ich mit ihr gemeinsam ungefähr zweihundertundfünfzig Gegenstände abwaschen und abtrocknen mußte und mich mit Begeisterung einer Beschäftigung widmete, die ich genauso wie das Bettenmachen vor kurzem noch mit Ausreden und Listen zu sabotieren verstanden hatte.
Wenn sie so tat, als ob sie mich fortschicken wollte – »Geh doch malen, Piet« –, dann wußte sie, daß ich sagen würde: »Das hat Zeit. Gehen wir mit Truus um Viertel vor sieben

spazieren?« Das taten wir jeden Tag zu dritt, eine feste Route, an der Kirche vorbei, unter gewaltigen Eichen hin, die immer mehr Laub abwarfen, vorbei an einem Hühnerhaus mit ungewöhnlichen Hühnern, ungewöhnlich in Federkleid und Körperbau. Kein schweigendes Dahinschlurfen mehr. Unsere Gespräche hatten nicht den bösartigen Charakter von Klatsch, aber doch das gleiche Thema; sie beschäftigten sich mit Pflegepersonal, Patienten, ihren Familien und ihren Beziehungen. »Das eigentliche Studium der Menschheit ist der Mensch.« Was man fühlt, zeigt sich oft in »Kleinigkeiten«.

Truus, eine dralle Frau, herzlich, mit bildreicher Sprache, war fast immer dabei. Sie besaß eine scharfe Beobachtungsgabe und hatte eine Vorliebe für offene Worte. Ihre Äußerungen über Psychiater sollten, in einem Buch gesammelt, Pflichtlektüre für Assistenten in der Ausbildung sein. Sie könnten daraus lernen, nicht wichtigtuerisch und förmlich aufzutreten, sich nicht unnötig distanziert zu verhalten, nicht in weite Fernen zu starren, als ob sich dort das große Geheimnis offenbarte, nicht mit einem »feinen Lächeln« um die Mundwinkel zu schweigen und »hm, hm« von sich zu geben, wo durchaus ein normales Wort gesagt werden könnte.

Mit ihr habe ich zum erstenmal wieder gelacht, vor allem, wenn sie meine Kollegen imitierte. Sie wußte übrigens immer noch nicht, daß ich auch zu dieser Zunft gehörte, die sie so lebendig »darstellte«. Wenn wir beim Mittagessen etwas zu laut waren, sagte Bürgermeister L.: »Durch eure Genesung scheint ihr außer Rand und Band zu geraten«, was ein wenig übertrieben war.

Gewöhnlich war ich schon vor sieben Uhr aus dem Bett, um mit Yvon Tee zu trinken, neugierig, was für einen Pullover sie diesmal tragen würde. Ihre singende Rotterdamer Sprechweise erschien mir schöner als das wohltönendste Italienisch.

Man kann sich das Leben in einer psychiatrischen Klinik erst

richtig vorstellen, wenn man es mitgemacht, »befindlich erlebt« hat, wie die »Alten« sagen.
Es war Abend. Ein Novembersturm heulte um den Pavillon. Rob, der mich so taktvoll daran erinnert hatte, daß ich einen Körper habe, hat mich viele Male gefragt: »Kommen Sie mit, Herr Kuiper, dann messen wir Ihren Blutdruck, im Liegen und im Stehen.« Als dieser sich mehrfach als zu niedrig erwies, bekam ich blutdruckerhöhende Mittel. Was sich zunächst wie ein Ritual abgespielt hatte, an dem ich schweigend teilnahm, entwickelte sich nun zu einer Gelegenheit für Gespräche, und ich unterhielt mich sehr gern mit ihm und nahm Anteil an der Geburt seines ersten Kindes. Er war in seiner Haltung sehr verläßlich, wir mochten ihn alle besonders gern.
Herr L. schrieb einen der vielen Briefe an seine Frau, eine aristokratische Dame. Frau de H., die einen schweren Verlust erlitten hatte, saß abgesondert mit Rob in einer Ecke und sprach mit ihm. Herr V., der gerade erst aufgenommen worden war, hatte sichtlich Angst, was ich bemerkte, als ich von dem Blatt Aquarellpapier hochblickte, auf dem ich eine Malstudie vorbereitete. Ich setzte mich ihm gegenüber. »Das hatte ich so gehofft, daß Sie sich ein bißchen mit mir unterhalten würden«, sagte er. »Ich halte es nicht mehr aus. Soll ich nicht meine Frau anrufen, daß sie mich abholt? Ich habe sie so schlecht behandelt.« »Und wahrscheinlich auch betrogen«, bemerkte ich vorsichtig. Er: »Woher wissen Sie das? Und bei meiner Arbeit habe ich mich gedrückt und mir Unregelmäßigkeiten zuschulden kommen lassen.« Ich: »Zu Hause nicht stillsitzen können, es bei Freunden auch nicht aushalten, Angst auf der Straße und zu Hause, denken, daß man krank ist, und sich dann auch krank fühlen. Einschlafen, wieder wach werden, und dann die furchtbaren langen Nächte, die Hoffnungslosigkeit, weil die Zeit nicht vergehen will, drei Uhr, vier Uhr, das fahle Licht am Horizont, wieder ein Tag, den ich nicht verdient habe, und zu gehemmt, um überhaupt etwas tun zu können.« Er: »So ist es, aber woher

wissen Sie das alles?« Ich: »Ich bin doch auch hier.« Er zeigte mir ein Photo, von einem echten holländischen *pater familias,* umringt von Kindern und Enkeln, und ich fragte ihn: »Stimmt das Bild hier mit Ihren Vorstellungen überein, daß Sie als Mann, Vater und Großvater versagt haben? Ich kann das eigentlich kaum glauben. Das denken Sie nur, weil Sie so depressiv sind.« Er: »Sie wußten nicht nur vieles von mir, ohne daß ich es Ihnen erzählt habe, mit Ihnen kann ich auch so gut sprechen. Wie kommt das nur?« Nun machte ich einmal »hm« und riet ihm, nicht zu tun, was er gern täte, nämlich nach Hause zu gehen, sondern es lieber mit Tylciprin zu versuchen, und ich begründete meinen Rat: »Auch wenn Sie nicht daran glauben, tun Sie es für Ihre Frau, dann machen Sie, wenn es wirklich nötig ist, auch noch etwas wieder gut. Ich habe auch nichts davon erwartet, überhaupt nichts.« Am Ende des Gesprächs Händeschütteln und Dank.

Ich dachte an die Geschichte vom Zwerg Piggelmee. Er hat vom »Zauberfischchen aus dem Meer« zuviel verlangt und hat darum alles verloren. Er kann es wiederbekommen, wenn er eine gute Tat tut, aber zunächst bekommt er gar nichts wieder, weil er nur gute Taten tut, um gute Taten zu tun, bis er dann ein Kaninchen, das sich in einer Schlinge gefangen hat, aus Mitleid befreit. Er geht ans Meer. Der Abend ist still, und kleine Wellen spülen über den Strand. Die Sonne senkt sich über dem Horizont, eine große, erst goldene, dann rote Kugel. Piggelmee weiß es sicher. Das Zauberfischchen wird sich zeigen. Aber dieses Mal ist es kein kleiner Fisch, sondern ein mächtiges Wesen, das aus den Wassern aufsteigt. »Piggelmee, als du das Kaninchen befreit hast, hast du nicht an gute Taten gedacht, sondern du hast gelitten, weil das Tier litt. Weil du verstanden hast, was ich meine, siehst du mich nun zum letztenmal. Ich kehre zurück in die Tiefen des Meeres, wo ich mich zu Hause fühle. Geh nur und sieh, dein Haus steht wieder, Piggelmee, deine Frau wartet auf dich. Ich habe alles wiedergutgemacht, weil du dich selbst vergessen hast.«

Als Piggelmee auf der Höhe der Düne steht, kann er im letzten Licht gerade noch erkennen, daß seine Wünsche unverdient erfüllt worden sind.
Der Gedanke, alles verpfuscht zu haben, nichts mehr noch einmal tun zu können, verfolgte mich noch immer, und die Versuchung war groß, gute Taten zu tun, um wenigstens etwas wiedergutzumachen. Ich habe erzählt, wie ich gegen meine Ängste angehen konnte, nun mußte ich wieder gegen Schuldgefühle und Selbstvorwürfe kämpfen, und dieser Kampf war nicht weniger hart. Ein Übermaß an Schuldgefühlen kann dazu führen, daß man die vielen Gaben, die man nicht genutzt hat, betrauert und dadurch auch die Zeit, die noch vor einem liegt, vertut und so ein Schicksal auf sich herabbeschwört, das dem des Alkoholikers gleicht, der zu argumentieren pflegt: Ich höre nicht auf zu trinken, denn dann hätte ich schon eher aufhören können.
Grübelei über die Zukunft macht es unmöglich, die Zeit, die einem noch bleibt, fruchtbar zu nutzen. Ich hatte eine Waffe gefunden, die ich in diesem Kampf einsetzen konnte: Ich beschränkte mich auf das Hier und Jetzt. Ich tat das, was auf der Hand lag, was andere gern wollten und was ich selbst gern tat. Ich schaute nicht nach innen, fragte mich nicht, wie es in meiner Seele aussah. Es gibt keinen Weg zu sich selbst als den über andere Menschen und über Aktivitäten.
Dann ereignete sich der erste komische Zwischenfall. Nolen leitete wieder einmal die bei uns allen sehr beliebte wöchentliche Zusammenkunft. Er betrachtete seine medizinischen Kenntnisse nicht als unaussprechliche Geheimnisse, sondern berichtete über Enzyme, über Schlaf und Depression und gab uns so reichlich Gesprächsstoff. Natürlich, das heißt meiner Natur entsprechend, konnte ich, als ich mich besser fühlte, den Mund nicht halten und wies auf die psychologischen Aspekte der Krankheit hin, nicht ohne eine gewisse, freundschaftlich gemeinte Neigung zu Polemik und Widerspruch.
»Ja, aber Herr Kollege«, gab ich zu bedenken. Das Wort

»Kollege« war mir so herausgerutscht. Truus erschrak, und als erstes ging sie nach der Zusammenkunft zu Dirk, einem der Pfleger, und vertraute sich ihm an. Truus später: »Ich bin zu Dirk, weil Ingrid nicht da war. Ich sage: Dirk, sage ich, ich bin ganz erschrocken und fassungslos. Es ging so gut mit Herrn Kuiper, seit er eine Weile Tylciprin bekommen hat, aber jetzt steht es wieder ganz schlimm um ihn. Schade, er ist doch ein so netter Mann, das finden wir eigentlich alle, auch wenn er den ganzen Tag malt oder etwas über Gemälde liest. Vielleicht ist das sein Beruf. Aber jetzt wird er manisch oder noch schlimmer, eine Art Psychose mit Wahnvorstellungen, denn er sagt ›Kollege‹ zu Dr. Nolen, stell' dir vor! Dr. Nolen läßt das natürlich durchgehen, so ist er nun mal, aber ich habe mich zu Tode erschrocken.« Dirk fand, es gebe keinen Grund mehr, geheimzuhalten, wer ich war und welchen Beruf ich hatte, und sagte: »Herr Kuiper ist wirklich Arzt und kann Dr. Nolen mit ›Herr Kollege‹ ansprechen, und nicht nur das, er ist Psychiater, sogar Professor der Psychiatrie.« Truus: »Sei nicht albern! Du darfst dich über Herrn Kuipers Rückfall nicht lustig machen. Yvon und ich im Dunkeln mit einem Professor beim Spaziergang auf dem Gelände eines Irrenhauses! Für mich stand immer fest, daß ich niemals mit einem Professor sprechen würde.« Offenbar gelang es Dirk doch, sie zu überzeugen.

Nach diesem Vorfall trat an die Stelle von »Piet«, worauf ich Yvon und Truus gegenüber bestanden hatte, »Herr Kuiper«. »Was ist los mit dir, Truus, was habe ich verkehrt gemacht, daß ich wieder ›Herr Kuiper‹ bin?« Die Vertrautheit war schnell wiederhergestellt, und ab und zu landete Truus einen Volltreffer: »Wenn deine Mutter nicht darauf bestanden hätte, daß du im Leben etwas Besonderes werden solltest, dann würdest du überhaupt nicht hier sein, Mann. Aber« – um mich zu trösten – »wenn wir so mit dir spazierengehen, dann bist du doch ein ganz normaler, umgänglicher Kerl. Sie mögen dich alle gern, trotz deiner etwas albernen, vornehmen Sprechweise. Kannst du dir die nicht abgewöhnen?«

Ich erzählte ihr, daß ich früher eine platte Soester Aussprache gehabt und sie mir im Unterricht des Herrn de Marez Oyens, unseres vornehmen Griechischlehrers, abgewöhnt hätte. Sobald es uns besser ging, unternahmen wir regelmäßig etwas zu dritt. Als wir wieder einmal durch die Säle des Den Haager Gemeinde-Museums schlenderten, gab Truus folgenden Kommentar: »Der Mondrian ist verrückt geworden, genau wie wir, verlaß dich drauf, sonst hätte er doch weiter schöne Landschaften gemalt statt dieser gräßlichen toten Vierecke. Mal' du erst mal eine solche Landschaft, das sehe ich noch nicht, auch wenn du mit den Farben ganz gut umgehen kannst. Die Vierecke, das kann doch jeder, selbst der simpelste Anstreicher.«
Frau van Nes besuchte mich, und Yvon und Truus zogen sie sofort in ein Gespräch. Jeden Abend Telefongespräche mit Noortje, nicht mehr über Ängste, daß ich es nicht aushalten könnte, sondern über Malen und andere Dinge. Ein Telefongespräch mit Frau Lampl-de Groot. Sie: »Du kannst dir nicht vorstellen, wie froh ich bin. Freud« – der ihr Analytiker gewesen war – »hat, wie du weißt, eine Arbeit verfaßt, ›Trauer und Melancholie‹, wie schrecklich, daß du als einer meiner besten Freunde dieser Raserei deines Gewissens ausgesetzt sein mußtest. Ich kenne das Krankheitsbild natürlich sehr gut, aber es bei einem Freund zu sehen, wie furchtbar, auch für Noortje. Wie froh sie sein wird, daß es dir jetzt so schnell besser geht!«
Reinier: »Ich kann mir nur schwer vorstellen, daß mein Lehrer zu mir aus einem Psychiatrischen Zentrum spricht, jetzt noch schwerer als damals, als du krank wurdest. Es geht dir offenbar viel besser, nicht wahr?« Von Allan hörte ich nichts. Er fürchtete, daß seine Stimme mir selbst durchs Telefon Angst bereiten würde. Das hat er mir später erzählt.
Ein stiller Abend. Frau de H., die mich bemutterte und mit der ich viel Mitgefühl hatte, mußte wegen ihrer Herzbeschwerden das Tylciprin absetzen. Sie wurde verlegt, und wir besuchten sie mit einem Blumenstrauß in dem Pavillon,

in dem sie untergebracht war, einem der imposanten alten Gebäude unter mächtigen Eichen. Sie hatte Heimweh nach unserem Pavillon, sie vermißte uns und empfand es als schwierig, mit Patienten zusammenzusein, die sichtlich an ganz anderen Krankheiten litten als sie.
Ihr Schwager war bei ihr zu Besuch. »Darf ich Ihnen etwas sagen, Herr Professor?« Ich erschrak. »Benehme ich mich so professoral?« fragte ich. »Nein, überhaupt nicht, aber ich muß mich erst daran gewöhnen. Darf ich Dr. Kuiper sagen?« »Sagen Sie nur, was Sie mögen.« »Sie waren in einem schrecklichen Zustand. Sie rannten schreiend umher. Sie haben doch selbst Psychiatrie gelehrt, nicht wahr? Wissen Sie, was ich gedacht habe? Der Mann ist vom Teufel besessen. Und jetzt darf ich es Ihnen sagen, ich habe für Sie gebetet, jeden Tag.« Tränen traten mir in die Augen. »Man muß den Herrgott zwar ernst nehmen, Herr Dr. Kuiper, aber Sie haben sich vor ihm gefürchtet, und das ist nicht nötig. Wir haben einen Bürgen und Heiland, der für uns einsteht, wenn wir ihn nur annehmen, und daß wir ihn annehmen, auch dafür sorgt er selbst. Wir alle machen Fehler, und wenn man eine so hohe Stellung hat wie Sie, dann wiegen die schwerer. Wenn Sie sagen, daß Sie Fehler gemacht haben, dann werden Sie wohl recht haben. Aber das bedeutet noch nicht, daß Sie dafür ewige Strafe erleiden müssen. Sie haben doch sicher auch schon einmal gesungen: ›Was kann mir denn nun schaden der Sünden große Zahl? Ich bin bei Gott in Gnaden ...‹ «
Es stellte sich heraus, daß er meinen Freund, Pfarrer Kievit, kannte. Beim Abschied meinte er: »Es freut mich, daß ich mit Ihnen sprechen konnte, Herr Doktor. Was für eine Überraschung, die Begegnung mit Ihnen. Das werde ich nie vergessen.« Ich auch nicht.
Truus war schon in unseren Pavillon zurückgekehrt, Yvon und ich verirrten uns auf dem großen Gelände zum soundsovielten Male, eine der produktiven Verirrungen. Ich erlebte die Situation, als wäre sie eine Szene aus einem Film. Der

Herbstwind heulte nicht, er rauschte sanft durch die Zweige. Lichter von der Straße in der Ferne, und hier und da Lichter aus den Fenstern der Pavillons. Ab und zu der angstvolle Schrei eines Patienten mit nächtlichem Delirium. Wenn man sich mit jemandem gut versteht, dann glaubt man gern, daß man einander nicht zufällig begegnet ist.

Wieder war Montag, und wir gingen zur Musiktherapie, Truus, die anderen und ich. Manchmal unterhielt ich mich mit Frau Wijsenbeek, die von vielen Mitpatienten Gabi genannt wurde und sehr beliebt war. Sie ging auf mich ein, ohne mich durch allzuviel persönliche Aufmerksamkeit in der Gruppe zu isolieren. Merkwürdig, daß viele Menschen nur wenig empfinden, wenn sie Beethovens »Pastorale« hören, eine Musik, die mir doch so zugänglich scheint. Die Musik »liegt im Ohr«, und man kann sich dabei etwas vorstellen. Warum ließ uns Frau Wijsenbeek nicht Teile der »Krönungsmesse« von Mozart hören? Ich weiß es nicht. »Dona nobis pacem« ist doch unser aller Wunsch.

Daß ich neben Yvon sitzen wollte, wird niemanden überraschen. Wir hörten ein Musikstück, das Truus sofort erkannte. Ich hatte nicht die leiseste Ahnung, was es war. Vielleicht etwas von César Franck? Doch es war die »Passacaglia« von Bach. »Und nun etwas ganz anderes«, kündigte Frau Wijsenbeek an. Ein feierlicher Beginn, wie eine Melodie von Händel, ich fühlte es: Das letzte Stückchen Eis in meiner Seele schmolz. Ich erlebte das Gegenteil von Angst, ein intensives Gefühl der Sicherheit. Ein Satz, dessen Ursprung ich nicht kannte, fiel mir ein: »... ließ mich wieder atmen.« Die stählernen Bande um Brust und Seele lösten sich. Meine Gedanken waren in Amsterdam bei Noortje, die zur Besuchszeit kommen würde. Wie ein Schiff in den Hafen fährt, so kam die Melodie zu ihrem Ende. Es war ein Teil aus einem der »Concerti armonici« des Grafen von Wassenaar.

Frau Wijsenbeek ging von einem zum anderen und wandte sich dann an mich. Sie merkte, daß es mir nicht leichtfallen würde, meine Gefühle in Worte zu fassen, und sie forderte mich auf: »Versuchen Sie es ruhig.« Tränen auf den Wangen, die hatte ich seit Jahren nicht mehr gespürt. »Was haben Sie dabei empfunden? Können Sie das sagen?« Sprechen konnte ich kaum, aber schweigen würde völlig im Gegensatz zu dem stehen, was ich fühlte. Sie lächelte, wie eine Mutter ihr kleines Kind anlächelt. Frostige Dunkelheit war Licht und Wärme gewichen, der Frühlingswind strich über vereiste Hänge. Ich fühlte grenzenloses, maßloses Glück. »Was ich empfinde...« Lange Pause, die Tränen mit dem Handrücken abwischen. »...daß das Leben trotz all dieses bitteren, schrecklichen Elends doch wert ist, gelebt zu werden.« Ich hörte sie sagen: »Sie sind gesund, ich glaube nicht, daß ich mich irre. In ein paar Wochen sind Sie nicht mehr hier.«

Mit Nolen unterhielt ich mich regelmäßig über unser Fach, und das trug viel zur Wiederherstellung meines gebrochenen Selbstgefühls bei. »Den Abschnitt über die MAO-Hemmer würde ich aus der ›Summe‹ herausnehmen«, bemerkte er, »und empfiehlt es sich nicht, das DMS-III (das amerikanische Klassifizierungssystem psychischer Krankheiten) in Ihr Buch aufzunehmen?« Wir sprachen auch darüber, wie lange ich noch Tylciprin würde nehmen müssen. Seine Antwort war unmißverständlich: »Auf jeden Fall noch ein halbes Jahr, und wenn es nötig ist, für den Rest Ihres Lebens. Was Sie durchgemacht haben, darf sich nie wiederholen.«

Als ich Nolen zur gewohnten Stunde aufsuchte, fragte ich ihn: »Jetzt darf ich doch sicher wieder selbst Auto fahren?« »Natürlich«, antwortete er, »aber vielleicht sollten Sie erst noch einmal mit einem Fahrlehrer fahren, Sie haben fast vier Jahre nicht mehr hinter dem Steuer gesessen.« Dazu hatte ich keine Lust. Ich bat Hans darum, meinen Hausarzt, der immer hilfsbereit ist. Am nächsten Samstag – ich durfte an den Wochenenden nach Hause – ließ er mich zehnmal das Einfädeln auf den Autobahnen um Amsterdam üben und dirigierte mich durch Straßen, die jeder Autofahrer meidet, der die Innenstadt von Amsterdam kennt. Obwohl ich das neue Auto noch nie gefahren hatte, gab es keinerlei Probleme.

Ein Datum für meine Entlassung war festgesetzt worden; es kam schnell näher. Die Zeit verging jetzt überhaupt schneller, auch schneller als vor meiner Krankheit. Ich merkte, wie ich mich an meine Mitpatienten, an das Pflegepersonal, vor allem an Jaap, aber auch an die Umgebung, die Bäume, die Wege, die vorüberfliegenden Lachmöwen gewöhnt hatte und an ihnen hing. Ein Gefühl der Wehmut beschlich mich. Yvon, Truus und ich gingen unter den hohen Eichen hin, am Hühnerstall mit den ungewöhnlichen Hühnern vorbei, »zum letzten Male«. Die Bäume werden dort noch lange stehen, die drei werden nicht mehr unter ihnen spazierengehen, und als ich später in einem Augenblick der Angst nach Bloemendaal zurück wollte, war mir sofort klar: Es wird nicht mehr so sein, wie es war, niemals mehr.

Der Herbst war vergangen. Das Personal, die Mitpatienten hatten »Gemaltes« nach Hause mitgenommen, Ingrid, Rob, Truus, Yvon und andere. Die Bäume trugen kein Laub mehr, sie machten den Eindruck, als ob sie auf die Novemberstürme warteten und ihnen auch standhalten würden. Die Baumstämme waren auf der einen Seite hellgrün, auf der anderen grau-violett. Die Zweige bildeten Figuren, die hübsch anzusehen waren. Tages- und Wochenrhythmus des Lebens im Psychiatrischen Zentrum waren mir vertraut geworden. Ich sprach regelmäßig mit Pfarrer Visbeek.

Noch eine Veränderung ist erwähnenswert. In den vergangenen Jahren, während meines Aufenthaltes in der Valerius-Klinik und danach, hatte ich keine psychiatrische Diagnose mehr zu stellen vermocht. Ich erkannte sowenig wie ein Laie auf diesem Gebiet, »was meine Mitpatienten hatten«, um es salopp zu sagen. Nun hatte ich wieder den Blick des Psychiaters, aber mit viel größerer emotionaler Anteilnahme als früher. Die Ängste anderer Menschen, die eines rührenden Jungen, der den Fingersatz einer Cello-Sonate von Bach mit mir besprechen wollte, die eines Mitpatienten, der von seinen Wahnvorstellungen besessen war, erschütterten mich. Ein junger Mann erzählte mir, daß er psychotisch geworden war, nachdem seine Freundin ihn verlassen hatte. Als er eine Gouache von mir haben wollte, bekam er sie, mit der Bitte, sie nicht im Pavillon, sondern zu Hause aufzuhängen. Ich konnte unmöglich alle Wünsche nach Bildern erfüllen, soviel konnte ich einfach nicht malen, auch wenn ich es gern getan hätte. Während der Kaffeepause unterhielt ich mich mit Mitpatienten, wobei ich mir alle Mühe gab, mich nicht auf das Gebiet der Psychiatrie zu begeben. Ich war erschüttert, wenn ich einen von ihnen vor Angst zitternd umherlaufen sah und merkte, daß er nicht still sitzenbleiben konnte, daß das Umherlaufen ihm aber genausowenig Erleichterung verschaffte.

Ingrid ließ mich zu sich kommen: »Herr Kuiper...«

»Ich sage Ingrid, Sie sagen also bitte Piet.«

»Das fällt mir schwer. Das Pflegepersonal macht sich Sorgen. Verstehen Sie mich recht, ich sage nicht, daß Sie wie ein Arzt auftreten, es fällt uns im Gegenteil sogar auf, daß Sie das vermeiden, und darüber sind wir froh. Aber wir machen uns Sorgen darüber, daß Sie sich die Krankheit der anderen und das Leid, das sie mit sich bringt, so zu Herzen nehmen. Sie haben genug an Ihrem eigenen Päckchen zu tragen, mehr als genug. Bleiben Sie lieber beim Malen, beim Lesen, bei Ihrem Besuch, und wenn Sie sich Sorgen über einen Mitpatienten machen, kommen Sie zu mir, dann werde ich sehen, was wir tun können. Es ist gut, daß das Datum für Ihre Heimkehr feststeht. Die psychiatrische Klinik ist für Sie keine geeignete Umgebung mehr.« Ingrid und ich verstanden uns sehr gut.

Der Tag der Abreise ist gekommen. Noortje und ich packen die Koffer, das Personal hilft uns dabei. Die Gouachen und das Malmaterial bereiten ein eigenes Transportproblem. Es gibt Gebäck zum Kaffee, und ich beeile mich nicht besonders. Aber dann brechen wir doch auf. Mitpatienten stehen an der Tür, das Pflegepersonal, die Oberschwester und die Hauptgestalt aus dieser Zeit: Nolen. Man sagt mir freundliche Worte, die mich mehr berühren als viele Komplimente und minutenlanger Applaus nach erfolgreichen Vorträgen: »Sie waren ein ausgezeichneter Patient, Sie werden uns fehlen, uns allen.« Ich fuhr nicht ab, ehe Truus und Yvon von der Arbeitstherapie zurückgekommen waren, um mir zum Abschied nachzuwinken. »Wir haben eine Blumenschale für dich, die könnt ihr zu Hause auf den Tisch stellen.«

»Du fährst, Piet?«

»Natürlich.«

Wir fuhren an den Pappeln vorbei, an der graphischen Abteilung, an der Telefonzelle, von der aus ich Noortje, wann immer es ging, angerufen hatte, an der Kirche vorbei, und warteten vor der Ampel. Sie wechselte auf Grün. Nicht nach Hoek van Holland, sondern rechts ab, die Straße entlang, die an Den Haag vorbeiführt. Dann wenden wir uns nach Norden, und als ich auf der Autobahn ordentlich auf das Gaspedal trete, gibt der Schub im Rücken, wenn der Motor beschleunigt, mir das gleiche Gefühl, das der Kapitän eines großen Ozeandampfers empfindet, wenn er das Zeichen »Volle Fahrt voraus« gegeben hat. Es ist vorbei. Ich bin gesund.

Gebäck, Besuch, Gespräche, natürlich die Musik, die ich während jener besonderen Musikstunde gehört habe und die das letzte Stückchen Eis hat schmelzen lassen.

Nachts schlafe ich in meinem eigenen Bett, in dem ich so furchtbare Ängste ausgestanden habe, und ich schlafe nicht allein.

Diejenigen, die mich während meiner Krankheit begleitet haben, kommen mich besuchen. Es sind Wochen von manchmal tief empfundenem Glück. Van Tilburg zu Besuch; gemeinsam hören wir uns an: »Ich will den Kreuzstab gerne tragen.« Während meiner Krankheit hatte Musik mich in Todesangst versetzt, weil jedes Musikstück ein Ende hat und mich daran erinnerte, daß auch mein Leben ein Ende

haben wird. Wie habe ich es genutzt? Die »Goldberg-Variationen«, die ich während meiner Krankheit oft gehört hatte, um die Zeit totzuschlagen, konnte ich mir noch nicht wieder zumuten. Die »Krönungsmesse« von Mozart höre ich mir jeden Tag als erstes an, Tylciprin-bedingt früh, schon um halb sieben, immer wieder. Ich male viel und bleibe am liebsten in Noortjes Nähe, die geduldig wartet, bis ich wieder ganz auf eigenen Füßen stehen kann.
Einem Künstler-Ehepaar, das wir kennengelernt hatten, als sie uns Oggi und Bliss anvertrauten, zeigte ich, was ich gemalt hatte. Das war Anlaß zu vielen angenehmen Begegnungen, auf die ich mich freute und die der Zeit eine gewisse Einteilung gaben.
Auch Allan kam wieder. Er ist keineswegs mehr ein Fremder für mich, aber die so selbstverständliche Kommunikation von früher hat sich noch nicht wieder eingestellt.
Noortje und ich fuhren durchs Land, um uns Ausstellungen anzusehen. Aus dem Schreiben über meine Krankheit wurde vorläufig noch gar nichts. Immer wenn ich während der Krankheit einen Hoffnungsschimmer sah, hatte ich gedacht: Wenn ich wieder gesund bin, dann möchte ich die Kathedrale von Amiens wiedersehen. Es wurde Frühling, und wir beschlossen, nach Frankreich zu fahren, auf dem Rückweg in Brüssel zu übernachten, am liebsten am Großen Markt, und dort Museen und Konzerte zu besuchen.
Das Land war ockergelb und braun getönt, weil das Gras erfroren war; blaue Fernen bildeten einen eindrucksvollen Hintergrund. Nach einer Fahrt über gewundene Straßen erreichten wir Amiens. Abends schrieb ich an Yvon und Truus und verschickte Karten.
Am nächsten Tag betreten wir die Kathedrale von Amiens. Kristallklares Licht strömt in breiten Strahlenbündeln durch die Fenster herein und spiegelt sich im Marmorfußboden. Ich folge dem Linienspiel dieser gotischen Kathedrale, die mir die liebste von allen ist. Die Säulen können so hoch aufsteigen, weil sie so fest im Boden verankert sind. Ohne das

Licht würde die Kathedrale nicht bestehen, ohne den, auf den ein Bildnis an einer der Säulen verweist, hätte diese Kirche keine Bedeutung. Es ist, als ob jedesmal, wenn mein Blick den Linien folgt, der Raum sich ausdehnte, das Licht intensiver strahlte und der Ausblick umfassender würde.
Ich sah mich noch einmal in der Musiktherapie, als das Eis in meiner Seele schmolz, und die Worte, die ich damals gedacht hatte, kamen mir wieder in den Sinn: »... daß das Leben trotz allen furchtbaren Elends doch wert ist, gelebt zu werden.«

Kapitel 10

Die rettende Malerei

Daß der Verlauf meiner Krankheit sich zum Guten wendete, schreibe ich dem von Nolen verschriebenen Medikament zu. Aber wie ist es mir gelungen, mich über Wasser zu halten? Was habe ich, nachdem die Genesung eingesetzt hatte, selbst zu tun versucht, um einen drohenden Rückfall zu verhindern? Regelmäßige Kommunikation mit anderen und gezielte Aktivitäten halfen mir, die Angst abzuwehren und meine allgemeine Stimmung zu heben.

Freunde und Kollegen, die mich ermutigten, dieses Buch zu schreiben, baten mich eindringlich: »Beschreib so genau wie möglich den Genesungsprozeß. Das kann anderen helfen.«

Aktivitäten geben Impulse zu neuen Aktivitäten, und so verstärkt alles sich selbst. Es zeigte sich, daß das Malen die Bindung an die Außenwelt festigte, was für mich von lebenswichtiger Bedeutung war. Meine Wahnvorstellungen hatten gezeigt, wie sehr ich der Wirklichkeit entfremdet und auf mich selbst zurückgeworfen war. Nun entwickelte sich wieder eine stabile Beziehung zu meiner Umgebung.

Da das Malen in diesem Genesungsprozeß eine wichtige Rolle gespielt hat, möchte ich ausführlicher darauf eingehen.

Hat das Malen mir geholfen, mich kontinuierlich auf die Wirklichkeit zu konzentrieren, weil es eine neutrale Aktivität war, nicht beladen mit Konflikten, frei von Ambivalenzproblemen?

Bedeutet Malen für mich in erster Linie die Möglichkeit, Gefühle auszudrücken?

Form und Struktur, worin drückt man sich aus?
Benutze ich das Malen, um Triebe, die durch Tylciprin noch zusätzlich angefacht werden, zu unterdrücken, wie Jugendliche in der Pubertät Sport und kalte Duschen?
Zunächst jedoch noch eine Bemerkung über die emotionale Bedeutung der Musik im Vergleich zu der der bildenden Künste.
Musik rührt mich in stärkerem Maße an als bildende Kunst. Kein Gemälde erschüttert mich so wie die »Passacaglia« von Bach, wie Opern und Messen von Mozart. Faszinieren lasse ich mich durch Gemälde, Zeichnungen usw. allerdings mindestens genauso stark, und ich kann mit mehr Recht darüber mitreden. Ich kann keine Note lesen; dagegen ist der Prozeß von Abbildung, Darstellung und Gestaltung für mich kein Buch mit sieben Siegeln. Wenn ich gelegentlich, um die Struktur von Kunstwerken zu verdeutlichen, auf die Musik verweise, dann aus folgendem Grunde:
In der Musik kann man die Struktur, die Form »in Reinkultur« erleben. Denn Musik hat einen Inhalt, den man nicht in Worte übersetzen kann. Man sollte meinen, wenn Musik so intensiv mit den ersten Gefühlen unserer Lebensgeschichte zusammenhängt, dann würde sich mit dem Wiedererwachen emotionalen Lebens zuerst die Fähigkeit, sich von Musik rühren zu lassen, wiedereinstellen. Es liegt ja auf der Hand, die Genesung als Wiederholung eines Entwicklungsprozesses zu betrachten.
So hat es sich bei mir jedoch nicht abgespielt. Das Bild vom schmelzenden Eis bietet sich an: Das Mitklingen der Seele wurde erst möglich, nachdem die Sonne alles Darüberliegende aus der Vereisung befreit hatte.
Hat das Malen mir geholfen, mich kontinuierlich auf die Wirklichkeit zu richten, weil es eine neutrale Aktivität war, nicht beladen mit Konflikten und frei von Ambivalenzproblemen?
Ich werde später erläutern, daß es gute Gründe gibt, anzunehmen, daß das Ringen mit ambivalenten, in sich wider-

sprüchlichen Gefühlen die Neigung verstärkt, depressiv zu reagieren.

Malen hatte für mich deutlich die Nebenbedeutung des Widerstandes gegen meine Eltern, der Rebellion gegen Autorität, auch gegen die innere Autorität, gegen mein Pflichtgefühl, mein »Überich«. Ich erinnere mich, daß ich als ungefähr sechsjähriger Junge einen hartnäckigen Kampf ums Essen führte, der auf Außenstehende einen komischen Eindruck gemacht haben muß. Daß ich nicht aß, führte zu so manchem Besuch beim Hausarzt und bei verschiedenen Spezialisten und zu dem, was man in gehobener Sprache einen Vertrauensbruch zwischen meiner Mutter und mir nennen könnte. »Nein«, sagte sie, »ich habe keine Sahne in den Haferbrei getan« – die Sahne diente natürlich dazu, das magere Jüngelchen zunehmen zu lassen –, »da irrst du dich.« Ein kurzer Erkundungszug lieferte den Beweis, daß sie nicht ganz die Wahrheit sagte. Aus dem Abfall im Mülleimer fischte ich das leere Sahnefläschchen heraus und stellte es schweigend neben meinen Teller auf den Tisch. Keinen Bissen aß ich davon, weil mir Haferbrei sowieso zuwider war und ich ihn mit Sahne noch ungenießbarer fand. Bis heute begreife ich nicht, wie jemand warme Milch trinken kann, da doch die Gefahr so groß ist, daß sich eine Haut darauf bildet. Ein Buch, in dem den schrecklichen Nachteilen der Milch die guten Wirkungen des Weins gegenübergestellt werden, hat mich sehr überzeugt.

Der Kampf ums Essen setzte sich im Kampf um die Schulzensuren fort. Wie schon berichtet, haben sich meine schulischen Leistungen erheblich gebessert, als ich siebzehn war. Wenn ich mich trotzig weigerte, meine Hausaufgaben zu machen, dann zeichnete ich Schmuckbuchstaben, eine völlig sterile Beschäftigung.

Zeichnen tat ich nie. »Du kannst nicht zeichnen«, sagte mein Vater, und mit dieser Feststellung eines Mangels an natürlicher zeichnerischer Begabung hat er sich wohl nicht geirrt.

Wenn mein Vetter etwas zeichnete, das meine Tante zu dem ehrfürchtigen Seufzer verleitete: »Eine Federzeichnung«, dann verfolgte ich sein Tun mit konzentrierten Blicken. Zeichnen und Malen faszinierten mich, doch ich selbst kam nicht dazu.
Die Faszination durch die Malerei und mein Verständnis für sie standen in umgekehrtem Verhältnis zueinander. Ich sah Gemälde völlig falsch, nämlich als Illustration zu Geschichten, ob nun Geschichten aus der Bibel oder ländliche Idyllen, als Bebilderungen eines Textes, in dem beschrieben wird, wie der Bauer sich mit einem Bündel Brennholz auf dem Rücken bei Anbruch der Nacht heimwärts sputet, dem Frieden am häuslichen Herd entgegen.
Die Freundschaft mit Jos de Gruyter und die Lektüre seiner Bücher machten diesem Mißverständnis ein Ende. Ich begann zu verstehen, daß Gemälde und Zeichnungen nicht nur Abbildungen sind, sondern eine eigene Struktur haben, und daß malerische Strukturen musikalischen vergleichbar sind.
Nachdem ich im Speisesaal eines kleinen Hotels im Harz einen Holzschnitt gesehen hatte, auf dem eine deutsche Stadt abgebildet war, konnte ich das immer stärker werdende Bedürfnis zu zeichnen und zu malen nicht länger unterdrücken. Wenn ich mir heute dieses »Kunstwerk« wieder vorstelle, dann will mir scheinen, daß es reichlich spießbürgerlich war; aber das macht nichts. Es rührte mich an, und so ging ich an die Arbeit.
Als ich Mal- und Zeichenmaterial in die Hand nahm, wählte ich unglücklicherweise ausgerechnet solches, mit dem ich am wenigsten umgehen konnte, nämlich Pastell- und Aquarellfarben, die mit weichen Pinseln aufgetragen werden, mit Pinseln, die ich wegen ihrer Konsistenz noch immer gründlich verabscheue, denn ich will fühlen, wie der Pinsel auf den Widerstand von Leinwand oder Papier trifft. So verschwendete ich Jahre und warf mir mit großer Hartnäckigkeit ständig vor, daß ich meine Zeit vergeudete: Du mußt dich weiter in die Psychiatrie vertiefen, du mußt wieder ein

Buch oder einen Artikel schreiben, dies hier ist »Fahnenflucht«. Es mag vielleicht nicht solche Zeitvergeudung sein wie das dreimalige Sehen eines James-Bond-Films oder eines Western, aber trotzdem ... Keine Rede also davon, daß diese Beschäftigung mir nur Freude gab. Wenn es in meiner Persönlichkeit überhaupt einen konfliktfreien Bereich gibt, dann ist es sicher nicht das Malen.

Es hat sich immer wieder gezeigt, daß ich mich am wohlsten fühle, wenn ich mich auf ein einziges Gebiet konzentriere, nämlich auf die Problematik meines Faches und auf alles, was damit zusammenhängt. Wenn ich wieder malte, dann geriet ich jedesmal viel zu stark in den Bann dieser Tätigkeit. Als meine Krankheit sich verschlimmerte, meinte meine Frau, daß Malen mich möglicherweise ablenken könnte. Ich wies ihre Anregung weit von mir: »Das kann ich bestimmt nicht.«

Ein Patient mit einer Depression ist in sich selbst gefangen, eingeschlossen in sein eigenes Inneres, und ein Patient mit einer psychotischen Depression erst recht. Die Fähigkeit, etwas zu fühlen, kehrte zurück, als das Tylciprin seine heilsame Wirkung zu zeigen begann. Gespräche wurden wieder möglich. Ich konnte wieder Gefühle ausdrücken, und deshalb liegt der Gedanke nahe: Dann wird das Malen wohl auch diesem Zweck dienen. So ist es jedoch nicht, jedenfalls nicht ganz. Ich habe die Beschäftigung mit Farben niemals allein dazu benutzt, mich von Gefühlen zu befreien oder Schmerz auszudrücken, der aus Enttäuschungen oder aus inneren Konflikten herrührte. Ich will darauf etwas ausführlicher eingehen:

Daß Kunst vor allem oder ausschließlich Ausdruck von Gefühlen sein soll, ob es nun um ein Gemälde, eine Symphonie oder ein Gedicht geht, ist ein nicht auszurottendes Mißverständnis, das durch Äußerungen von sogenannten Experten verewigt wird. Diese »Gefühlsumsetzungs- und Selbstausdruckstheorie« möchte ich als halbe Wahrheit bezeichnen. Aber ist Kunst denn keine Gefühlsäußerung? Gehen wir nicht in ein Konzert, um uns tief anrühren zu lassen? Der Komponist fühlt etwas, drückt seine Gefühle in der Komposition aus, der Dirigent liest die Partitur, versetzt sich in den Komponisten und überträgt seinerseits alle diese Gefühle in die Herzen der Konzertbesucher. Es ist nicht schwer zu zeigen, daß Kunst mehr ist als nur Gefühlsausdruck. Man liest ein Gedicht über eine unglückliche Liebe, zum Beispiel ein Sonett von Shakespeare, in dem er beschreibt, wie seine jugendliche Geliebte ihn wieder einmal verletzt und gequält hat. Man stelle sich vor, daß ein Freund einem sein Herz ausschüttet über die üblen Streiche seiner kapriziösen Freundin und folgendes erzählt:

Er sollte mit ihr Freunde besuchen, die wegen irgendeines Erfolges ein Fest ausgerichtet hatten, und als er ankommt, ist sie bereits mit einem anderen Mann erschienen. Er weiß nicht, was stärker ist, seine Wut oder sein Schmerz. Natürlich, er weiß, daß wir sagen werden: »Wird es nicht Zeit, diese Dame aus deinem Leben zu entfernen?« »Aber es war doch einmal so schön«, sagt er und denkt an die Stunden, in denen sie in seinen Armen lag. Unsere Reaktion auf diese Geschichte ist doch völlig anderer Natur als die auf das Sonett des mindestens ebenso verzweifelten Shakespeare? Woran liegt das? Der Unterschied liegt in der Form der Mitteilung, besser gesagt, in der Struktur. Darunter verstehe ich keine geschliffene, tote Form, sondern eine optimale Differenzierung im Rahmen einer geschlossenen Einheit, so wie ein Organismus eine Einheit aus verschiedenen Teilen bildet.

Wiedergabe von Gefühlen, sicher, Selbstausdruck, sicher. Wie sollten die persönlichen Züge des Künstlers sich nicht in seinem Werk niederschlagen, das doch das Allerpersönlichste ist, was er tut und zu sagen hat? Dieser Selbstausdruck wird jedoch in bestimmte Strukturen gegossen. Wenn wir diesen Aspekt, vielleicht den wichtigsten, verstehen, erhalten wir einen Einblick in die Bedeutung jeder Kunstäußerung.

Romantische Kunst kann uns dazu verleiten, einseitig das Wesen der Kunst als Gefühlsäußerung zu betonen. Aber eine gotische Kathedrale betrachten wir doch auch nicht als Selbstausdruck des in der Regel unbekannten Architekten? Daß eine Kathedrale eine bestimmte Gliederung hat, ist sofort deutlich. Das gleiche gilt im Prinzip für ein Gedicht, ein Gemälde, ein Musikstück, auch wenn man die Gliederung eines Gebäudes leichter erkennen kann. Ich erinnere mich sehr genau an das, was mich bewegte, wenn ich versuchte zu malen. Etwas sprach mich an, das wollte ich wiedergeben, damit auch ein anderer diesen Eindruck so lebendig wie möglich erfahren könnte. Meine Malarbeiten versanken so manches Mal im Sumpf ungeordneter Vielfalt. Als ich konsequent versuchte, das, was ich sah, in dekorativ wirkenden Flächen darzustellen, entstand manchmal etwas, das nicht nur mir gefiel.

Die Wörter »ich« und »mich« kommen in den vorangehenden Sätzen reichlich oft vor, aber es ist wohl deutlich, daß es um das Objektive geht, das, was außerhalb meiner selbst liegt, mich anspricht, aber nicht zu meinem »Ich« gehört. Die Sonne in einem Wald, Pappeln, die sich im Winde wiegen, eine leicht gewellte, beinahe horizontale Wiese, begrenzt von hohen Bäumen, zwischen deren Stämmen das eigenartige Grün eines Maisfeldes aufleuchtet, so etwas fasziniert mich. Was ich will, ist also in gewissem Sinne wiedergeben, aber darüber hinaus gestalten, nämlich das, was mich berührt.

Erinnerungen kommen auf. Jan Altink, einen Maler, der zu der Groninger Malergruppe »De Ploeg« gehörte, lernte ich kennen, nachdem wir ein Aquarell von ihm gekauft hatten. Wir verstanden uns sofort. Zusammen machten wir uns auf und suchten in den italienischen Alpen und dem Centovalli (zwischen Locarno und Domodossola, dem Südhang des Simplon) in Seitentälern von Seitentälern nach Landschaften, um sie zu malen. Wir übernachteten in Dorfgasthöfen, wir tranken Grappa und den einheimischen Wein und brachen beim ersten Morgengrauen auf, wenn noch eisige Kälte von den Gipfeln herabwehte, mit großen Leinwänden, die wir oft nur benutzen konnten, wenn der Wind sich etwas legte, und Flaschen mit Terpentin und anderem Inhalt. Wenn Jan ein Stück vorangekommen und ich zum soundsovielten Male festgefahren war, warf er einen kurzen Blick auf meine Leinwand und sagte: »Kann das so stimmen? Ist es vielleicht ein Fehler in der Zeichnung, liegt es an der Farbe, daß dieser Berg nicht an seinem Platz stehen will?« Mit einem einzigen Pinselstrich half er mir über eine Hürde hinweg, die für mich sonst ein unüberwindliches Hindernis geblieben wäre. Er fehlt mir. Oft ist es, wenn ich male, als ob er hinter mir stünde und mir zuschaute. Im Geiste spreche ich mit ihm, und es macht mich traurig, daß ich ihm etwas, das mir nach meinem Gefühl ganz gut gelungen ist, nicht mehr zeigen kann.

Nach dem Tode Jan Altinks begab ich mich unter die Obhut des bekannten Porträtmalers Sierk Schröder. Sierk ist ein Kenner der großen Florentiner Maler und besuchte oft den Louvre, um Zeichnungen von Ingres zu studieren, für den er tiefe Bewunderung hegt. Frans Hals ist ihm eine unerschöpfliche Quelle der Inspiration und Freude. Ich bewundere Sierk wegen seiner Noblesse; von seiner Gegenwart geht ein intensives Wohlbehagen aus, er ist zugleich scharf und milde, und seine Haltung ist ein Musterbeispiel dessen, was Nietzsche »schenkende Tugend« nennt. Selten hat wohl ein Großmeister einen Schüler gehabt, der schlechter zeichnen konnte, und daß er gerade mir manches beizubringen vermochte, bedeutet, daß er auch ein hervorragender Lehrer war. Er gewöhnte mir vieles ab, etwa das Malen oder Zeichnen in arabeskenhaft geschwungenen Linien, und wies seine Schüler darauf hin, daß in der Natur eckige und runde Formen als Kontrast fungieren, daß im Reich der Organismen, der Pflanzen, Tiere und Menschen eine strukturelle Gesetzmäßigkeit herrscht, nach der krumme und gerade Linien einander abwechseln. »Eine

Brust sieht niemals aus wie ein halb aufgeblasener Luftballon.« Ein Akt, ein Baum, wiedergegeben ohne gerade Linien, wirken formlos, »sackartig«. Eine Zeichnung oder ein Gemälde muß von einem lebendigen Rhythmus beherrscht sein.

Er erläuterte seine Thesen an Werken von Michelangelo und Velazquez und erklärte, worin der Unterschied liegt zwischen einem eindrucksvollen Werk und glatter Perfektion, die den Betrachter ausrufen läßt: »Seht, wie schön und sinnverführend, doch wie seicht und keinen rührend!« Darüber hinaus lehrte er mich sehen, daß ein abstraktes Gemälde, das des Betrachtens wert ist, denselben Gesetzen unterworfen ist wie ein figuratives Bild. Ich komme also nicht von der Theorie, sondern aus der Praxis auf das atemberaubende Problem der Struktur. Erst jedoch noch eine Bemerkung über mein Verhältnis zu meinem Gemale während meiner Krankheit.

Meine letzte Malarbeit vor meiner Krankheit atmete eine düstere Stimmung und hatte etwas Fesselndes durch die Traurigkeit, die sie ausstrahlte. Malen ohne die erste Spur einer Genesung war zum Mißlingen verurteilt. Darum war auch das Malen im Rahmen der Beschäftigungstherapie erfolglos. Ich war zu sehr von Angst beherrscht. Die großen weißen Blätter starrten mich an, machten mich hilflos, und die Vielfalt der Farben machte mir eine Auswahl unmöglich. Kurz, ich war zu krank.

Als ich mich, ohne daß es mir zu diesem Zeitpunkt selbst bewußt war, etwas zu erholen begann, schickte man mich in die graphische Abteilung, damit ich dort arbeiten könnte, und ich lernte Jaap van der Knoop kennen, genau im richtigen Augenblick. Von Anfang an war Jaap mir gegenüber herzlich, offen und fürsorglich. Er versteht sein Fach als Graphiker und als Arbeitstherapeut. Uns allen gegenüber war er freundlich, ohne oberflächlich glatt zu sein. Niemand zog seine Autorität in Zweifel, weil er nicht auf ihr bestand, sondern sie einfach besaß.

Meist waren er und ich als erste zur Stelle. Wir tranken eine Tasse Kaffee; meine Mitpatienten kamen, einer nach dem anderen, allmählich herein. Da saß ich dann, einer von ihnen und durch nichts von ihnen unterschieden, nur durch mein graues Haar. Ein Psychiater, verrückt geworden, und nicht zuwenig. Und dann griff ich nach der rettenden Malerei. Nicht grübeln über Dinge, die nun einmal nicht zu ändern sind. Während der Arbeit wurde ein Rundfunksender mit klassischer Musik eingestellt. So blieb mir der Ärger erspart, der für mich mit »Unterhaltungsmusik« verbunden ist. Um halb elf tranken wir Kaffee, zusammen mit allen anderen Patienten aus der Arbeitstherapie. Ich wurde oft angesprochen. Ida erzählte mir, daß man ihr die Kinder abgenommen habe. All das bittere Leid ließ mich nicht gleichgültig. Ich fühlte mich machtlos, aber ich sah keinen Anlaß, mich einzumischen, weil ich davon überzeugt war, daß alles nur mögliche für die Patienten getan wurde. Ich unterhielt mich mit Yvon und Truus und stahl mich mit Jaaps Zustimmung beinahe jeden Vormittag hinaus, um von der Telefonzelle auf dem Gelände mit Noortje zu telefonieren.
Jaap half mir, Probleme zu lösen, auf die ich stieß. Ich war recht zufrieden mit dem, was ich malte. Mitpatienten ließen mich merken, daß sie gern etwas von mir hätten. Natürlich waren nach Frau und Tochter Yvon und Truus die ersten, für die ich eine Gouache rahmen ließ. Eine der Landschaften, ein Teil von Ockenburg, der Dünenlandschaft gegenüber von Bloemendaal, habe ich in Farben gemalt, die ich von Mondrian übernommen habe; eine andere ist an ein Gemälde des jungen Braque angelehnt, eine dritte, ein Blick auf die Vecht, ist deutlich der Groninger Expressionismus von »De Ploeg«. Die Farben weichen stark von dem ab, was man die natürlichen Farben nennen würde, wie etwa in farbigen Photographien, und ich habe versucht die Zeichnung ausdrucksvoller, dynamischer zu gestalten.
Ich las alles über Malerei, was ich in die Hände bekam.

Noortje fand genau die Bücher, die ich brauchte. Auch nachts, wenn ich nicht schlafen konnte, las ich in einem Buch, das Cees mir mitgebracht hatte und das die Maltechnik von Monet, Cézanne und anderen behandelte. Es war aus dem Englischen ins Italienische übersetzt, und ich merkte erst hinterher, daß ich dabei war, Italienisch zu lesen. Nolen sprach mich darauf an. »Wann haben Sie Italienisch gelernt?« »Oh, vor ein paar Jahren.« »Finden Sie immer noch, daß Sie an Demenz leiden«, fragte er, »obwohl Sie eine Sprache lesen können, die Sie erst vor so kurzer Zeit gelernt haben?« Ich merkte, daß ich mich wieder durch Argumente überzeugen lassen konnte.

Eines Tages kam Ingrid, die unsere Abteilung leitete, mit Stoffmustern von ihrer Polstergarnitur zu mir. »Könnten Sie mir in diesen Farben eine Gouache malen?« Natürlich wirken solche Bitten ermutigend, so ermutigend, daß ich mich fragte, ob Ingrid mich vielleicht aus psychotherapeutischer Absicht darum bat. Jaap half mir, den Auftrag auszuführen, und akzeptierte selbst ein kleines Bild, das den Pfad darstellt, der zu seiner Abteilung führt. Die helle orange-gelbe Farbe der Hagebutten an den Sträuchern, die den Pfad säumten, bereitete mir Schwierigkeiten. Man kann nicht nur in einem Bildteil eine sehr grelle Farbe benutzen, ohne daß das Ganze aus den Fugen gerät.

Zur Frage der Struktur: Thema und Variationen, dieses Prinzip gibt auch den Strukturgedanken sehr gut wieder. Mit Hilfe der Musik kann man vieles erläutern, weil sie keinen mitteilbaren Inhalt hat, keine Geschichte enthält wie figurative Gemälde. Den Begriff der Struktur hat Pope in seiner Beschreibung der »Einheit in Vielfalt« treffend definiert: »Ordnung in der Vielfalt, Harmonie des Ganzen trotz der Verschiedenheit aller Einzelelemente.«

Wenn eine Variation sich zu sehr vom Thema entfernt, dann erkennt man den Zusammenhang nicht mehr. Wenn stets das gleiche dargestellt wird, denkt man: was für eine langweilige Bewegung oder sogar: überhaupt keine Bewegung, nur Stagnation und Erstarrung. Wiederholung des Themas, das durch den Zusammenhang, in dem es steht, doch zu etwas anderem wird, kennen wir von der Reimform in Gedichten. Unser Ohr registriert sofort Wiederholungen in begrenzter Form: »Vieni, l'alma a consolar« (»Komm', die Seele zu trösten«). Dieser Satz klingt so schön durch die Wiederholung der i- und a-Laute.

Wie kommt es, daß solche Wiederkehr des sich Ähnelnden, aber nicht Gleichen so wohltuend auf uns wirkt? Welches sind die wesentlichsten Bedürfnisse oder Wünsche unserer menschlichen Natur? Das elementarste Bedürfnis des Menschen ist vielleicht das Bedürfnis nach Sicherheit, das Bedürfnis danach, keine Angst haben zu müssen. Aber das Schiff unseres Lebens möchte auch einmal den sicheren Hafen verlassen, Abenteuern entgegenfahren. Wir sehnen uns nach Veränderung, danach, neue Dinge zu sehen und zu erleben; wir lassen uns gern durch etwas Fremdes, durch »das Besondere«, überraschen, wenn es nur nicht allzu bedrohlich wird.

Struktur gibt uns beides zugleich. Sie bietet Sicherheit, indem sie das Gegebene bestehenläßt, und sie befriedigt das Bedürfnis nach Neuem, indem sie Veränderungen zuläßt. Wird dieser Bogen optimal und maximal gespannt, ohne zu zerbrechen, erleben wir intensive Befriedigung, wenn nicht sogar Verzückung. Größte Vielfalt, die doch vollkommene Einheit bleibt, ist das Kennzeichen der gewaltigsten Kunstwerke auf jedem Gebiet. Man denke nur an das Spiel von Linien und Flächen, das Verhältnis der Räume zueinander, die durch die Spitzbögen der Kathedrale von Amiens umschlossen werden.

Atemlos lauscht man einer Fuge von Bach. Sind dem Thema immer andere Klänge zu entlocken, so daß man verblüfft, überrascht und beglückt wird? Da erhebt sich hinter der himmelhohen Bergkette noch ein atemberaubender Gipfel, und so führt die »tirata perfetta« uns heimwärts, so fährt das Schiff, getrieben und getragen von Wellen des Klanges, in den Hafen, der Sicherheit entgegen, die uns nicht einen Augenblick verlassen hatte.

Ehe ich meinen Gedankengang fortsetze, muß ich noch eine Frage klären. Von Musik spreche ich, um deutlich zu machen, was man unter Struktur, Aufbau und Organisation zu verstehen hat. »Aber man kann doch nicht musikalische und bildhafte Strukturen über einen Kamm scheren? Musik vollzieht sich in der Zeit, ein Gemälde nicht. Ein Gemälde ist räumlich, man kann es mit einem Blick erfassen.« Der Leser hat recht, musikalische und bildliche Strukturen sind nicht identisch. Das Betrachten eines Gemäldes spielt sich jedoch ebenso in der Zeit ab wie das Hören von Musik, wenn auch in kürzerem Zeitablauf, denn wenn wir das ganze Gemälde erblickt haben, beginnt unser Auge, es abzusuchen und abzutasten. Wir forschen nach den strukturellen Komponenten. Wenn wir in der linken unteren Ecke ein Fragment gesehen haben, in dem ein blaßblauer Farbton neben einen hell zitronengelben gesetzt ist, dann suchen wir diese Kombination auch an anderer Stelle. Finden wir sie nicht, dann empfinden wir das Werk als unbefriedigend. Es bleibt ein Gefühl der Leere. Die Farbkombination steht vereinzelt und ohne Entsprechung, sie ist »nicht durch das ganze Gemälde geführt«.

Wir dürfen nicht vergessen, daß unser zentrales Gesichtsfeld nur eine sehr kleine Fläche umfaßt; was sich außerhalb dieses Gesichtsfeldes befindet, nehmen wir nur vage wahr. Wir durchlaufen also das Gemälde mit unserem Auge, so daß wir mit jedem Blick einen anderen Teil scharf sehen. Außerdem müssen wir bedenken, daß ein Maler den Blick des Betrachters durch ein Gemälde führen kann. Viele Gemälde von Cézanne durchläuft man »im Zickzack«, oft lenkt der Pinselstrich unseren Blick.

Als ich aus der Welt meiner Wahnvorstellungen befreit wurde, mein Gefühlsleben neu erwachte, bekam meine Malerei eine andere Bedeutung; sie war nicht mehr nur Ausdruck von Gefühlen. Ich wollte etwas darstellen, in bestimmten Strukturen. Hier erhebt sich die Frage: Wenn ich die Struktur so betone, warum habe ich dann nicht abstrakt gemalt? Abstrakte Malerei kann doch wie Musik Struktur »in Reinkultur« sein? Ich habe es durchaus versucht. Allerdings wird man dabei mit einer Schwierigkeit konfrontiert. Mit dem Komponisten Henkemans, der bei mir promoviert hat, habe ich viel über strukturelle Probleme in der Kunst gesprochen. Er konnte mir erklären, worin das Spezifische der Musik im Gegensatz zu allen anderen Arten von Tönen besteht: »Musik ist die Form organisierter Töne, welche die determinierende Funktion des Gehörs ausschließt.« Ich möchte dies kurz erläutern: Wir sind umgeben von Tönen und Geräuschen natürlichen und nicht natürlichen Ursprungs, vom Rauschen des Windes, vom Strömen des Wassers, vom Dröhnen einer Autobahn in nicht zu großer Entfernung, vom Rattern eines Zuges usw. Manchmal kann man das Geräusch nicht definieren, man weiß nicht, wodurch es verursacht wird. Höre ich einen Schlüssel im Schloß? Treibt sich jemand im Dunkeln um den abgelegenen Bauernhof herum? Ist dies das ängstliche Rufen eines kleinen Kindes? Nein, die Eule gibt auf nächtlichem Flug ihre Anwesenheit zu erkennen.

Wenn man Musik hört, reagiert man anders, man determiniert nicht, man fragt sich nicht, was diese Töne bedeuten. Bei visueller Information ist es schwieriger, das Determinationsbedürfnis auszuschließen. Man muß eine gewisse Übung haben, um Strukturen erkennen zu können. Je geringer die Übung ist, desto stärker ist offenbar die Neigung, Männchen, Nasen, Hüte und natürlich Geschlechtsteile in abstrakt gemeinten Formen zu sehen. »Die hat der Maler bestimmt unbewußt hineingemalt«, erklären Betrachter, wenn sie an »das Unbewußte« glauben. Nun ja, der Maler hat sie jedenfalls nicht »weggemalt«, falls er sie selbst gesehen hat.

Als ich mit Jaap van der Knoop im neuen Flügel des Städtischen Museums in Amsterdam eine Ausstellung besuchte, wies er mich darauf hin, wie zum Beispiel ein Stück Jute den Betrachter zwingt, »beim Bild« zu bleiben, und damit dem Determinationsbedürfnis entgegenwirkt. Genauer gesagt, das Determinationsbedürfnis scheint weitgehend befriedigt, wenn man festgestellt hat: Aha, ein Stück Jute, Tapetenpapier oder was auch immer. So wird der Weg geöffnet für das Sehen von Strukturen. Das ist natürlich das Prinzip der Materialmalerei. Daran wollte ich mich auch einmal versuchen, indem ich Stofflappen, Stücke Bindfaden und ähnliche Dinge in Bildern verarbeitete, jedenfalls sie darauf anbrachte. Aus diesem Zeichen von Gesundheit leitete man allerdings ab, daß ich nun wirklich verrückt geworden sei: »Der Professor kramt in Abfallbehältern herum und bringt Dreck von der Straße mit.« Diese Aktivitäten haben mir viel gegeben.

Als wir im Sommer 1986 in Italien waren, begann ich mitten in der Nacht Zeichnungen anzufertigen, in denen Gefühle zum Ausdruck kommen sollten. Es ist nicht verwunderlich, daß die erste Zeichnung »Mutter« darstellt. Die Zeichnungen konnte ich reproduzieren und so großzügig die Nachfrage nach meinen Produkten erfüllen.

Im Herbst 1987 hörte ich, nach einem Gespräch mit Louis Andriessen, »dezidiert« mit dem Malen auf. »Schreiben und Malen kombinieren«, sagte er, »das gelingt nie, man braucht für beide dieselbe Art von Energie. Komponieren tut man den ganzen Tag, und mit Malen und Schreiben wird das nicht anders sein.« Er hat recht. In einer Periode des Malens bin ich ständig auf der Suche nach besonderen Farbkombinationen und eigentümlichen Formen. In einer Periode des Schreibens fallen mir häufig Formulierungen ein, die ich benutzen kann. Der Computer im menschlichen Kopf führt offenbar nicht mehrere Aufträge gleichzeitig aus. Ich fühle mich wohl dabei, wenn meine Aufmerksamkeit auf nur einen Gegenstand gerichtet ist und meine Fähigkeiten gebündelt werden. Allerdings häufen sich offenbar manchmal

Spannungen und Energien an, von denen ich mich beim Malen, das auch in motorischer Hinsicht eine befriedigende Tätigkeit ist, befreien konnte. In manchen Augenblicken fühlte ich mich wie eine gespannte Feder, und dieser Zustand ist bedrohlich. Aber gebe ich damit nicht zu, daß das Anfertigen von Malarbeiten Ausdruck von Emotionen ist? Offensichtlich muß man differenzieren. Man kann sich aktiv beschäftigen, um innere Spannungen abzubauen, wie auch immer sie entstanden sein mögen. Das bedeutet jedoch nicht, daß die Ursache dieser Spannung auch im schöpferischen Produkt dargestellt wird. Ich habe einmal, um einen notwendigen, aber schmerzlichen Abschied zu überwinden, ein Buch geschrieben. Weder der Abschied noch der durch ihn verursachte Schmerz sind Thema dieses Buches.

Ehe ich zum Schluß dieses Kapitels komme, muß ich noch ein essentielles und existentielles Problem zur Sprache bringen. Wie berichtet, hat das Medikament Tylciprin eine gewisse aufputschende Wirkung auf mich gehabt. Von daher erhebt sich die Frage: Waren das hektische Gemale und die ständige Beschäftigung mit der Malerei, auch während nächtlicher Stunden, ein Mittel, um die Triebe zu unterdrücken? Jugendlichen in der Pubertät rät man, früh aufzustehen, kalt zu duschen, etwas zu unternehmen, so vielseitig wie möglich aktiv zu sein, um die schlimmen Begierden zu überwinden. Sucht der Erwachsene nicht etwas Ähnliches zu erreichen, indem er seinen Geist auf »das Höhere« richtet, auf Äußerungen und Manifestationen von Kunst und Kultur? Ist die Kunst nicht eine mächtige Waffe, um die niederen Begierden unseres Körpers in Schach zu halten? Steht das Malen im Dienste der »Spiritualität«, der Überwindung des Körperlichen, Natürlichen, zugunsten des »Geistes«? Für mich hatte das Malen diese Funktion ganz sicher nicht. Das Menschenbild, das die genannten Argumente andeuten, ist nicht das meine, und die dazugehörige Moral noch weniger. Sublimierung gibt dem Triebleben Sinn und Bedeutung, Triebäußerungen verhindern, daß die Produkte der Sublimierung abstrakt und blutlos werden. Ich benutze sogenannte Sublimierungen – Malen ist zweifellos eine solche Sublimierung – nicht wie einen Korken auf einer Sekt- oder Sodaflasche. Die Lebenskraft kommt zu ihrem Recht, wenn man beim Malen oder bei anderen Formen der Sublimierung Beglückung empfinden kann. Auch das Umgekehrte gilt: Befriedigungen auf sexuell-erotischem Gebiet und andere Aktivitäten verhindern nicht, daß man sich von visuellen Aspekten der Wirklichkeit fesseln läßt, im Gegenteil. Sublimierung höhlt unsere vitalen Bedürfnisse nicht aus, sondern weist ihnen den Weg zur Befriedigung. »Denn die Liebe ist das Leben und des Lebens Geist.«

Sublimierung, Lust am Denken, Musik hören, sich mit Malen beschäftigen brauchen nicht als Ersatz für kalte Duschen und erzwungene Sportausübung zu dienen. Es wurde mir immer klarer, daß der Rhythmus körperlicher Prozesse sich auch im Produkt der Sublimierung äußert. Spannung und Entspannung sind sicher in der Musik, aber auch in vielen anderen Strukturen wiederzufinden. Bewegungen haben ihr eigenes Tempo, das des Laufens, Schreitens und Tanzens. Sind viele Gemälde nicht gerade durch den Rhythmus der Pinselführung, Zeichnungen durch den Schwung im Linienspiel faszinierend? Schon Nietzsche hat erkannt: Die Rhythmen unseres Körpers, des lebendigen Organismus, zeigen sich auch in den Äußerungen des Geistes.

Es gibt jedoch eine Funktion von besonderer Bedeutung, die Funktion unseres Atems. Atem ist notwendig, um unsere Zellen mit Sauerstoff zu versorgen. Wenige Minuten des Atemstillstandes, und unser Leben ist vorbei; unsere Hirnzellen sind gegen Sauerstoffmangel äußerst empfindlich. Aber was tun wir sonst noch mit Hilfe unseres Atems? Sprechen und singen. Ohne Atem könnten wir kein Wort herausbringen. Der Atem verbindet Körper und Geist. Was ist Beklemmung, auch durch Angst und Depression, anderes, als daß wir nicht mehr frei atmen können? Wenige Aussagen über ein Gemälde, eine Zeichnung, ein Bauwerk oder die Aufführung eines Musikstückes sind so vernichtend wie die Worte: »Es atmet nicht.« Es ist nützlich, daran zu erinnern, daß in vielen Sprachen »Atem« und »Seele« mit demselben Wort bezeichnet werden. Wir haben, wenn uns nicht Krankheit in uns selbst gefangenhält, teil an dem Atem, der allem Leben gibt.

Ich fasse zusammen. Als die Handlungsimpulse wiederkehrten, verstärkte die Aktivität ihrerseits wieder die Impulse, und so kam wieder Bewegung in mein Leben. Die Fähigkeit, Lust an und Lust zu etwas zu empfinden, kehrte zurück. Ich merkte, daß ich mit dem Malen drohende Ängste beherrschen konnte. Da ich visuelle Wirklichkeit darstellen wollte, knüpfte das Malen ein festes Band zur Realität, und so wurde ich aus dem Gefängnis meines eigenen Ichs befreit. Das Bewußtsein, etwas von der Malerei zu verstehen und ein gewisses Gespür für Gemälde und Zeichnungen zu haben, stärkte mein Selbstwertgefühl. Auch die Tatsache, daß Bekannte Bilder von mir haben wollten, ließ mein völlig daniederliegendes Selbstgefühl erstarken. Das »Ich« konnte wieder als Durchgangsstation dienen, ich konzentrierte mich auf die Wirklichkeit der Welt außerhalb meiner selbst, auf die Welt der objektiven Strukturen.

Kapitel 11

Mitmenschen

Ich habe versucht, meine Krankheit zu beschreiben, um Verständnis für die vielen Menschen zu wecken, die an einer Depression leiden, darüber hinaus aber auch, und nicht zuletzt, um deutlich zu machen, was eine Depression für den Partner, die Freunde, für alle diejenigen bedeutet, die dem Kranken nahestehen.

Aus vielerlei Gründen ist der Umgang mit einem Menschen, der an einer Depression leidet, eine ungeheuer schwere Belastung. Was man auch tut, es ist niemals recht. Der depressive Patient hält jeden Kontakt von sich fern. Bietet man jedoch gar nicht erst Kontakt an, fühlt er sich im Stich gelassen. Als ich unter dem Wahn litt, tot zu sein, sagte ich, wenn jemand mich besuchen wollte: »Du brauchst nicht zu kommen, ich bin nicht mehr da.« Wenn man nicht den Wunsch äußerte, mich zu besuchen, schloß ich daraus: »Ich bin wirklich tot, es kümmert sich ja niemand um mich.« Menschen, die mich besuchten, haben mir später erzählt, wie sie mit bleiernen Füßen zu mir kamen, weil sie es unerträglich fanden, erleben zu müssen, wie sehr ich Opfer von Ängsten und Wahnvorstellungen war. Doch es ist viel besser, Kontakt anzubieten, auch wenn der Kranke nicht darauf eingehen kann, als Kontakt zu meiden, ihn gar nicht zu suchen. Auch der Partner und die Freunde fühlen sich im Stich gelassen, wenn man sich nicht nach dem Kranken erkundigt, und das Argument: »Ich habe es aus Rücksicht unterlassen« ist nobel, aber falsch. Natürlich ist es für jeden Menschen belastend, wenn er anderen mitteilen muß, daß jemand, den er sehr liebt, »verrückt« geworden ist; aber es ist noch schmerzlicher, wenn er mit Leid und Sorgen allein gelassen wird.

Als Patient befand ich mich in einer sehr merkwürdigen Situation. Da ich als Psychiater zugleich psychoanalytisch ausgebildet bin, sprachen Kollegen mich auf meine Fachkenntnisse im Hinblick auf das Entstehen meiner Depression an.

Über Deutungen eine Anekdote. Der vierjährige Sohn eines Psychoanalytikers, eines freundlichen Mannes und sorgsamen Vaters, steigt in Panik aus seinem Bettchen, kommt ins Wohnzimmer gerannt und schreit: »Papa, Kuh im Garten, Kuh im Garten!« Am nächsten Abend wiederholt sich die Szene, und der Vater hält die Zeit für gekommen, mit dem Jungen über den Ödipuskomplex zu sprechen. Die Metaphorik erleichtert die Deutung sehr. Die Kuh hat Hörner, was auch dem Jungen aufgefallen ist. Und Väter, die manchmal mehrere, jedenfalls aber immer ein Horn tragen, sind sehr gern in Mutters Garten, wo es viel zu genießen gibt. Die Mutter, bei allem Respekt vor dem honorigen Fach ihres Mannes, meint: »Sollten wir nicht doch nachschauen?« Nur durch das Fenster vom Kinderbettchen getrennt, steht eine Kuh und grast mit Behagen im gepflegten Garten.

Es ist kennzeichnend für den Psychotiker, daß er seine Gedanken und Vorstellungen für real hält. So real, wie die Kuh für den Jungen ist, so real sind Wahninhalte für einen Psychotiker. Darum haben Deutungen in dieser Situation nicht den geringsten positiven Effekt. Beim psychotischen Patienten sind sie sinnlos; er fühlt sich unverstanden und wird noch einsamer, als er ohnehin schon ist. Der Leser wird sich fragen: Was für Deutungen werden denn in einer solchen Situation überhaupt gegeben? Im Zusammenhang mit meinen wahnhaften Schuldgefühlen schrieb mir jemand:

»Du fühlst Dich so schuldig, weil Du in Wirklichkeit glaubst, ein moralisch außerordentlich hochstehender Mensch zu sein, und wenn Du höher stehst als andere, dann mußt Du natürlich auch höhere Normen erfüllen. Schuldgefühle sind der Preis, den Du für Deine erhabenen Ideale bezahlen mußt. Wir gesunden Menschen urteilen nüchtern und sehen ein, daß wir manche Dinge ganz gut gemacht haben, andere Dinge falsch, und manche vielleicht sogar dumm. Wer normal zu sein wagt und den Mut zur Mittelmäßigkeit hat, auch in moralischer Hinsicht, der wird nicht wie Du zum Opfer derartiger Selbstquälereien werden. Ich will sogar noch weiter gehen: Hast Du die Psychoanalyse nicht wie ein neues Evangelium verkündet? Wer weiß, vielleicht fühlst Du Dich als Messias. Irre ich mich, wenn ich meine, daß das Buch, das Du glücklicherweise zurückgezogen hast, von den Fundamenten des Seins und dergleichen gewichtigen Dingen handelt, von Gott und dem Sinn des Lebens? Wenn das stimmt, dann ist alles klar. Kehre zurück zur wahren Einfalt, und wie eine Schlange, die sich häutet, wirst Du all Deine pathologischen Schuldgefühle abstreifen können. Sicher hast Du manchmal unverständige Dinge getan, aber steht denen nicht auch viel Positives gegenüber? Es reicht vollkommen aus, ein anständiger Mensch zu sein, und ich kenne Dich gut genug, um zu wissen, daß Du das bist.«

Jemand anders sagte: »Hölle, Verdammnis, ewige Qualen. Ist all diese Raserei, die du gegen dich selbst richtest, nicht eigentlich für andere bestimmt? Es ist doch kaum zu leugnen, daß manche deiner Beziehungen reichlich ambivalent sind. Oder irre ich mich da?«

Ein dritter meinte: »Du bist Psychiater, aber nach dem Willen deiner Mutter hättest du eigentlich Pfarrer werden sollen. Nun sprichst du immer davon, daß du ein Psychiater für Christen hättest werden müssen, was immer das auch sein mag. Ich würde sagen, entweder wissenschaftliche Psychiatrie oder Verkündigung, aber beides gleichzeitig, ist das nicht etwas zu hoch gegriffen? Das ist doch Größenwahn?«

Das Gespräch kam folgendermaßen zu seiner Apothese, seiner kraftvollen Beendigung: »Du meinst es natürlich gut, daran zweifele ich nicht«, sagte ich tief traurig, bis zum Äußersten gequält, »aber du siehst doch so gut wie ich, daß ich dement werde, daß ich an der Alzheimerschen Krankheit leide, genau wie meine Mutter.« Seine Antwort: »Aber du hast bestimmt noch genug Hirnzellen übrig, um zu begreifen, was ich meine.«

Dieser Mann ist, auch wenn es so scheinen könnte, durchaus kein Grobian und außerdem ein Musterbeispiel an Opferbereitschaft. Warum dann nur diese Neigung zu Deutungen? Ich gebe hier dem Sinne nach wieder, was Lotte, die Titelgestalt in Thomas Manns »Lotte in Weimar«, sich fragt: »Sollte es nicht nützlich sein zu versuchen, den Willen zur Demaskierung zu demaskieren? Sie suchen nach dem, was sich hinter deinen Erlebnissen verbirgt, aber was beseelt sie selbst?«

Man greift nach Deutungen, um des Gefühls verzweifelter Machtlosigkeit Herr zu werden. Außerdem schafft man auf diese Weise einen großen Abstand zwischen sich und dem Gegenstand seiner Deutungen. Und man kann sich selbst beruhigen: Ich durchschaue die Zusammenhänge, also wird mir nicht geschehen, was ihm geschieht.

Einer meiner Freunde sagte mir: »Den ganzen Tag verfolgt mich die Frage: Warum mußt du nur so schrecklich leiden?« Diese Worte haben mir geholfen, die Deutungen nicht. Ich denke, daß man den Gehalt der oben genannten Bemerkung noch erweitern kann. Das eigenartige, distanzierte Verhalten mancher Psychiater und das sogenannte »überlegene Lächeln der Analytiker« können auch dazu dienen, Angst abzuwehren, die Angst, daß man von derselben Krankheit getroffen werden könnte wie der Patient? Niemand von uns ist gefeit gegen körperliche und psychische Krankheiten, gegen Psychosen und am Ende gegen den Tod. Darum sorgt man für inneren Abstand. Man kann sich auch mit beidem, mit Körper und Seele, aus dem Staube machen, wenn Menschen an einer Krankheit leiden, vor der man Angst hat, an Aids, Krebs, Psychose. »Jeder Arzt gibt Gas, wenn er mit dem Auto an einem Friedhof vorbeikommt«, pflegte mein Lehrmeister der Inneren Medizin zu sagen. Geben viele von uns nicht oft Gas, wenn sie am Haus eines kranken Freundes, eines kranken Familienmitglieds vorbeikommen?

Unzweckmäßiges Verhalten ändert sich nicht durch Ablehnung und Kritik, oft aber durch Einblick in die Motive, die ihm zugrunde liegen. Man würde nicht weglaufen und den leidenden Freund, das kranke Familienmitglied im Stich lassen, wenn man den Mut hätte, die eigene Angst zu erleben. Glücklicherweise hörten viele Menschen nicht auf, mich zu besuchen.

Als im Familienkreis darüber gesprochen wurde, daß mancher sich während meiner Krankheit in der Tat sehr merkwürdig verhalten hatte, entfuhren einem der Gesprächspartner die Worte: »Eher singt eine Auster eine Arie von Puccini, als daß Menschen, die sich dir zu Dank verpflichtet fühlen, dich anständig behandeln.«

Zu diesem Thema machen verschiedene Anekdoten die Runde. Jemand fragte Napoleon: »Warum werden Eure Majestät von Herrn X nur so schlecht behandelt, verleumdet und angeschwärzt?« Der Kaiser antwortete: »Weil ich ihn zum Marschall befördert habe.« Ein Dirigent sagte verschmitzt: »Ich verstehe nicht, warum dieser Komponist sich mir gegenüber so unhöflich benimmt, ich habe mir doch nie die Mühe gemacht, eine seiner Symphonien aufzuführen?«

Auch wenn man aus diesen Beispielen die allgemeine Regel ableiten kann, daß alle, die einem etwas verdanken, dazu neigen, einen schlecht zu behandeln, so muß ich doch dazu sagen, daß ich selbst vor allem Ausnahmen von dieser Regel erlebt habe. Wie läßt sich das oben beschriebene Verhalten erklären? Der Zusammenhang ist nicht sehr kompliziert und schon lange vor Freud aufgedeckt worden: Wenn jemand für einen anderen etwas tut, hat er offensichtlich mehr Macht als dieser, sonst hätte er es ja allein geschafft. Diese Einsicht fällt uns schwer, wir fühlen uns nicht gern klein. Und noch etwas kommt hinzu: Männer erfahren Abhängigkeit häufig als Unterlegenheit, als seien sie passiv gewesen, und davor haben viele große Angst.

Auch die Tatsache, daß Menschen mich mieden, läßt sich

erklären. Ein Gefühl, mit dem wir alle von Zeit zu Zeit zu kämpfen haben, kann man besser durch eine Metapher als durch eine lange, abstrakte Erklärung beschreiben. Einer der Menschen, die in diesem Buch oft genannt werden, lieferte mir dazu dieses Bild: »Was würde der mickrige, unfruchtbare Johannisbeerstrauch fühlen, wenn die hohe Pappel, in deren Zweigen die Vögel nisten, deren Blätter der Wind rauschen läßt, plötzlich von einem Sturm entwurzelt würde und mit einem dumpfen Fall zu Boden stürzte?« Man pflegt hier vom »verbotenen Triumph« zu sprechen. Offenes Vergnügen am Sturz des anderen erlauben wir uns nicht. Das wäre unritterlich, und die ritterlichen Werte haben in unserer Kultur noch immer ihre Gültigkeit. Darum unterdrücken wir unsere Gefühle des Triumphes über den Fall des Starken oder dessen, den wir für stark gehalten haben. Der innere Konflikt führt in den meisten Fällen zum Vermeidungsverhalten. Vielleicht läßt meine frühere Haltung den Triumph über meinen Fall nur allzu verständlich erscheinen.

Diese Überlegungen könnten es nahelegen, die bekannte Definition psychischer Gesundheit zu erweitern. Die allgemeine Definition lautet: arbeiten können, spielen können und lieben können. Dem ließe sich hinzufügen: anderen helfen und sie trösten, wenn sie in Not sind. Voraussetzung dafür ist allerdings, daß man die Ängste, die durch Krankheit und Tod geweckt werden, nicht abwehrt, sondern sie erträgt, daß man nicht vor ihnen wegläuft und damit dem anderen das Schlimmste zufügt, das ein Mensch erleben kann: Einsamkeit, Alleinsein, im Stich gelassen werden. In Fachtermini ausgedrückt: Neben ausreichender Frustrationstoleranz, der Fähigkeit, Enttäuschungen zu ertragen und zu verarbeiten, muß man ausreichende Angsttoleranz besitzen.

Es sei noch einmal betont: Der depressive Patient trägt selbst zu seiner Vereinsamung bei. In jedem Falle sollte man Ablehnung von seiner Seite niemals ernst nehmen. Auch wenn er jeden Kontakt zurückweist, leidet er doch darunter, wenn man gar nicht erst versucht ihm Kontakt anzubieten. Selbst im dunkelsten Stadium meiner Psychose registrierte ich es doch genau, wenn Frau, Tochter, Freunde und Pflegepersonal wirklich Anteilnahme zeigten, und für Augenblicke dämmerte dann die Erkenntnis: Echte Anteilnahme kann es in der Hölle gar nicht geben?

Die Vertreterinnen des »schwachen« Geschlechts erwiesen sich als stark im Mittragen meines Leidens: meine Frau, meine Tochter, meine Schwägerin Titia, meine Sekretärin, Frau van Nes, die, als meine Krankheit ihren Tiefpunkt erreicht hatte, in Bloemendaal war, zur Zeit der Herbststürme, die aber auch miterleben konnte, wie der Orkan in meiner Seele sich legte.

Man tut gut daran, sich intensiv um die Familie und die Freunde eines depressiven Patienten zu kümmern. Sie leiden sehr. Allan erzählte mir später: »Deine Krankheit war für mich eine Naturkatastrophe.« Man verliert seinen Freund, und doch vollzieht sich kein Trauerprozeß, wie er einsetzt, wenn man jemanden durch den Tod verliert.

Es ist nicht schwer, sich vorzustellen, wie die Menschen auf meine Genesung reagierten, die mir während meiner Krankheit beigestanden haben. Allerdings waren nicht alle gleichermaßen begeistert. Einmal wurde die Mitteilung, mit der ich dem anderen eine Freude zu machen hoffte, mit eisiger Kälte aufgenommen, was Allan die Bemerkung entlockte: »Dafür, daß manche dich während deiner Krankheit im Stich gelassen haben, hättest du dich nicht besser rächen können als durch die Mitteilung, daß du wieder gesund bist.«

Eine frühere Schülerin begegnet mir in der Buchhandlung, sie beginnt zu strahlen, lotst mich ins Café, erzählt mir, welch ein Schlag meine Krankheit für viele gewesen sei und daß meine Heilung sie mit Freude erfülle. Durch ihren Überschwang erhielt diese Begegnung eine besondere Note.

Am Telefon meldet sich ein Kollege. Er hatte seinerzeit einen Versuch unternommen, zur Ausbildung auf einem bekannten Umweg zu kommen, das heißt, er bat einen meiner besten Freunde, ein gutes Wort für ihn einzulegen. Mein Freund wurde sofort aktiv und riet mir nachdrücklich davon ab, ihn anzunehmen; er werde eine Katastrophe für seine Patienten und eine Quelle großen Ärgernisses für seine Kollegen sein. Die Bewerbung ging nicht ein, was der spätere Kollege mit dem Hinweis begründete, eine Ausbildung in den Vereinigten Staaten werde ihm mehr bieten. Er reise lieber mit einer Fahrkarte erster Klasse, hatte er geschrieben. Gerade darum wolle er mich aufsuchen, nicht für ein Bewerbungsgespräch, sondern um sich von mir relevante Literatur nennen zu lassen. Denn es gäbe schon so vieles im »Philebos« zu entdecken, was Freud erst später entdecken sollte. Dem griechischen Text, versteht sich.

Er klingelt, und nach den üblichen Begrüßungsfloskeln legt er los, berichtet, an welchen Büchern er inzwischen mitgearbeitet, wie gut er sich im Fach entwickelt habe. Es sei doch ein Vorrecht, sich nach dem Erwerb von Kenntnis und Können in der Chirurgie und in der Inneren Medizin auch auf dem Gebiet des Seelenlebens profilieren zu können, soviel Wissenswertes über sich selbst und seine Mitmenschen zu erfahren.

Wie richtig sei es doch gewesen, sich in mehreren amerikanischen Zentren weiterzubilden, da ich mich, wie er gehört habe, niemals von meiner beschränkten Perspektive hätte befreien können. Seit seiner Rückkehr sprach er Holländisch mit deutlich amerikanischem Akzent. Vorträge hielt er auf Englisch.

Ich kann nicht garantieren, daß ich mich *verbatim*, wortwörtlich, der Prosa erinnere, deren er sich bediente, um seinen sinnigen Gedanken freien Lauf zu lassen. Allerdings stehe ich dafür ein, daß in den folgenden Sätzen der Tenor seiner Selbstentblößungen wiedergegeben ist. Ich solle nur nicht glauben, daß all die Fächer, von denen ich wisse, daß er sie ausübe, auch nur im geringsten ausreichten, all das, was in ihm vorginge, zum Ausdruck zu bringen; die Kraft seines

Gefühls, die Tiefe seines Blicks, die Weite seiner Auffassung, das Ergreifende seiner Visionen.
Nach ablehnenden Blicken auf einige im Zimmer hängende Bilder, unter denen sich auch Malstudien von meiner Hand befanden, setzte er seinen Diskurs fort; ab und zu unterbrach er ihn, um seine Teetasse abzusetzen, »kunstvoll«, so wie es in Ravels »Shéhérazade« dargestellt ist. Nein, für seine Selbstexpression sei doch mehr nötig als alles, was er aufgezählt habe. Er schaffe Skulpturen, und die Kunst des Bronzegießens habe er sich schnell zu eigen gemacht. So könnten seine Emotionen beim Erstarren des glühenden Metalls eingefangen und verewigt werden. Ab und zu fordere sein Geist unmittelbarere Ausdrucksformen, dann greife er nach Hammer und Meißel, um im härtesten Granit, im widerspenstigsten Marmor Formen zu gestalten, die vor seinem geistigen Auge erschienen, wie es seinerzeit – daran könnte ich mich doch hoffentlich erinnern – auch Michelangelo getan habe. Und doch, wie vieles bleibe dann noch, das nach Ausdruck verlange. So hatte er sich – man wird es kaum glauben – den Weg zur Orgel einer der größten Kirchen im Lande gebahnt, und er versuchte mir einen Eindruck davon zu geben, was ihn bewegte, wenn er die gewaltige Basilika bis in die verborgensten Nischen mit den Klängen der Orgel erfüllen konnte, natürlich mit Hilfe der größten Werke von Bach. Er wisse, daß viele Menschen lange Zeit brauchten, in die Geheimnisse dieser Werke einzudringen. Doch er habe die Toccaten und Fugen nur ein paarmal »durchgespielt« und habe so Einsichten in die Wunder gewonnen, die sich in diesen Werken vollziehen, Einsichten, die, wie er mir versicherte, dem professionellen Organisten nur allzu oft entgingen, ihm freilich nicht, da er Bachs Klangreichtum mit Freuds Theorien über das Unbewußte sinnvoll zu verbinden vermöge. Bach gelte seine Vorliebe. Er habe immer das Gefühl, bemerkte er taktvoll, daß ich an Mozart hängengeblieben sei, eigentlich einem Komponisten des Operettengenres. Nein, wenn es schon nicht Bach sein

könne, dann doch sicher nicht Mozart, »aber, na ja, Ihnen ist natürlich alles lieb und recht«, sagte er verständnisvoll.
Mein Kollege sah mich an und meinte, wobei er von getragener Prosa zu einer gewöhnlicheren Sprache überging: »Wenn man zwei Lehrbücher über Psychiatrie geschrieben hat und dann selbst in die Irrenanstalt eingeliefert wird, steht man doch wohl dumm da.«
Meine gewohnte Schlagfertigkeit ließ mich im Stich, ich war perplex, murmelte nur etwas wie: »Ärzte können doch auch krank werden« oder dergleichen.
Die Türklinke in der Hand, versprach er, daß er die Häufigkeit seiner noch abzustattenden Besuche mit Rücksicht auf meine offenbar noch schwache psychische Gesundheit nicht zu sehr steigern wolle, daß er aber meinem Wunsch, über seine weitere Entfaltung auch in Zukunft informiert zu werden, entsprechen wolle. Die Werke, die er schrieb, würde er mir schicken oder bringen, natürlich mit einer persönlichen Widmung versehen, zur Zierde meiner Bibliothek.
Es ist eine merkwürdige Erfahrung, wenn man sieht, daß ein Mensch, der sich innerhalb des Mittelmaßes oder etwas darunter bewegt, mit einem Selbstwertgefühl durchs Leben geht, das allenfalls einem Michelangelo oder Bach zustände. So stellt das Leben uns allen die Falle des Hochmuts, der *superbia,* nach Augustinus und Thomas von Aquin die Hauptsünde, aus der alle anderen Sünden sich herleiten. Mit dieser Überzeugung befinden sie sich in Übereinstimmung mit modernen Auffassungen, die besagen, daß Störungen, Unausgeglichenheiten in unserem Selbstwertgefühl, narzißtische Probleme den Boden bilden, auf dem viele Krankheiten, viele Irrtümer gedeihen. Das Dilemma, das darin besteht, daß man sich selbst nur finden kann, wenn man sich selbst verliert, löst sich offenbar nur auf einem scheinbaren Umweg: sich nicht mit sich selbst zu beschäftigen. Wenn man wirklich auf den Appell eingehen kann, der vom Mitmenschen ausgeht, dann lösen sich all die Ich-Nebel von selbst auf, ganz ohne daß man etwas dazu tun muß.

Sich mit sich selbst beschäftigen, an sich selbst arbeiten, um auf diese Weise weniger egozentrisch, bescheidener zu werden, führt zu gar nichts. Durch zusätzliche Aufmerksamkeit werden lebendige Wesen nicht kleiner, sondern größer.

Eine Form der Selbstprüfung ist natürlich sehr nützlich; wenn nämlich das Ego übermäßig groß ist, sollte man sich die Frage stellen: Welche Ängste versuche ich abzuwehren, wenn ich mich selbst so wichtig finde?

Ich möchte noch auf einige Reaktionen eingehen, die man manchmal bei Menschen sieht, die eine Depression in ihrer nächsten Umgebung miterleben. Ich möchte diese Problematik allgemein formulieren und einige theoretische Bemerkungen hinzufügen, die uns auch hier zu einer toleranten Einstellung verhelfen können. Wenn man einsieht, daß jemand bestimmte Handlungen nicht tun oder nicht lassen kann, dann nimmt man ihm das im allgemeinen weniger übel.

Es ist eine Eigenart unserer psychischen Organisation, daß wir auf jede Frustration, jede Enttäuschung, wodurch auch immer verursacht, mit einem bestimmten Maß an Wut reagieren. Diese Wut ist nicht proportional der Enttäuschung, ihre Kurve ist steiler, vor allem dann, wenn die Enttäuschung auch eine Kränkung unseres Selbstgefühls bedeutet, weil wir ohnmächtig gemacht werden. Diese Reaktion tritt unglücklicherweise auch dann auf, wenn der andere uns die Frustration völlig ungewollt zufügt, wie etwa der depressive Patient den Menschen seiner Umgebung. Viele von uns kennen harmlose Formen dieser Reaktion: Die Grippe des einen Familienmitgliedes versetzt die anderen zutiefst in Mißmut.

Der psychisch Kranke erregt noch mehr Wut als der physisch Kranke. Wenn jemand noch über geistige Fähigkeiten verfügt, auf zwei Beinen herumläuft, noch allerlei Dinge tun kann, dann ist man geneigt zu denken: Warum benimmt er sich nicht anders, er könnte doch, wenn er nur wollte? Man kann sich doch ein wenig beherrschen? Unvermeidlich ruft

Depressivität auch Reaktionen von Wut bei den Familienmitgliedern hervor. Wer etwas von dieser Wut fühlen, sich bewußtmachen kann, hat es dabei noch am wenigsten schwer. Vielen gelingt das nicht, doch dafür können sie nichts. Ich kann ihm doch nicht böse sein, sagen sie, er kann doch auch nichts dafür, daß er so trübsinnig ist. Abwehr gegen die Wut wird mobilisiert, die Wut wird anders kanalisiert. Man wird anderen gegenüber reizbar, man fährt riskant Auto. Wer sowieso gewohnt ist, Gefühle der Ohnmacht und Angst mit Alkohol zu unterdrücken, sucht seine Zuflucht immer häufiger beim Trinken. Auch erotisch-sexuelle Abenteuer oder Beziehungen bewirken eine gewisse Betäubung, und so werden Beziehungen angeknüpft, die für den anderen und für einen selbst nur destruktiv sind. Man flüchtet vor dem Sturm im eigenen Innern und gerät in einen Orkan.

Es ist wie ein Gesetz, dem wir nicht entrinnen können: So groß die Aggression, so groß die Frustration, und die muß irgendwo bleiben. Dann geschehen Dinge, die man zunächst nicht begreift und aus denen man schließt: Was ich den anderen durch meine Krankheit angetan, worunter ich doch selbst am meisten gelitten habe, das zahlt man mir nun heim. So erlebt man erst das Leid der eigenen Krankheit und später den Schmerz, den andere einem zufügen, weil sie wütend sind, ohne es zu wissen. Natürlich hat der Leser recht, wenn er meint, daß eine solche Reaktion gegenüber dem Menschen, der uns durch seine Psychose ungewollt Schmerz zufügt, sehr irrational ist; aber die Prozesse in unserem Innern vollziehen sich nun einmal nicht nach den Gesetzen der Vernunft.

Einsicht in diese Vorgänge sollte Konsequenzen für die Hilfeleistung haben. Der Partner des psychotisch Kranken braucht intensive Begleitung. Bleibt seine oder ihre Wut unverarbeitet, dann kann dies die anschließende Depression, den Rückfall, mitverursachen. Daß Partner von depressiven Patienten nach der Genesung ihrer Frau oder ihres Mannes selbst eine Depression bekommen, ist keineswegs selten und nach dem, was ich oben gesagt habe, auch begreiflich. Der gleiche Mechanismus läuft dann ab: gekränkt werden, ohnmächtig gemacht werden, Leid erleben müssen, damit nicht umgehen können. Die Kränkung verursacht Aggression, die Aggression wird nach innen gerichtet, weil man auf den gesund gewordenen Partner nicht böse sein darf.

Meine Frau hat während all der Jahre meiner Krankheit nur eine einzige Besuchszeit versäumt, und das auch nur, weil sie in Den Haag an einer großen Demonstration gegen Atomraketen teilnehmen wollte. Auch zu Hause hat sie auf alle nur mögliche Weise versucht mir zu helfen. Wie kann ich ihr besser danken, als hier meine Überzeugung zum Ausdruck zu bringen, daß ich es ohne sie nicht geschafft hätte!

Ich habe schon berichtet, wieviel Glück und Freude wir, die Menschen, die mich während meiner Krankheit begleitet haben, und ich selbst, erlebt haben, als ich gesund wurde. Mit den Interessen kamen die alten Gesprächsthemen wieder, Filme, Musik, Literatur, Botanisieren, Umweltverschmutzung, Einsparungen im Gesundheitswesen, das Kriegsmaterial, das alles Leben vernichtet.

Zur Freude gehört eine angemessene Menge Alkohol. Rotwein ist dem Patienten, der Tylciprin nimmt, verboten, Weißwein verursachte manchmal zuviel Magensäure, und so habe ich versucht Cocktails zu kreieren. Es ist ja doch bedauerlich, wenn man mit den Familienmitgliedern und Freunden nicht wenigstens ein wenig mittrinken kann. Eines meiner Getränke erwies sich als erstaunlich widerlich, ja ekelhaft. Ein anderes gab vor allem eine visuelle Befriedigung durch die Kombination von Gelb – einer Zitronenschale –, Grün – einem Blättchen Minze – und einer süßen, stark alkoholischen, grell-lila Flüssigkeit. Sein Name soll dieses Kapitel, in dem ich den Menschen meinen Dank ausspreche, die mich nicht im Stich gelassen haben, beschließen: »Parfait d'Amour.«

Kapitel 12

Patient und Psychiater zugleich

Wenn man als Psychiater an einer psychotischen Depression gelitten hat, könnte man versuchen sich selbst so zu sehen, wie man einen anderen Patienten sehen würde. Das ist möglich und vielleicht auch wünschenswert. Die Ergebnisse einer solchen Betrachtung gehören jedoch in eine Fachzeitschrift für Psychiater und Psychologen. Ein anderes Problem ist: Wenn man Psychiater ist und krank wird und weiterhin über seine psychiatrischen Kenntnisse oder zumindest einen Teil dieser Kenntnisse verfügt, dann betrachtet man, während man krank ist, auch sich selbst mit den Augen des Psychiaters. Auf die Krankheit zurückblickend, fragt man sich natürlich: Was ich über Depressionen gedacht, die Vorstellungen, die ich mir von depressiven Patienten gemacht habe, war das eigentlich alles richtig? Stimmen meine Erfahrungen mit dem überein, was in entsprechenden Büchern zu lesen ist, auch in den Büchern, die ich selbst geschrieben habe? Ich will versuchen meine Kenntnis von Depressionen an meinen eigenen Erfahrungen zu prüfen.
Der Leser könnte einwenden: Wenn ein Neurologe, ein Kenner des Nervensystems, eine Hirnkrankheit bekommt, dann ist er wohl der Letzte, der imstande ist, darüber etwas Sinnvolles zu sagen. Ein solches Erlebnis gibt ihm nicht mehr, sondern weniger Berechtigung als einem anderen, sich darüber zu äußern. Die Überzeugungskraft dieses Vergleiches beruht darauf, daß er hinkt – was nur selten vorkommt.
Zunächst eine Geschichte. Es war mitten im Kriege. Die Loyalitätserklärung unterschrieb ich nicht, nach Deutschland gehen wollte ich natürlich auch nicht. Weder die Ge-

fahren noch die ständige Unruhe, die der Krieg mit sich brachte, konnten mich von meiner Absicht abbringen: Kenntnisse in der Psychiatrie zu erwerben. Der Sohn des Direktors der Klinik »Zon en Schild« war einer meiner Mitstudenten. Er ließ mich wissen, daß ich mit Patienten in der Klinik seines Vaters sprechen könnte. Mit einiger Geschicklichkeit und Kenntnis wenig benutzter Wege gelang es mir, dorthin zu kommen. Sollten die Deutschen mich anhalten, würden sie in meinem Personalausweis lesen, daß ich Arzt war, was ich zu jenem Zeitpunkt noch nicht war. So wurde mir, dem Studenten, der Kontakt mit psychisch Kranken ermöglicht. Der Direktor starb an einem Herzinfarkt, Du Boeuff wurde sein Nachfolger. Er hatte mit einer Arbeit über den Eifersuchtswahn promoviert; er ging darin von der Annahme aus, daß man auch das verstehen könne, was in psychisch Schwerkranken vorgeht, und daß man ihre Vorstellungen und ihre Erlebniswelt nicht nur als Äußerungen einer Hirnkrankheit ansehen dürfe, sondern als verständliche Reaktion auf das, was ihnen geschieht. Unser Reagieren wird bestimmt durch die Charakterstruktur, wie sie besteht, ehe die Krankheit ausbricht, und diesen Strukturen galt Du Boeuffs intensives Interesse. Er bezeichnete seine Überlegungen zu diesem Thema als »Mentalitätslehre«. Zusammen haben wir ein Buch geschrieben mit dem Titel: »Wahn und Entfremdung«. Alle originellen Gedanken in diesem Buch stammen von Du Boeuff, zur Formulierung habe ich beigetragen und mich dabei der Terminologie Heideggers bedient. Ob das ein glücklicher Griff war? Um sich verständlich zu machen, braucht man eine Sprache, und die Sprache von »Sein und Zeit« schien uns damals ein mögliches Transportmittel für unsere Gedanken.

Du Boeuff war eine eindrucksvolle Persönlichkeit, von großer Gestalt, mit kobaltblauen Augen, in denen sich weite Fernen spiegelten, dazu von starker Präsenz und von großer Würde. Man fühlte, daß heftige Emotionen und Impulse vom Willen zur Disziplin beherrscht wurden. Auffallend und be-

freiend an ihm war die Verbindung einer mystischen Frömmigkeit mit einer vehementen Abneigung gegen Moralismus und Sittenrichterei. Schuldgefühle über nichtdestruktive Sexualität verglich er mit dem störenden Kratzen einer Grammophonplatte. Man darf nicht vergessen, daß ich hier über die Zeit von 1944 bis 1950 spreche und daß er Direktor einer christlichen Einrichtung war.
Zum erstenmal in meinem Leben entstand ein starkes persönliches Band zu einem Menschen, der in gewissem Sinne den Glauben meiner Mutter teilte, doch die moralisch-asketische Seite dieses Glaubens in sehr expressiver Weise ablehnte. Das Verbot der Sexualität vor der Ehe bezeichnete er als Reklame für die Prostitution. Spaziergänge in der späten Abenddämmerung durch den Wald, in dem die Klinik »Zon en Schild« lag, lieferten den überzeugenden Beweis, daß die Schwestern die modernen Auffassungen ihres Direktors teilten.
Zwei Pfleger, die damals noch »Brüder« genannt wurden, hatten sich Keile anfertigen lassen, die sie unter die Türklinke klemmen konnten, so daß die Oberschwester, die Schlüssel zu allen Zimmern hatte, sie nicht stören konnte, wenn sie die Nacht oder einen Teil der Nacht miteinander verbringen wollten. Als ein Kollege, von der Stationsschwester des Pavillons dazu angestiftet, sich an Du Boeuff wandte und ihn aufforderte, gegen diese Unsittlichkeiten einzuschreiten, »die in einer christlichen Einrichtung nicht gestattet werden können«, riet Du Boeuff ihm, mehr Zeit auf seine Patienten zu verwenden und die »Brüder«, erwachsene Menschen, ihr Leben so einrichten zu lassen, wie sie es für richtig hielten, um so mehr, als ihm bis heute nicht zu Ohren gekommen sei, daß die Pfleger ihrerseits sich, »werter Kollege, in Ihre sexuellen Angelegenheiten einmischen«.
Eher neugierig als verschämt begegnete ich dem bekannten Psychiater und bekam eine Nummer der »Zeitschrift für Medizin« in die Hand gedrückt. Er teilte mir mit: »Ich habe in der Abteilung gesagt, daß Sie mit den Patienten, die ich hierin beschrieben habe, sprechen können. Natürlich haben

wir das auch mit den Patienten besprochen, und bei beiden sind Sie willkommen. Sie wissen, wozu Sie hier sind.« Über die erste Patientin will ich hier weiter nichts sagen, weil sie für meinen Bericht nicht von Bedeutung ist.

Als man mir die Tür mit einem Schlüssel aufschloß und ich die Patientin sah, erschrak ich sehr, obwohl ich gewarnt worden war. »Fräulein Y sieht schrecklich aus, sie leidet unbeschreiblich. Sie will gern mit Ihnen sprechen, und sie wird auch das eine oder andere zu fragen haben.« Ich fühlte, als ich mich vorstellte, wie mager ihre Hand war. Sie war eine hochgewachsene Frau, mit ängstlichem, ja panischem Blick. Ihr schwarzgraues Haar hing offen um ihr scharf gezeichnetes, vornehmes Gesicht.

»Ich habe gehört, daß Sie gut mit Dr. Du Boeuff auskommen, Sie müssen etwas für mich tun, hören Sie, Sie können es mir nicht abschlagen«, und ehe ich auf ihre Worte reagieren konnte, fuhr sie fort: »Sehen Sie das Bett. Ich will nicht in ein Bett. Ich will, daß Sie beim Direktor darauf dringen, daß hier ein Sarg aufgestellt wird, so daß ich darin schlafen kann. Ich bin schon tot. Das würden Sie nicht denken, es ist aber so. Es ist meine eigene Schuld, es ist meine Strafe. Tot bin ich, und doch kann ich nicht sterben, verstehen Sie das? Aber ihr braucht mich gar nicht zu verstehen, wenn ihr nur tut, worum ich bitte. Ich kann es hier in der Zelle nicht aushalten. Es erdrückt mich, diese engen Wände. Aber auf den Saal will ich auch nicht. Ich kann es vor Angst nicht aushalten. Und ich schlafe nicht. Die Tage sind endlos, die Nächte noch endloser. Ich tue nichts, und ich will auch nichts tun. Tote tun nichts, die verfaulen und verwesen.« Sie schaute auf ihre Hände, dann auf mich.

Als ich nach Hause gekommen war, nachdem Du Boeuff mit mir über die Diagnose gesprochen hatte, schüttete ich meinen Eltern mein Herz aus. Was ich gesehen hatte, hatte mich tief beeindruckt. Was für ein Leid! Ich dachte an die Gestalt mit dem offenen Haar. Mein Vater sah mich an: »Du weißt, wie sie heißt, nicht wahr? Du wirst doch wohl ihre Krankengeschichte haben einsehen dürfen?« »Nein«, antwortete ich, »aber sie hat sich vorgestellt. Sie heißt...«, es folgten zwei Namen. »Weißt du, wer das ist? Die Tochter meiner Schwester, deine Cousine.«

Nun, das ist deutlich genug. Welche erbliche Belastung! Wir haben gehört, wie schwermütig die Mutter des Autors war, und nun die Belastung väterlicherseits! Ich habe an genau der gleichen Krankheit mit den gleichen Symptomen gelitten, an dem Wahn, schon gestorben zu sein, auf Erden zu sein als Toter, der doch spricht und sich bewegt.

Natürlich habe ich Nolen diese Geschichte erzählt. Seine Reaktion war: »Ich glaube nicht, daß das beschriebene Syndrom – nach dem Forscher Cotard benannt – als solches erblich ist. Es ist nur eine der schwersten Formen der Melancholie, und sicher gibt es erbliche Faktoren, die allgemeine Voraussetzungen für das Entstehen von Depressionen und Melancholien schaffen.«

Viele Depressionen und ihre psychotischen Formen treten in Phasen und Anfällen auf. Zwischen diesen Anfällen fühlt sich der Patient gesund. Anlagefaktoren spielen zwar eine Rolle, das bedeutet jedoch nicht, daß man, wie durch eine Schicksalsfügung, eine Depression bekommen muß. Es ist eine spezifische Anfälligkeit, eine Verletzlichkeit vorhanden. Die Kette hat ein schwaches Glied, das nur bei Überbelastung bricht.

Die Depression tritt auf, wenn das innere Gleichgewicht gestört wird, vor allem durch Leid und Kränkungen. Ich erinnere an die Symptome: keine Lust zu etwas, niedergeschlagene Stimmung, Kummer, häufig Suizidneigung, Selbstentwertung, Gedanken oder Wahnvorstellungen, der Körper sei krank, das Leben gescheitert. Schuldgefühle fehlen nur selten, es gibt keine Zukunftserwartung mehr. Viele Depressionen und Melancholien werden durch Angst und Panik kompliziert. Oft treten körperliche Symptome auf, Schlafstörungen, mangelnder Appetit, Obstipation.

Im Gegensatz zu diesen in Phasen verlaufenden Depressionen gibt es auch Formen von chronischer Depression, die offenbar in der Charakterstruktur verankert sind. Patienten mit solchen Depressionen sind nicht gehemmt, wohl aber oft niedergeschlagen. Vielleicht spielt auch hier die Disposition eine Rolle.

Beide Formen der Depression sind wesentlich gekennzeichnet durch ein empfindliches Selbstgefühl, durch die Unfähigkeit zu verarbeiten, ja überhaupt wahrzunehmen und zu fühlen, daß man sich in einer Situation der Ohnmacht befindet oder befunden hat, und durch die Unfähigkeit, die damit verbundene Wut zu äußern. Nach einer Kränkung vermag der zu depressiven Reaktionen Neigende sich nicht dadurch zu wehren, daß er wütend wird, daß er für seine Rechte eintritt, seine Interessen verteidigt; er wird niedergeschlagen.

Die Unfähigkeit, Gefühle der Ohnmacht zu ertragen, und die Überreaktion mit Todesangst und Angst vor dem Verlassenwerden spielen bei allen Menschen mit psychischen Störungen eine Rolle, ganz sicher jedoch bei Menschen, die zu Depressionen neigen. Kann man nicht kämpfen, ist man durch einen Verlust betroffen, dem Schicksal hilflos ausgeliefert, dann kommt es zu einem Stimmungsabfall.

Man beobachtet bei vielen Menschen, die schnell zu Düsternis neigen, daß sie versuchen ihren Stimmungsabfall durch Handlungen zu überwinden, die als Abwehrmaßnahme dienen sollen: Sie streben zum Beispiel nach Erfolg, sie machen sich abhängig von einem idealisierten Partner oder von einem Menschen, dem sie die Rolle des Partners zugedacht haben. Dann zeigt sich die Dämonie aller neurotischen Fluchtversuche: Die Folgen aller Bemühungen, dem Übel zu begegnen, werden zur Ursache dafür, daß es in verstärkter Form zurückkehrt. Man versucht einem Sturm auszuweichen und gerät mitten in einen Orkan.

Ein Beispiel: »Bei dir fühle ich mich sicher, ruhig, nicht mehr so angespannt.« Aber der Mensch, an den diese Worte gerichtet sind, ärgert sich über die Abhängigkeit, die Idealisierung, oder er hat einen boshaften Charakter, hält den anderen auf Distanz oder läßt ihn im Stich, und schon ist die Katastrophe da! Was dazu dienen sollte, quälender Ohnmacht und Angst vor dem Alleinsein auszuweichen, ruft in verstärktem Maße Angst vor dem Verlassenwerden hervor. Nicht nur durch Aktivitäten versucht man das Gefühl der Ohnmacht zu unterdrücken, sondern auch durch Phantasien, die einem nur dunkel bewußt sind. Statt die Angst vor dem Tode bewußt zu erleben und zu lernen, mit ihr umzugehen, liegt man in Unsterblichkeitsphantasien. Wer Angst vor einer Situation hat, in der er hilflos sein könnte, der wird gern viele Fäden fest in der Hand halten wollen. Wer vor dem körperlichen Verfall Angst hat, der wird alles tun, um sich jugendlich fühlen zu können. Umgang mit einer jungen Freundin oder einem jungen Freund soll einem selbst das Gefühl des Jungseins vermitteln: Ich bin jung in ihr/ihm, durch Identifizierung. Natürlich wird man dann erst recht merken, daß man es nicht ist.

Die depressiven Anfälle sind in der Regel sehr gut zu behandeln, die psychotischen Depressionen gleichfalls. Die chronische Düsternis oder eine Neigung dazu sind auch kein unabwendbares Schicksal. Psychotherapie, das heißt systematisches Durchsprechen der zugrunde liegenden Problematik, ihrer bewußten und unbewußten Aspekte, in Verbindung mit Medikamenten oder auch nicht, kann diesem schrecklichen Leiden ein Ende machen.
Das Verhältnis zwischen dem schweren, in Phasen auftretenden Anfall und der chronischen Niedergeschlagenheit ist ein so komplexes Problem, daß ich dazu auf die Fachliteratur verweisen muß.
Die Wahnbildung sei genauer betrachtet. Ein Beispiel: Sie fühlen eine Schwellung im Hals und erschrecken. Sie sind allein zu Hause und schlagen in einem medizinischen Ratgeber nach, weil Sie sich vergewissern wollen. Sie erreichen

damit aber das Gegenteil: Sie kommen allmählich zu der festen Überzeugung, daß Sie eine bösartige Geschwulst haben. Auch der Arzt kann Sie nicht beruhigen. Sie sind sich Ihrer Sache sicher.

Damit habe ich einen Prozeß beschrieben, der sich schrittweise vollzieht, und man liest immer wieder: So muß man sich die wahnhaften Vorstellungen depressiver Patienten vorstellen. In manchen Fällen mag das stimmen. Bei mir vollzog sich dieser Prozeß anders, jedenfalls in meinem eigenen Erleben. Der Wahn, in der Hölle zu sein, kam wie eine Offenbarung, als ob ein Schleier gelüftet würde, ganz plötzlich wußte ich es: Ich bin tot, bereits gestorben und in der Hölle. Im Kapitel »Wieder zu Hause« habe ich beschrieben, wie ich aus der Anwesenheit von Elstern, aus dem Niederschweben von Reihern in der Dämmerung, während meine Frau und ich auf einer Bank im Vondel-Park saßen, aus den schwarzen Linien auf gekauften Artikeln, Kassettenbändern, Milchpackungen darauf schloß, nicht mehr in der normalen, uns allen gemeinsamen Welt zu leben, sondern in der Hölle. Die Überzeugung war so stark, daß ich immer wieder fragte: »Welcher Pfarrer hat meine Beerdigung geleitet? Woran bin ich gestorben?«

Den aus der Anwesenheit von Elstern gezogenen Schluß: »Jetzt bin ich in der Hölle« bezeichnet man als Bedeutungszuweisung, die man eher bei Psychosen einer anderen Gruppe erwarten würde als bei Melancholien. Allerdings stimmten all diese Vorstellungen mit der Gewißheit überein, Strafe zu verdienen, einer Gewißheit, die sich deutlich an der Erwartung ablesen ließ: Jetzt wird mir ständig mein Versagen vorgehalten, doch schon bald bin ich in der Hölle, mit all den Vorgängen, wie sie von zahlreichen Malern früherer Zeiten dargestellt worden sind. Ob diese Gemälde einst die Funktion hatten, die Gläubigen zu warnen, oder ob sie sadistische Befriedigungen verschafften oder beides zugleich, brauchen wir hier nicht zu entscheiden. Ich stellte mir vor, daß mir solche Greuel widerfahren würden, und wenn man

mir entgegenhielt, daß Gott doch so nicht sein könne, argumentierte ich: »Schau dich nur um, Krebs, Unglücksfälle, Krieg und Aids, ist Gott daran nicht schuld?«
Was man auf Gemälden an grauenvollen Darstellungen sieht, das hat für den gesunden Menschen oft etwas Komisches, Karikaturistisches. Von diesem Grauenhaften geht dann gerade eine Beruhigung aus: So grauenhaft ist es gewiß nicht, das ist alles reichlich übertrieben, es sind Phantasien überhitzter Gehirne. Der Kranke jedoch nimmt die Darstellungen körperlicher Qualen außerordentlich ernst, weil er glaubt, niemals genug gestraft werden zu können. Natürlich entgeht ihm völlig, daß der schreckliche Gott, vor dessen Angesicht erscheinen zu müssen er fürchtet, die Projektion seines eigenen rasenden Gewissens ist. Wer seine eigenen Projektionen korrigieren kann, der ist nicht psychotisch. Es ist charakteristisch für den psychotischen Patienten, daß er dazu nicht imstande ist.
Man kann nicht nur aufgrund von Wahnvorstellungen davon überzeugt sein, daß bestimmte Dinge so und nicht anders sind, zum Beispiel: »Ich bin in der Hölle«, sondern man kann auch unter dem Wahn leiden, daß jemand nicht der ist, der er ist. Auch dieser Wahn kann als Selbstbestrafung interpretiert werden. Um psychiatrische Symptome wie Wahnbildung zu veranschaulichen, einige Worte über den Begriff der Abwehr, die oft mit Kontrolle verwechselt wird. Abwehr bedeutet, daß man etwas aus dem Bewußtsein fernhält, ohne es zu wissen. Wenn man dagegen einen Impuls oder ein Gefühl kontrolliert, so sind sie einem bewußt, doch man setzt den Impuls nicht in Handlung um, man äußert das Gefühl nicht oder nur bis zu einem gewissen Grade. Manchmal führen Psychosen zu Triebdurchbrüchen. Die Kontrolle von Impulsen wird schwer oder unmöglich, und auch die Abwehr versagt. Oft wird jedoch die Abwehr gerade verstärkt. Wer Wut nach innen richtet und niedergeschlagen ist, erlebt keine Wut. Wir kennen viele solcher Abwehrmechanismen: »Verdrängung« ist der häufigste, »Leugnung«, die zum Bei-

spiel einsetzt, wenn man von einem schweren Verlust betroffen wird, gehört dazu. Der Verlust dringt nicht ins Bewußtsein, jedenfalls nicht in seiner ganzen Schwere und ebensowenig in seiner emotionalen Bedeutung.
Droht ein abgewehrter sexueller oder aggressiver Impuls bewußt zu werden, zum Beispiel dadurch, daß von der Situation ein Appell an den Impuls ausgeht, dann tritt Angst auf. In diesem Falle spricht man von »neurotischer Angst«. Als Allan aus dem Garten kam und der Hitze wegen ein paar Kleidungsstücke abgelegt hatte, bekam ich Angst, die sich natürlich als neurotische Angst erklären läßt. Vor meiner Krankheit hatte ich mir nicht verboten, den Körper eines gutgebauten Mannes zu betrachten und den Anblick zu genießen. Während meiner Krankheit dagegen verbot ich es mir. Offenbar konnte ich vorher auch mit dem Neid auf die Jugend des anderen besser umgehen.
Während meiner Krankheit waren die Verbote sichtlich viel strenger geworden. Es blieb nicht bei neurotischer Angst. Die Verbote bekamen eine weiterreichende Bedeutung, ich mußte mir noch mehr verbieten als den Anblick eines Menschen, den ich durchaus schon öfter in diesem Zustand gesehen hatte. Plötzlich wußte ich: Es ist nicht Allan! Das ist psychotische Abwehr.
Manchmal erlebt man, daß mit der Wahnbildung eine gewisse Ruhe eintritt. Der Wahn, in der Hölle zu sein, brachte mir diese Ruhe durchaus nicht; doch die Tatsache, daß ich Allan weggeschickt hatte, brachte sie mir. Er hat in meiner Psychose keine Rolle mehr gespielt, nachdem ich ihn auf dem Fahrrad hatte wegfahren sehen über die Brücke Richtung Amstel. Er war aus meinem Gesichtsfeld und aus meinem Inneren verschwunden.
Die Verfälschung der Realität kann noch weiter gehen. »Du bist es nicht« kann zu der Frage führen: »Wer bist du dann?« und zu der Antwort: »Ein Teufel«, ein konsequenter Gedanke, wenn man überzeugt ist, in der Hölle zu sein. Er hatte zur Folge, daß ich einen Pfleger angriff, der mir

durch sein Spielen mit einem Schachcomputer Angst einflößte.

Warum wurde ich nicht einfach nur krank, warum wurde die Depression zu einer Psychose? Ich erlitt einen schweren Verlust, ich reagierte heftig darauf, daß meine Emeritierung fünf Jahre früher stattfand, als ich jahrelang gedacht hatte. Die Virusinfektion machte mir klar, daß meine Vorstellung, mich ewiger Jugend erfreuen zu können, eine Illusion war. Die Fiktion: »Ich bleibe jung durch die Freundschaft mit einem jungen Mann« wurde mir auf einen Schlag genommen, und dazu unterminierte die Virusinfektion noch meinen Widerstand. Die Traglast wurde viel schwerer, die Tragkraft hingegen nahm ab, und es folgte die Dekompensation. Ich denke manchmal, daß ich ohne die entkräftende Virusinfektion nicht psychotisch geworden, daß es bei einer »normalen« Depression geblieben wäre, aber das kann man natürlich nie mit Sicherheit sagen.

All diese Frustrationen, diese Angriffe auf meine psychische Organisation konnten deshalb eine so starke Wirkung entfalten, weil es in ihr einen schwachen Punkt gab. Mit meinen Vorstellungen von ewiger Jugend und Unsterblichkeit wollte ich heftige Ängste vor Tod und Hölle unterdrücken, die mir in meiner Jugend eingeimpft worden waren. Als dieses Gebäude erschüttert wurde, überfielen mich panikartige Ängste, die zur Psychose führten.

Noch ein paar Worte über die heftige, gegen mich selbst gerichtete Wut, die Raserei meines Gewissens. Eine komplizierte Art und Weise, die Wut, die einem anderen gilt, gegen sich selbst zu richten, besteht darin, daß man sich selbst übelnimmt, was man in Wirklichkeit dem anderen vorwirft, daß man Vorwürfe gegen den anderen in Selbstvorwürfe umwandelt. Als ich mich ständig mit dem Gedanken herumquälte, keine christliche Psychiatrie gelehrt zu haben, kritisierte ich damit meinen verstorbenen Freund Alexander Mitscherlich? Er hielt Religion für eine Quelle von Obskurantismus, von magischem Denken und sexueller Tyrannei, und wer wollte ihm widersprechen, wenn er behauptete, daß Religion oft in dieser Weise mißbraucht worden ist? War meine Selbstkritik nicht Kritik an ihm? Auf diese Frage habe ich keine Antwort. Wohl aber weiß ich, daß ich nach einem Vortrag, den er in Amsterdam hielt, mit meinem Auto einen besonders dummen Zusammenstoß verursachte, obwohl meine Laufbahn als Autofahrer zu dem Ausruf Anlaß gibt: »Wäre meine Laufbahn als Psychiater doch so erfolgreich gewesen!« Wer fünfzig Jahre lang ein Auto gefahren, alle für Autos zugänglichen Bergpässe bezwungen, ein Wohnmobil von Amsterdam nach Reggio di Calabria laviert, niemals einen Hund oder eine Katze überfahren hat und sogar geschickt den Tauben ausgewichen ist, wer mit kreischenden Bremsen vor Smaragdeidechsen und schlafenden Schlangen zu halten versteht, der darf sich, meine ich, einer brillanten Laufbahn als Autofahrer rühmen! Nach dem Vortrag von Alexander Mitscherlich jedoch ließ ich mir von einem dicken Mercedes, der von rechts kam, kräftig in die Seite fahren. Ich muß meinen Freund sehr beneidet haben! Im Vergleich zu seinem Einfluß war der meine gering. Im normalen Leben macht die Bewunderung eine solche Eifersucht erträglich. Den Vorgang, daß man in einer Depression die Wut, die anderen gilt, gegen sich selbst richtet, hat Freud in »Trauer und Melancholie« eingehend beschrieben.

Ein anderer Vorgang war nicht nur für mich, sondern auch für andere noch viel auffälliger: die Regression des Überich. Mein Gewissen wurde wieder so streng, wie es in meinen jungen Jahren gewesen war. Regression bedeutet Rückkehr, Rückfall.

Auch hier wieder keine abstrakte Erklärung, sondern ein Beispiel. Ein Mann, der sich auf sexuellem Gebiet hervorzutun pflegte, hatte nur noch wenig Interesse an Aktivitäten, bei denen seine männlichen Attribute die Hauptrolle spielten. Er wollte liebkost und gestreichelt werden, wie ein Kind von seiner Mutter. Was zunächst ein lustvoller Teil des Ganzen ist, wird zum beherrschenden Bedürfnis. Man nennt dies »Regression des Trieblebens«: Wünsche aus einer frühen Entwicklungsphase werden reaktiviert.

Ein weiteres Symptom ist die Ich-Regression. Kinder denken oft magisch: »Während des Schulausfluges herrschte schlechtes Wetter, weil ich mein Schwesterchen geärgert habe«, oder: »Wenn ich jetzt nur dies tue, dann...« Magisches Denken gehört zu einer früheren Phase der Ich-Entwicklung. Wir alle können in dieses magische Denken zurückfallen: in Form der Ich-Regression und Reaktivierung älterer Formen des Funktionierens.

Zum Schluß noch die Beschreibung der Überich-Regression, der Regression des Gewissens in meiner eigenen Psychose.

Als Erwachsener lebte ich mein eigenes Leben, aber meine Mutter, in meinem Innern wiederauferstanden, erschlug mit ihrer Axt meine Seele. Ich begann wieder, an einen Gott zu glauben, von dem man sagt: Er wird durch das Jammern der Gottlosen in der Hölle ebenso verherrlicht wie durch den Lobgesang der Seligen im Himmel.

Glaubte ich das wirklich? Ich glaubte es, mit absoluter Gewißheit. Mein Gedankengang: Ich bin hochmütig gewesen, ich habe es für notwendig gehalten, eine tolerante Sexualmoral zu propagieren; aber habe ich nicht gerade die Menschen, die mir die Liebsten waren, zu einem ausschweifenden Leben, zu Unzucht, Ehebruch und Liederlichkeit angestiftet? Das Schicksal Don Giovannis stand mir als drohende und wohlverdiente Zukunft vor Augen.

Die alten Auffassungen meiner Mutter, ihre Verbote und Gebote, gewannen wieder Macht über mich, und ich war davon überzeugt, alle Strafen, die sie sich vorstellte, verdient zu haben und auch tatsächlich erleiden zu müssen, in alle Ewigkeit, ohne die geringste Aussicht, daß die Qualen je ein Ende finden würden, schon gar nicht durch den Tod.

Dem Leser dürfte deutlich geworden sein, daß ich die Melancholie nicht als rein körperliche Krankheit sehe. Man kann von einer Existenzkrise sprechen und die »innere Dramatik« der Persönlichkeit betonen, die Spannungen zwischen all dem, was in uns lebendig ist. Aber, so könnte man fragen, der Ausgang eines Dramas wird doch nicht durch Tabletten bestimmt? Natürlich werden die inneren Konflikte nicht durch ein Medikament gelöst, aber man kann mit seiner Hilfe besser mit ihnen umgehen. Erinnere ich mich recht, daß der Held eines Zeichentrickfilms Wehrhaftigkeit und Kraft zurückgewinnt, wenn er den Inhalt einer Dose Spinat verspeist?

Der Genesungsprozeß begann mit der Stärkung meiner »Wehrhaftigkeit« gegenüber Wahnvorstellungen und Schuldgefühlen, mit der Rückkehr der Freude an Aktivitäten und mit der Rückkehr der Energie, sie auch auszuführen. Die Wahnvorstellungen schmolzen nicht wie Schnee in der Sonne. Immer wieder sprangen grauenhafte Vorstellungen wie Ungeheuer meine Seele an. »Etwas tun, malen«, sprach ich mir dann selbst Mut zu.

Ich sprach mit Mitpatienten, wenn sie ein Gespräch wünschten, aber ich stellte nicht die Forderung an mich selbst: »Du mußt aus der rechten Gesinnung heraus handeln.« Es genügte mir, wenn ich für einen anderen etwas tun konnte, das ihm oder ihr Freude machte. Sind Schuldgefühle nicht außerordentlich unfruchtbar, wenn sie einen daran hindern, hier und jetzt etwas Sinnvolles zu tun?

Wenn ich versuche zusammenzufassen, so kann ich sagen: Eine Virusinfektion nahm mir alle Kraft und machte der Illusion ein Ende, daß ich unverwundbar sei. Das gestörte Bewußtsein, das ständige Verwirrtsein machte eine sinnvolle Beschäftigung mit Dingen, die mich interessierten, unmöglich und verstärkte die Angst, unter Gedächtnisverlust zu leiden. Ich wurde von mehreren schweren Schlägen getroffen, ich mußte Schmerz verarbeiten, ich litt sehr darunter, meiner Arbeit nicht mehr gewachsen zu sein. Die Ängste verstärkten sich, und einmal in den Strudel geraten, konnte ich mich nicht über Wasser halten. Es gab nichts mehr, woraus ich nur ein wenig Befriedigung hätte schöpfen können. Ich glaubte, meine Frau verloren zu haben, einen Freund schickte ich aus Gründen fort, die auf Wahnvorstellungen beruhten, der alte Glaube, die Hölle verdient zu haben, drückte mir wie ein Racheengel die Kehle zu, die Zeit erstarrte. Was ich zu Willem sagte, war die Wahrheit: »Es ist nichts mehr von mir übrig.«

Der so lange jugendlich gebliebene Mensch, der zumindest zu seiner eigenen Befriedigung sein Fach gelehrt und eine Klinik geleitet hatte, lebt nur noch als Erinnerung fort, und die Räume, in denen ich meine Energie entfalten konnte, waren dem Erdboden gleichgemacht worden »... und ihre Stätte kennet sie nicht mehr«.

Über die Zeit nach meiner Krankheit im engeren Sinne könnte ich ein ganzes Buch schreiben. Ich beschränke mich auf einige Worte, die wichtig sein mögen für Menschen, die an derselben Krankheit gelitten haben, aber auch für ihre Familien und Freunde.

Vor meiner Entlassung aus dem Psychiatrischen Zentrum Bloemendaal erklärte Nolen mir: An einer Depression zu leiden ist schrecklich, an einer Depression gelitten zu haben aber ebenfalls, und auch das muß man verarbeiten. Als ich später mit meinem Freund E. M., der mit mir durch den Schneesturm nach Lindau gefahren war, über den eigenartigen Verlauf mancher sogenannter schizophrener Psychosen sprach, über Wahnvorstellungen und Halluzinationen, über den gefährlichen Zustand, in den der Patient anschließend geraten kann, meinte er: »Die Verarbeitung der bereits überwundenen Psychose stellt große Anforderungen an den Patienten.«

Nach diesen Worten wurden mir verschiedene Dinge klarer. Das Gefühl der Zerbrechlichkeit und die Neigung zum Überreagieren klangen ab, als ich kein Tylciprin mehr zu nehmen brauchte; sie werden also damit zusammenhängen. Andere komplexe Gefühle lassen sich der »Trauer« über meine Psychose zuschreiben. Die Verarbeitung einer so

schweren Krankheit fordert viel von dem, was ich hier eher nüchtern den psychischen Apparat nennen will. Ich habe mich oft gefragt: Wie wäre es mir wohl ergangen, wenn ich, um es banal zu sagen, nicht die optimale Unterstützung meiner Frau gehabt hätte, wenn ich nicht umgeben gewesen wäre von treuen Freunden? Wie hätte ich dann die Enttäuschungen verarbeitet, die Menschen einem zufügen, die offenbar argumentieren: »Einmal verrückt, immer verrückt!« Ich kann von Herzen unterschreiben, was Nolen gesagt hat: Gute Kontrolle der Medikation reicht bei weitem nicht aus. Wenn man die Beziehungen des Patienten, der dabei ist, sich von einer Depression zu erholen, nicht beobachtet, die soziale Situation und die Enttäuschungen, die er verarbeiten muß, nicht gründlich durchspricht, dann ist die Gefahr groß, daß er wieder krank wird. Mißlingt die Verarbeitung der Tatsache, daß man psychisch krank gewesen ist, so wird sie zur Ursache einer neuen Erkrankung.
Ein Patient, von einem depressiven Anfall genesen und mit knapper Not einem neuen entkommen, erklärte mir: »Es müßte einen Ratgeber für Patienten geben. Dann könnten sie selbst ihre Behandlung kritisch beurteilen. Wenn nur die Medikation kontrolliert wird, geht man Risiken ein, und das gleiche gilt, wenn man nur mit jemandem sprechen kann, der die Probleme, die zu einer Depression führen können, nicht kennt und der zu den Psychotherapeuten gehört, die von der Meinung ausgehen: ›Reden kann jeder.‹ Man hat mich hinterher oft gefragt: »Sie haben an einer klassischen Melancholie gelitten. Wie kommt es, daß Sie die nicht erkannt haben?« Meine Antwort: »Aufgrund dieser Melancholie. Ich war sicher, dement zu sein, und darüber war ich zutiefst verstört. Wer wäre das nicht? Außerdem war ich sicher, in der Hölle zu sein. Wer wäre da nicht verzweifelt?« Man sieht selbst nicht, daß man traurig und verzweifelt ist über das, was man in seinen Wahnvorstellungen für wirklich hält, weil derjenige, der unter einem Wahn leidet, nun einmal selbst nicht weiß, daß er krank ist. Viele nicht-psychoti-

sche Depressionen sind leicht zu erkennen, viele aber auch nicht. Van Tilburg hat eine nützliche Faustregel: Jeder Arzt, jeder, der in der Krankenpflege tätig ist, tut gut daran, auch wenn es um rein körperliche Leiden geht, seinen Patienten zu fragen, wie er sich fühlt, wie seine Stimmung ist. Aber ich will nicht wieder Psychiatrie dozieren.

Man kann sich auf wehmütige Weise wohl fühlen, auch wenn man viel verloren hat, und ganz sicher dann, wenn man auch viel empfangen hat. In dem Kapitel »Der lange warme Sommer« habe ich beschrieben, wie die Assoziationen verarmten, Pflanzen und Blumen ihre Sprache nicht mehr sprachen, wie Wahrnehmungen die Gedanken nicht mehr in die Zukunft lenkten, sondern in eine vergangene Zeit, die ich vermeintlich nicht gut genutzt hatte, die ich achtlos hatte verstreichen lassen. Augenblicke großer Bewußtseinsintensität, die ich umschrieben habe mit dem Ausdruck »das Besondere«, Erlebnisse, die ich mit dem Zitat angedeutet habe: »Über die Quellen des Nils kann niemand etwas sagen« – solche Augenblicke und Erlebnisse waren gleichsam nur noch mit einem Minuszeichen versehen. Aber der Nil begann wieder zu fließen, und ich erlebte zugleich, daß man am Fuße eines Berges lebt, dessen Gipfel »schimmert im reinsten Weiß«.

Und so beginnt das letzte Kapitel, in dem ich dem Leser noch kurz etwas von denjenigen berichten will, die mich während meiner Krankheit treu besuchten, so daß er sich von ihnen verabschieden kann ..., und auch von mir ..., zugleich aber auch erfährt, wie sich eine neue Zukunft öffnete.

Kapitel 13

Schluß

Kaum zu Hause, trat ich wiederum über die Schwelle eines Krankenhauses. Es war Silvester 1985. Ich ging mit Oggi und Bliss im Vondel-Park spazieren und sah etwas, das mich reizte, es zu malen. Die kleine Brücke, die ich überqueren muß, ist spiegelglatt, ich rutsche aus, strecke die Hand vor, um den Fall abzufangen, und habe danach Schmerzen in der Handwurzel, die nicht zurückgehen. Wir verbringen den Tag nicht eingehüllt in den Duft von Ölkrapfen, wie es sich zu Silvester gehört, sondern auf der Unfallstation des Onze Lieve Vrouwe-Krankenhauses. Der diensthabende Arzt untersucht mich, läßt Röntgenaufnahmen machen. Mein Arm kommt in Gips. »In einer Woche können Sie wiederkommen, zur Kontrolle bei Dr. De Jong.«
Nachdem ich eine Woche lang habe feststellen können, wie sehr einem auch der linke Arm fehlen kann, nehme ich in einem Wartezimmer Platz und höre dem »Poliklinik-Schwatz« zu. »Ausgerutscht bei der Glätte, ein Unglück ist schnell geschehen, von der Treppe gefallen beim Staubwischen.« »Was ist das eigentlich für ein Arzt, den ich hier sprechen werde?« fragt jemand einen Mann um die Vierzig, der mit Wort und Gebärde ständig jeden Zweifel an seiner Männlichkeit korrigiert. Er antwortet: »Kein Arzt, eine Ärztin, ein nettes Frauenzimmer, ein bißchen mager für meinen Geschmack, aber in ihrem Fach kann man sich auf sie verlassen.«
Eine Schwester holt mich: »Herr Kuiper, setzen Sie sich bitte hier neben das Zimmer von Dr. De Jong. Sie holt Sie dann gleich.«

»Herr Professor, Sie hier, kommen Sie herein, nehmen Sie Platz. Hat man Ihnen schon gesagt, wie es aussieht? Sie haben Pech gehabt.«
»Ja, das bedeutet sicher sechs Wochen in Gips?«
»Nein, Herr Professor, das ist es ja gerade, nicht sechs Wochen, sondern drei Monate. Wenn dieser kleine Bruch nicht vollständig verheilt, kann das unangenehme Folgen haben.«
»Sie kommen mir nicht unbekannt vor«, bemerke ich schüchtern.
»Ich habe bei Ihnen Examen gemacht.«
»Und jetzt werden Sie hier also zur Chirurgin ausgebildet.«
»Wurde ausgebildet. Ich bin hier jetzt Chefärztin.«
Ich habe jemanden in leitender Stellung für jemanden gehalten, der noch am Anfang seiner Laufbahn steht.
»Entschuldigen Sie bitte, ich habe mich durch Ihr jugendliches Äußeres verwirren lassen.«

Auch als für mich die Zeit stillstand, hat die Uhr ihren regelmäßigen Gang nicht unterbrochen, die Kalenderblätter sind abgerissen worden, und jede Woche ist eine neue Rundfunkzeitung gekommen.
Schüler von früher bekleiden heute leitende Stellungen. Solche Gedanken gingen mir durch den Kopf, als ich durch die langen Gänge des Krankenhauses wanderte und im Licht eines klaren Wintertages nach Hause ging. Um mich bei ihr zu bedanken, schenkte ich ihr ein Band mit der »Passacaglia« von Bach.

Mai 1986. Soglio, im Val Bregaglia. Noortje und ich wohnen im Hotel Palazzo Salis. Rilke kam im Sommer 1919 hierher, am Abend vor der Nacht, in der ich geboren wurde. In den »Duineser Elegien« nennt er Soglio »die unsägliche Stelle im Weltall«. Im Gang steht ein riesiger ausgestopfter Adler, verstaubt, traurig anzusehen. Zum Glück sieht man noch ab

und zu ein paar von diesen Tieren hoch über dem Tal ihre Kreise ziehen.
Ich zitiere einige Sätze aus einem Brief an Willem.
»Nächste Woche sind wir wieder in Holland. Ich habe ein bißchen Angst vor der Rückkehr. Du weißt ja, ich fühle mich wohl in den Bergen.
Henk und Reinier, die mich während meiner Krankheit so treu besucht haben, kommen im Herbst nach Q., ein Gedanke, der mir Freude macht. Ich sage oft zu Noortje: ›Daß ich das noch erleben darf!‹ Der Abschied von Italien fällt mir nicht allzu schwer, weil ich Euch wiedersehen werde. Wieder sitze ich in einem Hotelzimmer und schreibe, diesmal in einem Zimmer mit alten Möbeln und einem riesigen antiken Spiegel. Früher schrieb ich in Hotelzimmern immer in mein Tagebuch. Ich habe oft darüber phantasiert, dieses Tagebuch zu publizieren, habe sogar mit [dem Verleger] Johan Polak darüber gesprochen. Tausende von Seiten. Weg damit, ins Feuer. Das Schlimme an diesem Tagebuch ist nicht, daß es einer mehr oder weniger sublimierten Liste mit Leporellos gleicht. Warum sollte man sich nicht durch Begegnungen faszinieren lassen, die wahrhaft ›Entdeckungen‹, Befreiungen sind? Es ist zuviel ich und nochmals ich, zu egomanisch, die Darstellung eines zu großen Egos. Du hast recht, wenn Du sagst: ›Hättest du diese Krankheit nur fünfzehn Jahre früher bekommen.‹ Ich hätte mehr aus meiner Professur gemacht und auch ein sinnvolleres Tagebuch geschrieben. Zeit, um die besseren Passagen auszuwählen, habe ich auch nicht, und so wird wohl nichts anderes übrigbleiben, als es der Müllabfuhr zu überlassen. Du erinnerst Dich, was auf der Kapelle hoch oben in den Bergen steht, die wir am Tag vor Deiner Abreise besuchten, als die Nebel um die Gipfel hingen: ›Wo der Herr nicht das Haus baut, so arbeiten umsonst, die daran bauen.‹ Wiesen und Hänge sind hier gelb von Zypressen-Wolfsmilch, das war früher nicht so. Weiter oben sah ich eine Fülle von Orchideen, tief violett. In diesem Tal bin ich wirklich glücklich gewesen. Allan und ich

haben hier lange Bergtouren unternommen. Wenn ich morgens einen kurzen Spaziergang in der Umgebung des Hotels gemacht hatte, hörte ich ihn beim Rasieren bei offenem Fenster Arien aus Mozarts Opern singen: ›Dove sono.‹ Wo sind die glücklichen Augenblicke geblieben? Sobald wir zu Hause sind, rufe ich Dich an.«

Mai 1987. Wir kommen zurück nach Amsterdam, müde von einer Fahrt über 1200 Kilometer auf einer überfüllten und unübersichtlichen Autobahn. Unterwegs zwei ausgebrannte Wracks, eines davon noch in Rauch gehüllt. Noortje hat das längste Stück hinter dem Steuer gesessen. Als ich in den Flur trete, sehe ich eines meiner Konterfeis nicht, das erste, das ich in Bloemendaal gemalt habe. Es hängt an einem anderen Platz. Dann wird mir klar, daß der ganze Flur eine Metamorphose durchgemacht hat. Die Wände waren schmutzig, braungrau und schon lange reif für Reparatur und neuen Anstrich gewesen. Noortje ist selig. Es muß Allan Wochen gekostet haben, den ganzen alten Putz abzukratzen, Risse zu reparieren und alles so zu gestalten, wie es jetzt ist. Noortje: »Wie lieb er zu uns ist. Du wirst sehen, das hat er als Geburtstagsgeschenk für mich gemeint.«
Als er ein paar Tage später kommt, fragt er: »Habt ihr es gleich gesehen? Gefällt es euch? Piets Bilder kommen so doch viel besser zur Geltung.«
»Du hast ganz kurze Haare, Allan, wo sind deine Locken?«
»Ich konnte den Kalk nicht rauskriegen. Der Friseur hat gefragt: ›Wollen Sie wirklich, daß ich alles abschneide?‹ … Ich habe gesehen, daß du dich mit deinem Aquarium beschäftigt hast.«
»Ja, als ich das Tuch, das ich vor ein paar Jahren darübergelegt habe, nachdem ich die Goldmondfische weggegeben hatte, wieder abnahm, fingen, o Wunder, die Pflanzen wieder an zu wachsen. Dann sollen sie auch weiter ihre Chance zu leben bekommen.«

»Du läufst übrigens Gefahr, dein Leben zu verspielen. Ich habe mir mal die Verdrahtung dieses Aquariums angesehen. Wie du mit Elektrizität umgehst! Ich verstehe überhaupt nicht, daß euer Haus nicht ein einziges Mal in Flammen aufgegangen ist. Du bleibst mit deinen Fingern jetzt mal schön davon. Um deine komplizierten Satzbildungen zu benutzen: Deine Tötung durch Elektrisierung ist nicht gerade das, wonach ich sehnsüchtig Ausschau halte. Ich will mich mal handwerklich manifestieren.« Was auch geschah.

Juni 1987. Nachricht aus Q. Brief von Cees Waegemaekers.
»Vielen Dank für Deine Briefe. Ich habe mich sehr gefreut über die Intensität Deiner Gefühle und die Art und Weise, wie Du sie zum Ausdruck bringst. Ein weiterer Beweis dafür, daß Du Deine Depression hinter Dir hast.
In der ersten Nacht hier brach doch tatsächlich ein phantastisches Unwetter los. Der Park von Herrn Fr. (dem Architekten unserer Wohnung) ist zur Hälfte vernichtet, während der Hafen völlig verwüstet ist, verschiedene Boote gesunken. Im Augenblick hängt wieder ein kräftiges Gewitter über dem See, und ich sitze in der Dämmerung mit einer Flasche Merlot del Veneto vor der Nase auf der Terrasse, die Blitze genießend, die jedesmal verschieden sind, aber doch wieder einander ähnlich.
Als ich über den Friedhof von Q. ging, fiel mir übrigens auch auf, daß die Menschen im Durchschnitt hier nicht alt werden, so zwischen 55 und 65 Jahren, selten älter... Ich war dort mit Einar, und sein Blick fiel auf ein Grab, in dem ein Vater und ein Kind von eineinhalb Jahren lagen, irgendwann im Dezember '69 gestorben. Es fiel ihm natürlich auf durch die Photos auf den Grabplatten, es machte tiefen Eindruck auf ihn, und am selben Tag ist er mit Paula noch einmal hingegangen. ›Du mußt mal mitkommen, Paula, da liegt ein kleines Kind begraben.‹ Viele Fragen über den Tod natürlich. Ergreifend, die Gedankenwelt so eines kleinen Jungen.

Dem Wort die Tat folgen lassend, traf er doch wahrhaftig Anstalten, die Grabplatte zu entfernen, um auszugraben, was sich darunter befand, und es wieder zum Leben zu erwecken. Er empfindet den Tod als etwas Faszinierendes, natürlich auch beängstigend, ist aber zugleich von seiner Unsterblichkeit überzeugt. Ich freue mich übrigens sehr, daß Du an Noortjes Geburtstag meine Kinder gesehen hast, sie sind natürlich ein großer Teil meiner Erlebniswelt.«

Liebe, Freundschaft einerseits, Vergänglichkeit und Tod andererseits. Nicht nur Einar, der kleine Sohn von Cees, beschäftigt sich viel mit dem Tod. Mir fehlt es auch nicht an Anlässen.

Regelmäßig besuchte ich Frau Lampl-de Groot. Sie war einer derjenigen, die mich das Fach gelehrt haben; sie hat ihr Ehrendoktorat aus meiner Hand empfangen. Der letzte Besuch, den sie gemacht hat, galt uns. Wenn sie sich bewegte, war die Funktion ihres Herzens kaum noch ausreichend. Willem und ich sorgten dafür, daß der Aufgang zu unserem Grachtenhaus nicht zu einem unüberwindlichen Hindernis für sie wurde. Sie sprach lebendig und erzählte. Eines der Themen war ihre Analyse bei Freud: »Er war wirklich nicht so distanziert, wie man ihn sich, aus unverständlichen Gründen, vorstellt. Als ich über etwas sehr Trauriges sprach, Piet weiß schon, was, sagte er: ›Mir ist auch so etwas passiert.‹ Er meinte damit den Tod seines Enkels, nein, den hat er nie verwunden.«

Sie erkundigte sich nach meiner Malerei. Eines meiner Produkte gefiel ihr offenbar gut, sie wollte es gern haben, und es war während der letzten Wochen ihres Lebens so aufgehängt, daß sie es oft betrachten konnte.

Zu einem Vortrag, den ich vor der Psychoanalytischen Vereinigung hielt, war sie gekommen. Sie plädierte dafür, dicht bei den Symptomen zu bleiben, bei dem, was der Analysand sagt, Deutungen zu vermeiden, von denen man annehmen kann, daß sie außerhalb seines Gesichtsfeldes liegen. Frau Lampl-de Groot erhielt als letzte das Wort und beschloß die

Diskussion mit den Worten: »Ich habe Professor Freud viele Male sagen hören: ›Wenn Sie mit der Analysestunde beginnen, vergessen Sie alles, was Sie wissen, und tun Sie nur eines: so gut wie möglich zuhören.‹« Es war der letzte Vortrag, den sie besuchte.
Einige Wochen danach hat sich in ihrem geliebten Sommerhaus in W. ihr Zustand sehr verschlechtert, und sie ist im nahe gelegenen Krankenhaus gestorben.

September 1987. Elf Uhr, Bahnhof Como. Die Schienen verlaufen entlang der steilen Felswand, dicht bewachsen. Etwas höher stehen ein paar Häuser. Aussicht über die Stadt, ein kleines Stückchen vom See. Es ist schon sehr warm, eine typisch italienische Atmosphäre. Große Geschäftigkeit. Die Ankunft des Holland-Italien-Expreß ist angekündigt: Amsterdam, Basilea, San Gottardo, Bellinzona, Chiasso, direttissimo per Milano Centrale. Die Lokomotive taucht aus dem Tunnel auf, der die Schweiz und Italien verbindet. Ein langer Zug verlangsamt seine Fahrt, quietschende Räder beim Bremsen. Menschen, die rennen, um einen Platz zu finden.
Da ist er. In nichts verändert, seit dem Augenblick, als ich ihn zum erstenmal auf der Hörsaalbank sah, dieselben Bewegungen, derselbe Gang, derselbe Blick, dasselbe Lachen.
»Hallo, Noortje. Habt ihr hier schon lange so schönes Wetter? Hallo, Piet.«
»Guten Tag, Allan, lange her, nicht wahr, daß du hier warst. Jahre. Und was für Jahre. Sie sind vorbei, glücklicherweise. Schade, daß Kathleen nicht hier ist.«
»Komm, wir gehen wie früher am Domplatz Kaffee trinken.«
»Wo steht euer Auto?«
»Wir sind mit dem Bus gekommen und fahren mit dem Boot um halb eins zurück. Wir dachten, daß dir das Freude machen würde.«
Wir fahren zu dem stillen Dorf, über einen spiegelnden See, von immer höheren Bergen umgeben.

Einer unserer Freunde aus Como hat einen alten »borgo«, ein großes, befestigtes Bauernhaus in einem fast verlassenen toskanischen Dorf, bewohnbar gemacht und uns gefragt: »Wollt ihr nicht in der Toskana umherstreifen?«
Das schmale Dorf balanciert auf einem Bergrücken, und von Zeit zu Zeit rutschen Erdmassen hinunter. Es ist dort sehr still. Nur am Wochenende klettert ein vereinzelter kleiner Fiat den staubigen Weg zwischen den Olivenhainen hinauf. Geld kann man dort kaum ausgeben, wir haben in der Umgebung nichts gefunden, wo man essen könnte, so daß wir Lebensmittel aus einem Supermarkt holen. Wein war leicht zu bekommen, Chianti für Noortje, ein weißer Wein aus der Toskana, der mir gut schmeckt, für mich. Wegen des Medikamentes, das ich damals noch nahm, durfte ich keinen Rotwein trinken. Der Wein wird beim Kaminfeuer getrunken. Die Abende sind kalt, ein »Wind voller Weltraum« weht über den Bergrücken, ab und zu heult er ums Haus. Das Holz für den Kamin sammeln wir selbst an einem Bach, in dem Frösche quaken. Die blauen Blüten der italienischen Ochsenzunge und Orchideen schmücken die Ufer. Aus der sehr feinen, fast weißen Asche mache ich mit einem Kunstharz Farbe. Auch die gelbe und rote Erde benutze ich, so daß ich die Toskana mit der Toskana malen kann.
Der Friedhof, von dem aus sich eine weite Aussicht bietet, ist bevölkert, das Dorf nicht. Sieben Einwohner sind zurückgeblieben, ihr Durchschnittsalter liegt bei 75 Jahren. In holperiger Sprache führe ich mit ihnen allen Gespräche. Sie sprechen einen schwer verständlichen Dialekt, aber auch wenn sie den nicht sprächen, fließend kann ich mich auf Italienisch nicht unterhalten. Das zum Dorf gehörende Schloß ist zu einer Ruine verfallen. Der Weg dorthin ist teilweise von einem Erdrutsch fortgerissen worden, der unwiderruflichen Folge der Abholzung. Um das rote Schild mit dem weißen Querbalken kümmert sich kein Italiener, also tue ich es auch nicht. Den Schlüssel zu dem Gelände, auf dem die Ruine steht, soll man beim Hausverwalter einer hochgelegenen

roten Villa holen können. An einem klaren Maimorgen manövriere ich das Auto über das, was vom Weg übriggeblieben ist. Da, wo ich den kleinen Ford abstelle, liegt ein Stapel weißer Blechschilder mit der Aufschrift: »Divieto di Caccia«, »Jagen verboten«, und ich nehme eines davon mit für die Tür zu meinem Arbeitszimmer.

Die Villa ist sehr groß, Besitz von Mailändern, wie ich später höre. Der Garten erweist sich als überaus gepflegter Park mit in Form geschnittenen Sträuchern und vielen Rosen. Ich mache mich auf die Suche nach dem Hausverwalter. Er sitzt oben auf der Treppe in der Sonne und liest. Mit einigem Rufen gelingt es mir, den in seine Lektüre vertieften Mann auf mich aufmerksam zu machen. »Ah! ... il dottore olandese«, der holländische Doktor.

Er holt den Schlüssel, und wir machen uns auf den Weg. Links und rechts von einem schweren eisernen Tor, an dem in der Mitte eine Kette hängt, stehen zwei Rosensträucher, die gerade zu blühen beginnen. Er öffnet das Schloß, steckt den Schlüssel in die Tasche, zeigt mir, nachdem er mir vorgeführt hat, daß man das Schloß mit einem trockenen Klick zudrücken kann, die Stelle, wo er die Kette versteckt. Quietschend wird das Tor wieder zugezogen, und ich stehe mitten auf dem, was man als Auffahrt bezeichnen könnte. Vogelzwitschern rundum. Es wird wärmer. Wolken ziehen vorüber an einem blauen Himmel, genau wie in Holland, aber die Wolken ziehen viel langsamer. Die hohen Linden an dem ausgefahrenen Weg schaffen eine erwartungsvolle, ein wenig feierliche Stimmung. Gelbe und violette Blumen duften, deren Namen ich nicht kenne. Geraschel von Eidechsen. Würde ich hier vielleicht eine Schlange sehen?

Als wir in dem wehrhaften Haus mit seinen dicken Mauern ankamen, lag eine Schlange von eineinhalb Metern Länge auf der Terrasse und sonnte sich.

Die Lindenallee endet, der Weg beginnt langsam zu steigen, ich fühle die Sonne. Eine Orchidee, purpur mit weiß, ein ganzer Strauß, mehr als einen halben Meter hoch, wächst

zwischen Oliven, die seltsam aussehen. Ein paar Winter zuvor hat es gefroren, minus 25 Grad, während ein sengender Wind wehte. Man erzählt es mir immer wieder. Viele Olivenbäume waren scheinbar erfroren. Und doch treiben sie wieder aus, unten am Stamm, und die erfrorenen Zweige strekken sie wie in einer Verzweiflungsgebärde gen Himmel, gerichtet an wen? An einen leeren Kosmos mit sinnlos sich fortbewegenden Himmelskörpern in vollkommener, ewiger Stille, oder doch an jemanden? »Wo ist Gott, den du erwartest?« Auf Ihn hoffen kannst du, Seine Anwesenheit erzwingen nicht. Sollte es Ihn geben, dann kommt und geht Er zur von Ihm selbst bestimmten Zeit.
Wohl aber begegnen dir Menschen. In meiner Phantasie habe ich mir vorgestellt, daß wir hier in der Toskana ein einfaches Unterkommen suchen würden, so daß ich mir nicht mehr mit unerschütterlicher Regelmäßigkeit eine Behandlung gefallen lassen muß, aus der das »Einmal verrückt, immer verrückt« spricht. Die Menschen, die du liebst, können doch hierherkommen und übernachten? Es ist allerdings ein langer Weg, über die Alpen und durch die oft glühendheiße Po-Ebene, dann über die faszinierende Autostrada Parma–La Spezia, durch eine Landschaft, die zu einem anderen Planeten zu gehören scheint. Echte Beziehungen brauchen eine gewisse Beständigkeit, man muß einander sehen, einander erreichen können, wenn man das Bedürfnis danach hat oder wenn man in Not ist.
Ich denke an die Menschen, die mich nicht im Stich gelassen, die mich treu begleitet haben, und an die, die ich nach meiner Krankheit kennengelernt habe und die dadurch eine besondere Bedeutung für mich haben. Sie stehen mir unbefangen gegenüber. Sie haben den Schmerz, mich zu verlieren, nicht verarbeiten müssen wie die, die mich länger gekannt haben. Wie wird es wohl den Herrchen von Teun gehen, dem Schafspudel, mit dem Oggi und Bliss so herrlich im Vondel-Park herumtollen können? Immer wieder hat Ina mir über den toten Punkt beim Schreiben dieses Buches hinweg-

geholfen. Einige Male habe ich auf ihren Rat hin Teile neu geschrieben. »Halte es bitte sachlich, es ist schon schlimm genug.« An die wenigen Gespräche mit Ton erinnere ich mich genau, aufgrund des Eindrucks, den sie hinterließen, und wieder muß ich lachen, wenn ich daran denke, wie an der Vijzelgracht ein Auflauf entstand, als er nachmachte, wie Teun sich aufgeführt hatte, als er einen Tadel entgegennahm, weil er zum zweitenmal einen Ledersessel zerfetzt hatte. Man sah zugleich Ton und den Hund, und man fragte sich: Sehe ich nun den Hund oder ihn, oder umgekehrt, Dialektik aller großen Darstellungen.

Kommt nicht in Frage, wir werden nicht hier leben, habe ich beschlossen. Ich will nicht Tausende von Kilometern von meinen Freunden entfernt sein, so schön es hier auch ist, unbegreiflich, überwältigend schön, eine Landschaft für die Seele. Schade, daß Noortje dies nicht sieht. Sie dachte, daß es eine »Führung« würde, und die mag sie nicht.

Der Weg windet sich um die Erhebung, auf der einst das Schloß gestanden hat, auf dem Hang wachsen Lorbeerbäume, Stufen führen hinauf, aber ich halte mich an den Pfad, denn die Stufen sind von Schlingpflanzen überwuchert. Dann komme ich zu einer Lichtung im Walde, und von dort muß ich noch ein Stück steigen bis zu dem, was einmal ein Schloß gewesen ist. Hier gilt nicht: ». . . und ihre Stätte kennet sie nicht mehr«, denn hier liegen noch Brocken einer Mauer und stehen noch steinerne Tische mit Bänken.

Wie lange ich auf einer dieser steinernen Bänke gesessen habe, weiß ich nicht. Ich kehre zurück zur Lichtung, auf der eine Fülle von Blumen blüht. Ein schönes schmiedeeisernes Gitter, um eine Zisterne angebracht, ist noch vollkommen intakt. In der Tiefe sehe ich eine jettschwarze, spiegelnde Wasseroberfläche, die die Illusion vermittelt, der Brunnen sei bodenlos. Rundum wellt sich das Land wie ein Meer von Erde, in weite Fernen, endlos.

Dann überfällt mich ein sonderbares Gefühl. Während meiner Krankheit war ich oft überzeugt gewesen, daß die Zeit nicht mehr fortschritte, so daß die quälende Angst endlos schien. Auch jetzt geschieht etwas mit meinem Zeitbegriff. Reise ich durch diese Landstriche mit meiner Familie, meiner Mutter, meinem Onkel und meinem Vetter, und habe ich mich, wie ich es oft tat, eine Weile zurückgezogen, um eine Aussicht zu betrachten, wie ich viele betrachtet habe? Bin ich der vielversprechende junge Arzt, von dem seine Mutter und er selbst erwarten, daß er Professor wird? Ist es Einbildung, daß ich das alles schon hinter mir habe, daß ich jahrzehntelang Professor war, daß jetzt eine Tochter in Amsterdam arbeitet, auch mit Patienten, und zwar mit der Gruppe, die am schlechtesten dran ist? Oder ist es umgekehrt, daß ich, nun, da ich alles hinter mir habe, zurückdenke an die Pläne und Erwartungen von damals? Ist die Zukunft von damals nun Vergangenheit geworden? Was habe ich daraus gemacht? Die alte Frage. Wenn vieles nicht richtig war, wird das dann vergeben werden, oder brauche ich keine Vergebung, weil alles sich nach festen Gesetzen vollzieht, auch das Verhalten anderen gegenüber? Mein Blick fällt auf die Blumen. »Schauet die Lilien auf dem Felde, wie sie wachsen; sie arbeiten nicht, auch spinnen sie nicht. Ich sage euch, daß auch Salomo in aller seiner Herrlichkeit nicht bekleidet gewesen ist wie derselben eins.« Es geht offenbar nicht um Haben, nicht um Tun, nicht um Müssen, Können oder Wollen, sondern um SEIN. »Wahrlich, ich sage euch...«, die ganze Problematik von »richtig oder nicht richtig gehandelt haben« gleitet von mir ab wie eine Jacke, die man nur lose umgehängt hat. Raum und Stille sind ohne Grenzen.

Noortje und ich haben verabredet, daß wir uns, ehe wir nach Amsterdam zurückfahren, auch an diesem Morgen noch ein paar Dörfer ansehen, die man von dem Gehöft liegen sieht, wo wir diese Woche wohnen. Ich schaue auf meine Uhr. Die Zeit hat ihren vertrauten Gang wiederaufgenommen. Wenn ich zügig ausschreite, werde ich bestimmt früh genug da sein. Ich werde sie nicht warten lassen.